奈良町の南玄関

歴史と文化の扉をひらく

阿弥陀如来立像
（西紀寺町・璉城寺所蔵）

聖観音菩薩立像
（西紀寺町・璉城寺所蔵）

絹本著色地蔵菩薩立像
（肘塚椚町自治会所蔵）

愛染明王像
（東木辻町・称念寺所蔵）

当麻曼荼羅図（鳴川町・徳融寺所蔵）
貞享元年（1684）に「京終住僧」誓誉正願が発願して絵師竹坊栄信によって制作された。

釈迦涅槃図（三棟町・誕生寺所蔵）
享保 18 年（1733）に京終町庄吉を施主として制作され「京終町西之堂」に奉納された。

阿弥陀三尊石仏
（京終地蔵院所蔵）

肘塚不動尊石仏
（真言律宗元興寺寄託）

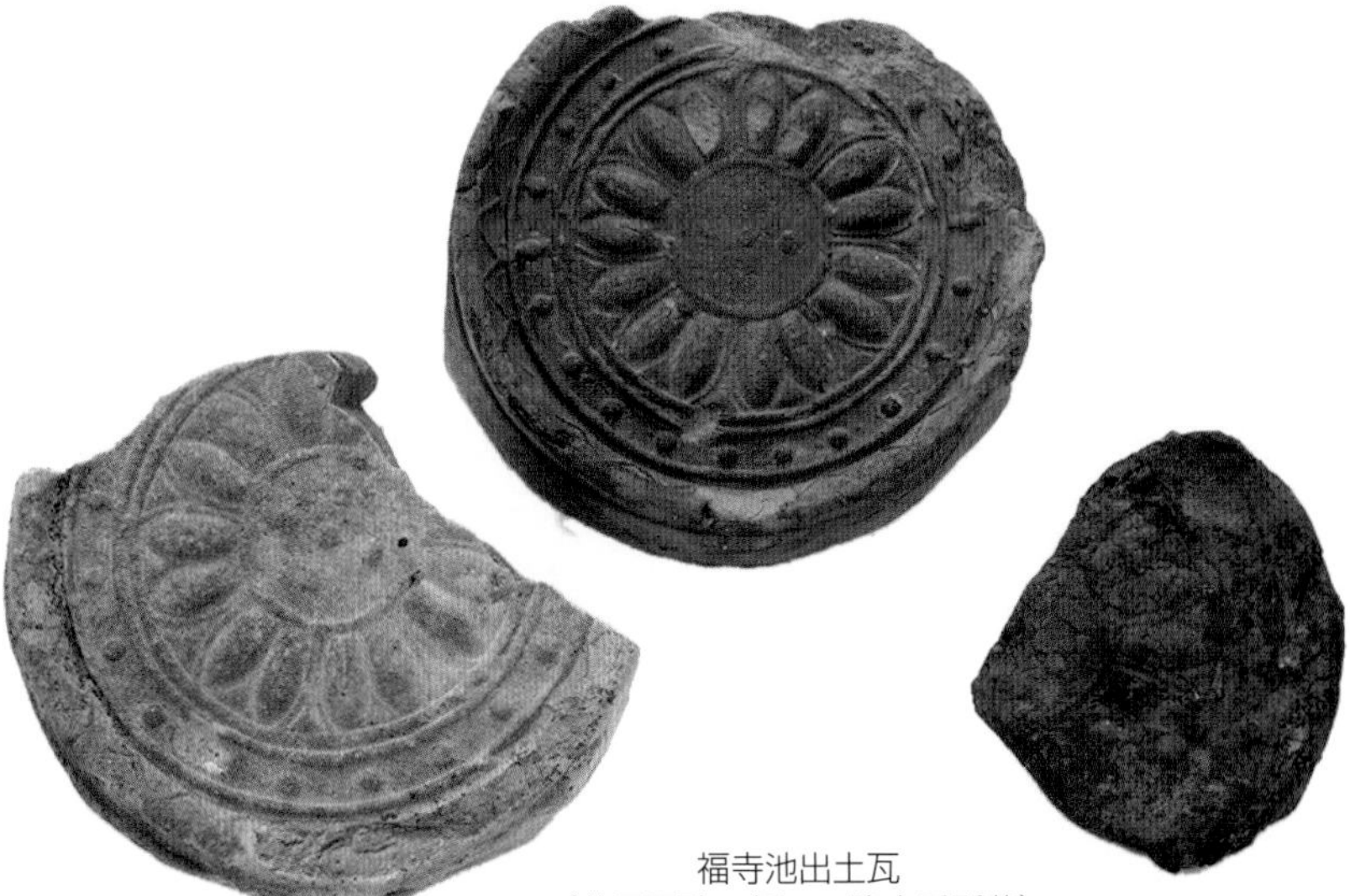

福寺池出土瓦
（萩原正弘・征二・隆夫氏所蔵）
南京終町にあった福寺池から出土した奈良時代の瓦。

文字瓦（大和高田市・不動院所蔵）
肘塚の職人によって作られたことが刻まれている。

奈良漆器（西木辻町・樽井禧酔さん作）

奈良漆器（西木辻町・樽井禧酔さん作）

能面「般若」
（井上町・丸尾万次郎さん作）
写真提供：丸尾万次郎さん

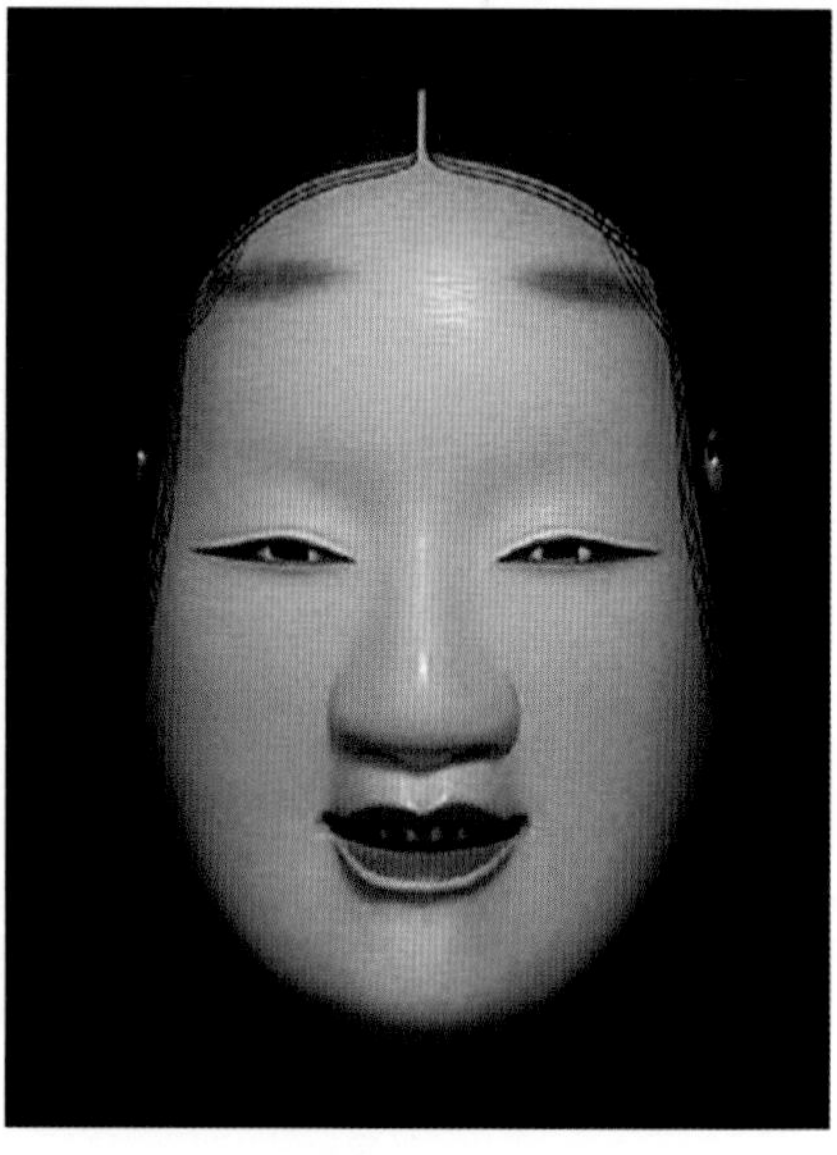
能面「若女」
（井上町・丸尾万次郎さん作）
写真提供：丸尾万次郎さん

目次

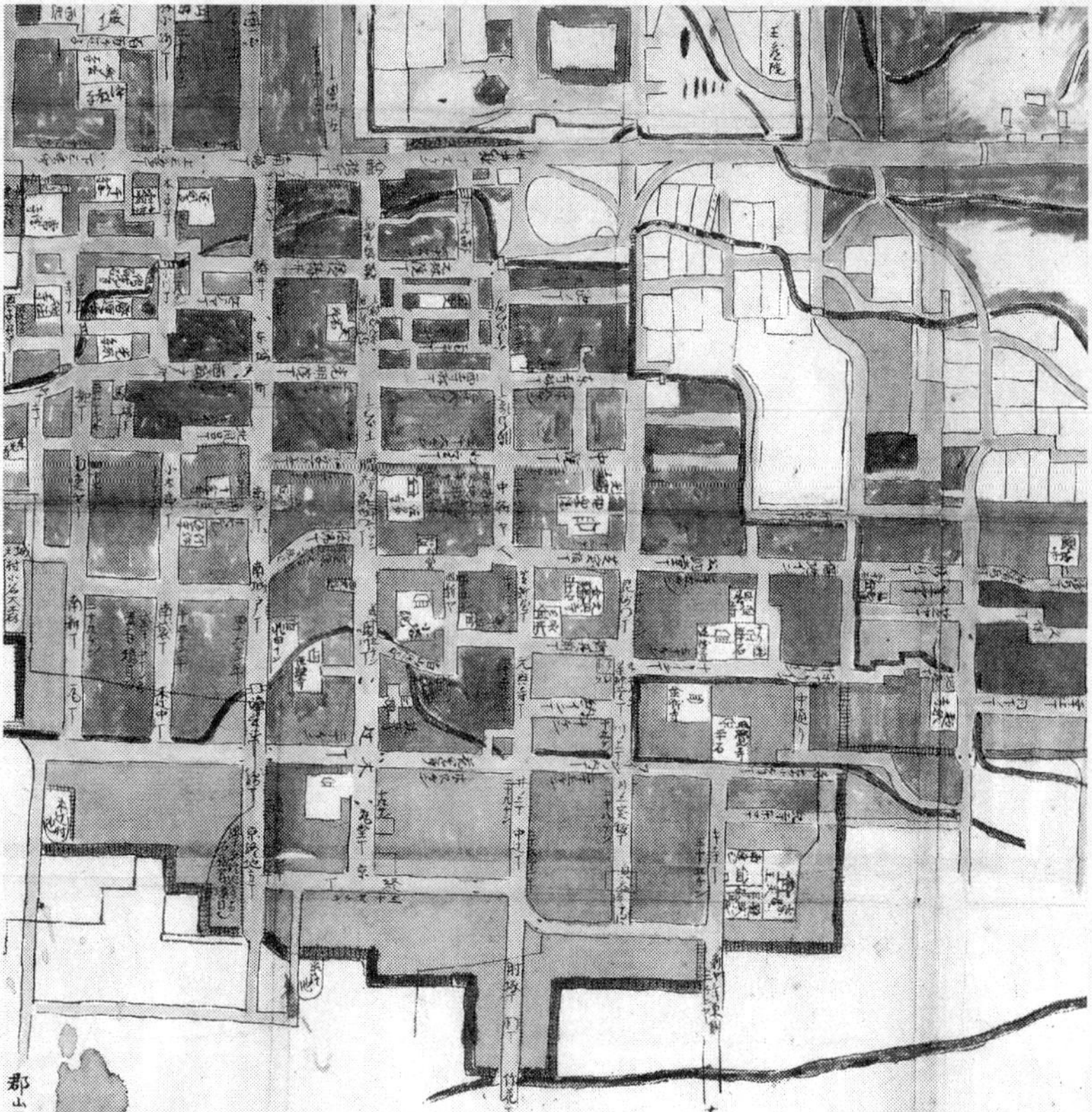

大和国奈良絵図（奈良県立図書情報館所蔵）のうち奈良町南部地域周辺

第2章　歴史都市奈良を形作った町と村（中世・近世）

第3章　少し昔の暮らしと産業（近代）

第4章　寺社と信仰

第5章　紡がれる伝統　―年中行事

はじめに

本書は、「奈良町の南玄関」ともいうべき奈良町南部地域の特性に焦点を当てて、この一帯の豊かな歴史と文化財を再発見することを目的としています。

本書が対象とするこの地域内には野神古墳《のがみこふん》と呼ばれる古墳が残されており、その歴史は古墳時代に遡ります。古代の平城京の時代には都と条里制水田の境界に当たり、いわゆる「外京《げきょう》」の南端・五条大路が東西に横断していました。今日の「奈良町」の基礎となる中世都市奈良が形成されると、この地域にも木辻《きつじ》・京終《きょうばて》・貝塚《かいのづか》（肘塚）などの諸郷が鎌倉時代までに成立し、上《かみ》ツ道《みち》をはじめとする主要街道の都市奈良への接続点にあってまさしく「奈良町の南玄関」として発展しました。そして、この玄関口としての性格が、近代の京終駅を中心とする「奈良の台所」としての賑わいへとつながっていきました。

従来、この地域の歴史文化はややもすれば「奈良町」の周縁部と見られがちで、あまり注目されたことはありませんでしたが、改めてその軌跡を見直してみると、豊かで個性的な歴史を歩みながら独特の文化がかたちづくられてきたことが分かります。

元興寺《がんごうじ》との歴史的なつながりも深く、中世から極楽堂の念仏講や中門堂《ちゅうもんどう》の十一面観音菩薩像に京終や肘塚の住人が結縁していたことが確認できるほか、紀寺にあった南市には元興寺修理料をまかなうために、文献最古の「銭湯」が設けられたことも知られます。江戸時代にも肘塚村は元興寺をはじめとする奈良の朱印寺院「十三ヶ寺」の寺領朱印地が設定され、奈良町にとって最も身近な農村の一つでもありました。近年では平成14年（2002）に肘塚の不動堂が撤去されることになり堂内の石仏が行き場を失っていましたが、肘塚町の方々の志によって元興寺境内に安置されました。毎年7月28日に元興寺で執り行われる肘塚不動尊供養には現在も肘塚町の方々が参拝されています。

奇しくも元興寺ともご縁の深いこの地域に、平成28年（2016）、当研究所は「文化財の総合病院」というべき総合文化財センターを開設しました。この敷地は、かつて奈良の近代産業の代表といわれた大衆文化の担い手テイチクレコード工場発祥の地であり、「文化」という言葉を共有できるご縁もいただきました。

当研究所ではこれらのご縁を大切にし、地元の皆さまとの連携によって歴史文化の掘り起こしや発信にますます尽力してまいりたいと考え、同年に企画展「ならまちの南玄関―肘塚・京終の歴史文化―」を開催し、翌年には同名の報告書を刊行いたしました。

その後の調査によって得られた新たな知見に加え、地元の有志の方々にも調査・執筆に参画していただき、報告書の内容を大幅に増補して一般向けに再構成したのが本書です。

本書の刊行によって、この地域でかたちづくられ、そして今日まで残されてきた身近な文化財と、価値ある地域文化への関心が深まることを願ってやみません。

最後になりましたが、本書刊行にご協力いただきました地元の皆さま、関係機関各位に深く感謝いたします。

公益財団法人元興寺文化財研究所　所長　田邉征夫

〈総説〉

奈良町南部地域の歴史像

元亀2年（1571）6月、奈良を治めていた松永久秀《まつながひさひで》は、敵対していた筒井順慶《つついじゅんけい》の軍勢が「奈良京はて口」に押し寄せてくることを家来らに知らせ、古市・田中（いずれも奈良市）の味方とともに対処するように指示を送りました（元亀2年6月6日松永久秀書状、信貴山文書）。

　この「奈良京はて口」が、本書の舞台の一つとなる京終《きょうばて》です。攻め手の筒井順慶の拠点は筒井城（大和郡山市）であり、筒井軍は南西方面から奈良を目指したとみられます。この間には、奈良から古代中《なか》ツ道《みち》の後身・橘街道《たちばなかいどう》に接続する「中街道」と呼ばれる主要街道が通ります。江戸時代には一般的に「中街道」といえば古代の下《しも》ツ道《みち》を承けるルートを指したようですが、京終あたりではこの橘街道に接続する街道が「中街道」と呼ばれてきました。南西方面から奈良に至る玄関口が、この「京はて口」だったのです。

　一方、松永久秀から筒井軍に対処するように指示を受けた味方がいた古市・田中は、奈良のすぐ南に位置する、上《かみ》ツ道《みち》沿いの村々です。上ツ道は、古代官道を部分的に継承して桜井方面から北上する街道で、江戸時代には「上街道《かみかいどう》」とも呼ばれました。その街道の奈良への入口にあるのが、同じく本書の舞台となる肘塚です。このときの松永と筒井の戦いは、まさにこの奈良の南玄関口の一帯を戦場とするものでした。

「奈良町の南玄関」

　奈良の南玄関口を目指したのは、何もこのような物騒な軍勢だけではありません。上ツ道・上街道は京

文政13年（1830）石灯籠（竹花町）
上街道の奈良への入口を象徴している。

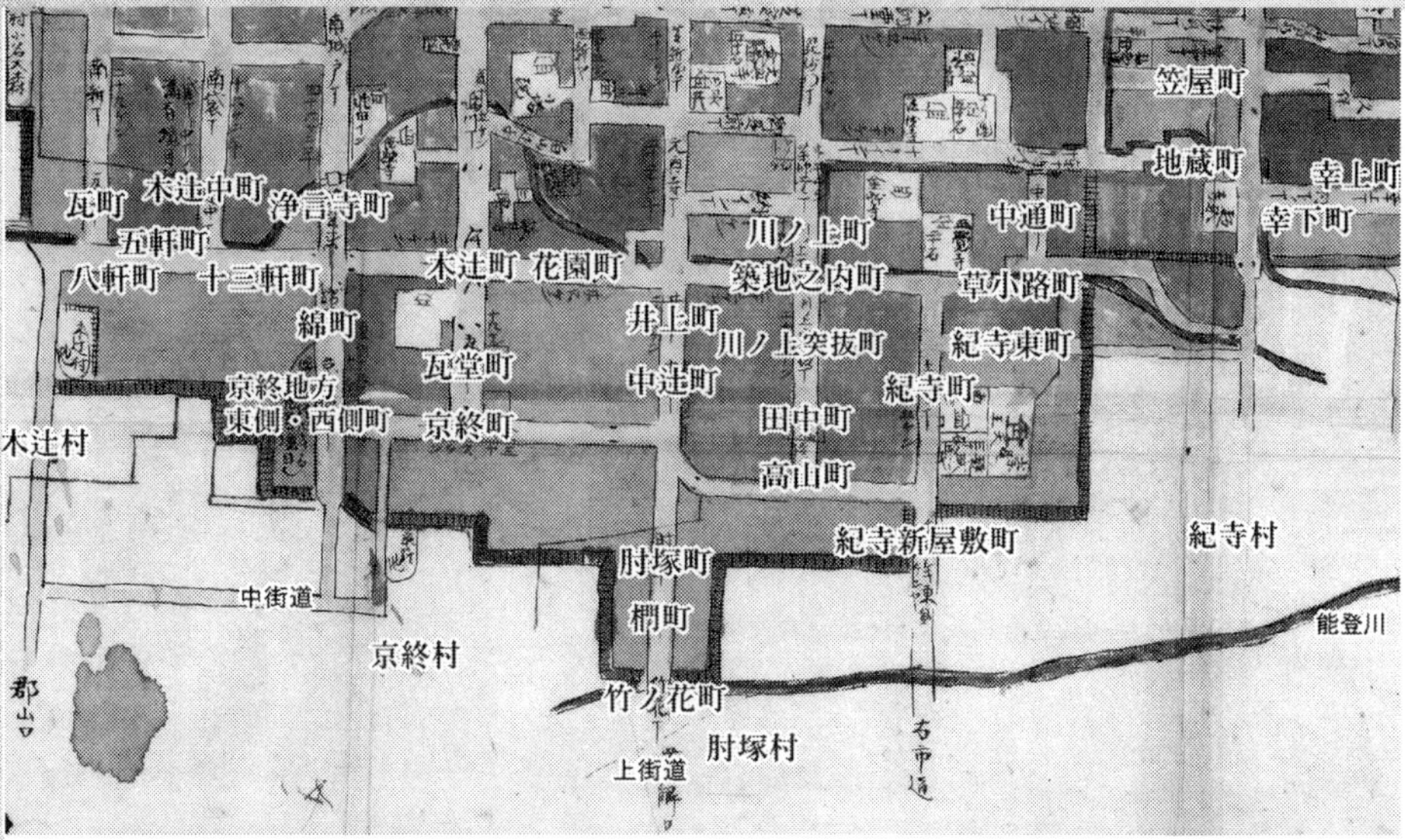

江戸時代の絵図に見る奈良町南部地域の主な町々
（「大和国奈良絵図」〔部分、奈良県立図書情報館所蔵〕に加筆）

都・奈良方面から長谷寺や伊勢に参詣するルートとして栄え、それに伴って、肘塚《かいのづか》も上街道に沿って町場が発展しました。室町時代には「貝塚口」（肘塚口）で運送業者から関税を徴収しているなど、人や物資の往来が盛んであったようです。今も同じ上街道沿いの中辻町に店を構える杉本薬局は、もともと肘塚町にあり、創業は江戸時代に遡ります（2－4）。明治時代初期の杉本薬局を描いた『大和名勝豪商案内《やまとめいしょうごうしょうあんない》記《き》』（次㌻写真）からは、上街道の賑やかな様子がしのばれます。

　一方、京終にも、室町時代には有《う》徳人《とくにん》（中世の富裕者）の一族や伯楽《ばくろう》（牛馬の売買をする業者）が住み、また茶屋が設けられるなど、やはり交通・流通の重要地として賑わった様子が当時の記録からうかがえます（2－1）。

　この京終・木辻の綿町口《わたまちぐち》、肘塚の椚口《くぬぎぐち》、そして、東山中《ひがしさんちゅう》や伊賀名張への道につらなる紀寺口は、江戸時代には「奈良の七口」を構成し、それぞれ奈良町南部の玄関口として交通の要衝でした（2－5）。その性格は、古代の官道から、近代以降の桜井線京終駅にいたるまで、一貫してこの地域を歴史的に特徴付けているといえます。近代以降の京終駅周辺における工場や市場などの集積（第3章）

には、こうした前提があったのです。

都市奈良の境界地域

そして、この地域が奈良の南玄関口だったということは、奈良の都市境界域でもあったことを意味します。

現在の奈良町につらなる都市奈良は、空間的には奈良時代の平城京左京の東張り出し部分（いわゆる「外《げ》京《きょう》」、左京東四坊大路から東七坊大路）に当たります（1－3）。その南限は五条大路で、今の京終や紀寺付近を東西に横断していました。条坊制の都城と条里制水田との境目はま

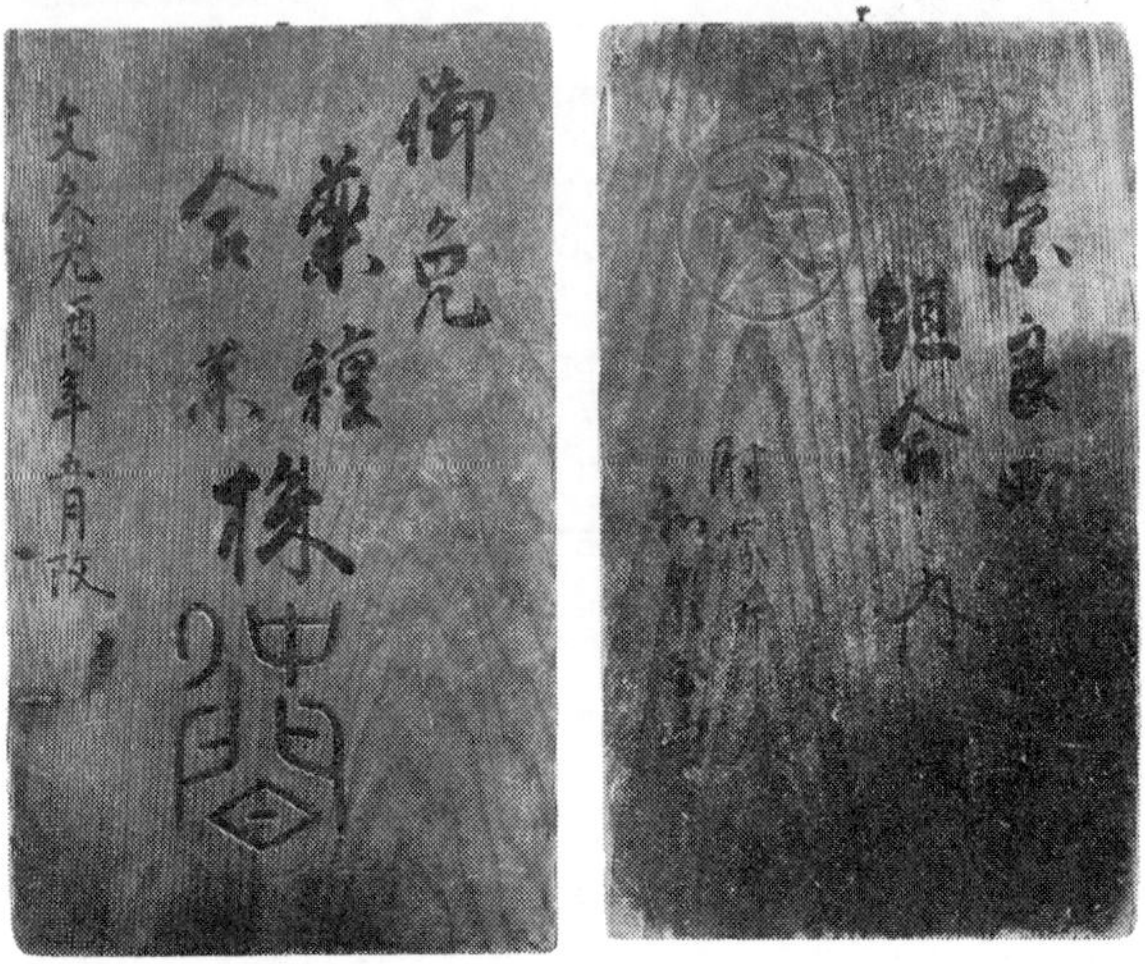

薬種・合薬仲間御免木札・表面
（文久元年（1861）、杉本由平氏所蔵）

『大和名勝豪商案内記』
（明治17年（1884）、杉本由平氏所蔵）

さしくここにあったのです。

その平城京の廃絶後、平安時代後期頃より本格的に形成されたと考えられる中世都市奈良では、能登川・岩井川を都市の南の境界とする認識がありました。明確な境界線ではありませんが、この辺りを境界域とする観念は強いものがありました。肘塚・京終・紀寺はまさしく都市奈良の中の最南端の郷であったといえます。

江戸時代には、奈良惣町と村方の範囲は明確に分けられました。その境界に当たる肘塚町・京終町・紀寺町・木辻町などには、村方との間に門や鹿柵などが築かれて、その境界線は可視化されていました。

このように時代によって多少の変化はありましたが、この地域は歴史的に平城京や都市奈良の境界地域であり続けました。そして同時に、こうした境界の町々は、都市境界に隣接してその外側に田畑を付随させていた点も見逃せません。条里制の添上郡京東五条一里・二里の水田には、中世には「西京終」や「葛木」などの字が付され、江戸時代の「京終村」の田畑になりました。京終と同様に、肘塚や紀寺、木辻にも江戸時代にはそれぞれ町方と村方がありました。これらの村方の一部は都市開発もなされ、肘塚には椚町・竹花町、紀寺には新屋敷町・草小路町・中通町・田中町・七軒屋町、木辻には綿町・浄言寺町・木辻中町・瓦町・八軒町・五軒町・十三軒町などが成立しました。しかし残された広大な村方には田畑が広がっていました。農業を営む上では田畑だけではなく山林やため池などの資源が必要ですが、肘塚村・京終村・紀寺村は高畑村とともに高円山《たかまどやま》を入会山《いりあいやま》とし、町に隣接して京終村の阿弥陀池・福寺池・新池、肘塚村のもみや池、紀寺村の北池・南池などの溜め池も築かれました。いわば、都市に最も近い農村でもあったといえます(2―7)。これも都市境界域たるこの地域の特徴をよく示しています。農村としての一面は、水利慣行(3―8)や、農家住宅の面影を残す町家(3―14)、「ノガミ行事」(5―2・3)などに脈々と受け継がれました。その信仰のなかで野神古墳が残されてきたことも特筆されます(1―1)。

境界性を表す地名

地名自体にも、前述のような都市境界地域としての歴史的性格が反映されています。

京終の名は、文字通りの「京」の果てを意味します。室町期の記録では「京ハテ」という仮名交じりの表記が多くみられるので、当時から「きょうばて」と呼ばれていたことは確実です。

但しこの地名が初めて確認されるのは、管見の限り建久7年（1196）であり（2－1）、奈良時代には遡りません。そのため、京終の「京」を無前提に平城京に結び付けることは難しく、地名自体は、むしろ12世紀頃の中世都市奈良の形成と軌を一にして成立してきたと考えるべきかもしれません。いずれにせよ平城京または中世都市奈良の境界地域にあることを端的に表す地名であることは間違いありません。

一方の肘塚については、隣町の中辻町にあった「肘塚」という塚がその名の由来だといわれます。実はこの塚もまた都市の境界性と無関係ではありません。

近年の研究によると、この塚は、平安時代後期に都市奈良を守る結界を張るために、その境界の方々に設定された5つの玄昉《げんぼう》供養塚のうちの1つでした（狭川2015）。平安時代後期の記録である『七大寺巡礼私《しちだいじじゅんれいし》記《き》』によれば「天平十八年五月廿三日、僧正（玄昉）、太宰少弐《だざいしょうに》藤原広《ふじわらのひろ》嗣《つぐ》の霊のため、雷撃せらるるの刻《みぎり》、身体五箇処に散り、首の落つる地をもって墳廟《ふんびょう》となす、よって墓を号

玄昉伝説地図（狭川2015より作成）

して頭塔と云う」とあり、玄昉の身体が5ヶ所に散ったとの伝承が記されています。本来、奈良時代に東大寺の実忠によって築かれた仏塔である頭塔《ずとう》も、ここでは玄昉供養塚の1つとされています。頭塔以外は体の部位や場所までは明確ではありません。これが江戸時代になると、玄昉の胴を葬った胴塚、眉と目を葬った眉目塚《まゆめづか》などの伝承が奈良に広く展開しました。

　肘塚も、室町時代までは「甲斐塚」「貝塚」と表記されて「カイノツカ」などと呼ばれていましたが、この玄昉供養塚が玄昉の腕《かいな》（肘）を埋めた塚であるとの伝承に展開すると、音に引きつけて江戸時代以降「肘塚」の字が当てられるに至ります。このように複雑な経緯をたどりますが、玄昉供養塚に由来すると伝えられたその地名には、まさに都市奈良の境界としての性格が組み込まれているといえます。

　『奈良坊目拙解』（奈良県立図書情報館所蔵写本）によると、春日若宮神社（中辻町）と肘塚旧跡は、上街道沿いに構えた塀に円形の窓を穿《うが》って、街道を往来する人が拝めるようになっていたといいます。宝永2年（1705）の『奈良名所絵巻』にも、竹馬で遊ぶ子供たちとともにその様子が描かれます。

町々の源流

　こうした地域を構成するのが、中世奈良の郷や、江戸時代以降の町などの都市民の地縁共同体です。その原型は鎌倉時代には確認でき、建長5年（1253）には「甲斐塚《かいのづか》郷」がみえるほか（2－2）、文永6年（1269）に「木通寺《きつじ》郷民」（木辻郷民）が、弘安3年（1280）には「木辻子郷」や京終郷、幸《さいわい》郷の郷民が、それぞれ小五月会（高畑町の天満天神社を中心とする祭礼）で春日若宮に参じたことが確認されます（『中臣祐賢記』）。

　室町時代には井上郷・瓦堂郷・中辻子郷（中辻郷）なども史料上確認

中辻町・春日若宮神社　隣接して肘塚があった。

されるようになり、郷の共同体的機能も明確となります。幸郷では、文明12年（1480）、郷民らが興福寺衆徒《しゅと》古市氏から人夫役《にんぷやく》（労働課役）を賦課されたことを興福寺に訴え、逃亡の意志を示して課役に抵抗しています。逃亡も当時は領主に抵抗する手段の1つだったので、ここで幸郷民は郷としてまとまって領主への要求を行っていたということになります。こうした郷のまとまりが、再編を経て江戸時代以降の町に引き継がれていくところもありました。

彼ら郷民の拠り所は、地下堂《じげのどう》、辻堂などと呼ばれた小さな仏堂でした。幸郷には薬師堂があったようですが、文明14年（1482）に失火で焼けてしまいます。しかし翌年には「地下堂」で幸郷民が「大酒盛」をしたとあるので、新たな地下堂が建てられていたようです。地下堂は領主支配との結節点でもありましたが、郷民らにとっては寄合や現世利益の祈祷、追善供養などの場でした。このうちの寄合や信仰・行事の一部の機能は江戸時代以降の町会所に引き継がれていったところもあります。

都市奈良の基底部分にあった都市民の共同体である郷・町は、現在の町々の源流ともなっており、地域社会の形成・持続の原動力となっていたといえるでしょう。このことは都市奈良全体に共通することですが、奈良町南部地域の歴史文化を見る際にも留意しておきたい点です。

本書の目的

最初に述べたように、この奈良町南部地域の歴史的な特色は、都市奈良の境界地域にして玄関口であったところに求めることができ、まさしく本書のタイトルにもある「奈良町の南玄関」というキーワードで言い表すことができます。

本書は、こうした立地にあって、個性あふれる地域性を歴史的に形作ってきた奈良町南部地域について、その歴史と文化を紹介するものです。

対象とする地域は、具体的には、肘塚町・中辻町・井上町・花園町・京終町・西木辻町・紀寺町などを中心に、江戸時代には紀寺組・木辻組に属した町々や、肘塚村・京終村・紀寺村・木辻村などの村方も含めました。その主たる対象範囲は、北は木辻・花園あたり、南は南肘塚・南京終・南紀寺という極めて狭い範囲です。校区も3つに分かれており、南北を大きな道路で分断されたこの範囲を1つの地域とする捉え方は今まであまりされませんでしたが、そういった行政的な枠組みを取り払い、奈良町のうち元興寺旧境内域よりも南部分という歴史的な経緯に、この本の制作にも加わった地元住民の現実の生活感覚を加味してこの範囲を設定しました。

実際に、この一帯は、奈良町の中でも社会・政治の中心であった興福寺や東大寺、あるいは世俗権力の拠点であった近世の多聞山城《たもんやまじょう》や奈良町奉行所などからは遠く隔たった、都市境界域にして交通の要所という共通の地域性を有しています。したがって、ここを対象に古代から近代までを一貫してその足跡を跡付けることで、歴史的都市のなかの、1つの個性的で特徴ある地域像が浮かび上がってくるように思います。

過半が平城京域から外れるこの地域では、発掘調査もあまり行われていないうえに、大きな寺社もほとんどなく、絵画・彫刻の調査、講行事の民俗調査などのほかは文化財調査も悉皆的《しっかいてき》に行われていませんでした。しかも現在いうところの狭義の「ならまち」からは外されて認識されることも多く、その豊かな歴史文化も十分に意識されているとはいえません。

しかし、平成31年(2019)には京終駅駅舎が明治31年(1898)開業時の姿に復元され、新たな地域文化の拠点として生まれ変わるなどこの地域への関心が高まるなか、今後の創造的な地域づくりのためにも、この地域で培われてきた歴史文化を記録し、顧みることの意義は小さくないように思います。

本書では、地域づくりを担ってきた有志と元興寺文化財研究所を中心とする専門家とが、それぞれの特性を活かしながら協働して、多くの住民の方々のご協力を得てこの地域に残された様々な資料を掘り起こし、古代から近現代までの歴史と、今に受け継がれている産業や生活・信仰文化をまとめました。前近代をテーマとする第1章、第2章、第4章は元興寺文化財研究所の研究員が中心となり、近代以降をテーマとする第3章、第5章は奈良・京終関係の有志が担当して執筆しました。

本書がこの地域の歴史文化を考えるための「玄関口」となることを願ってやみません。さあ、一緒にその扉をひらいてみましょう。

（服部光真）

名勝 旧大乗院庭園
元興寺（真言律宗）
奈良屋本店
福智院
高畑郵便局
徳融寺
元興寺（華厳宗）
安養寺
御霊神社
十輪院
花園新温泉
奈良町南
観光案内所
（鹿の舟）
飛鳥公民館
誕生寺
株式会社
鹿野材木店
高林寺
称念寺
正覚寺
飛鳥小学校
奈良町宿 紀寺の家
まんなおし地蔵
井上神社
井上町会所
「南市」比定地
木下照僊堂
中井座跡
松倉病院
南蓮寺跡
崇道天皇社
ウス
まち
紀寺跡
奈良女子大学附属
中等教育学校
紀州屋敷跡
璉城寺
家住宅
杉本薬局
飛鳥神社
練兵場跡
春日若宮社・「肘塚」跡
龍紋氷室
（現井上本店）
宝珠寺
国道169号
市立奈良病院
ハギハラ酒店
杉本薬局旧地
もみや池跡
米軍滑走路跡
ほてい湯
長福寺跡
京終駅舎カフェ
ハテノミドリ
椚神社
材辰
能登川
京終駅
奈良市養老舎跡
（現市立看護専門学校）
奈良安全索道京終駅跡
春日自動車学校
紀寺のノーガミサン
おかげ灯籠
福寺池跡
肘塚不動堂跡
上ツ道（上街道）
アングル跡
元興寺文化財研究所
（テイチク跡）
株式会社白雪
至ＪＲ天理駅
植田蚊帳株式会社

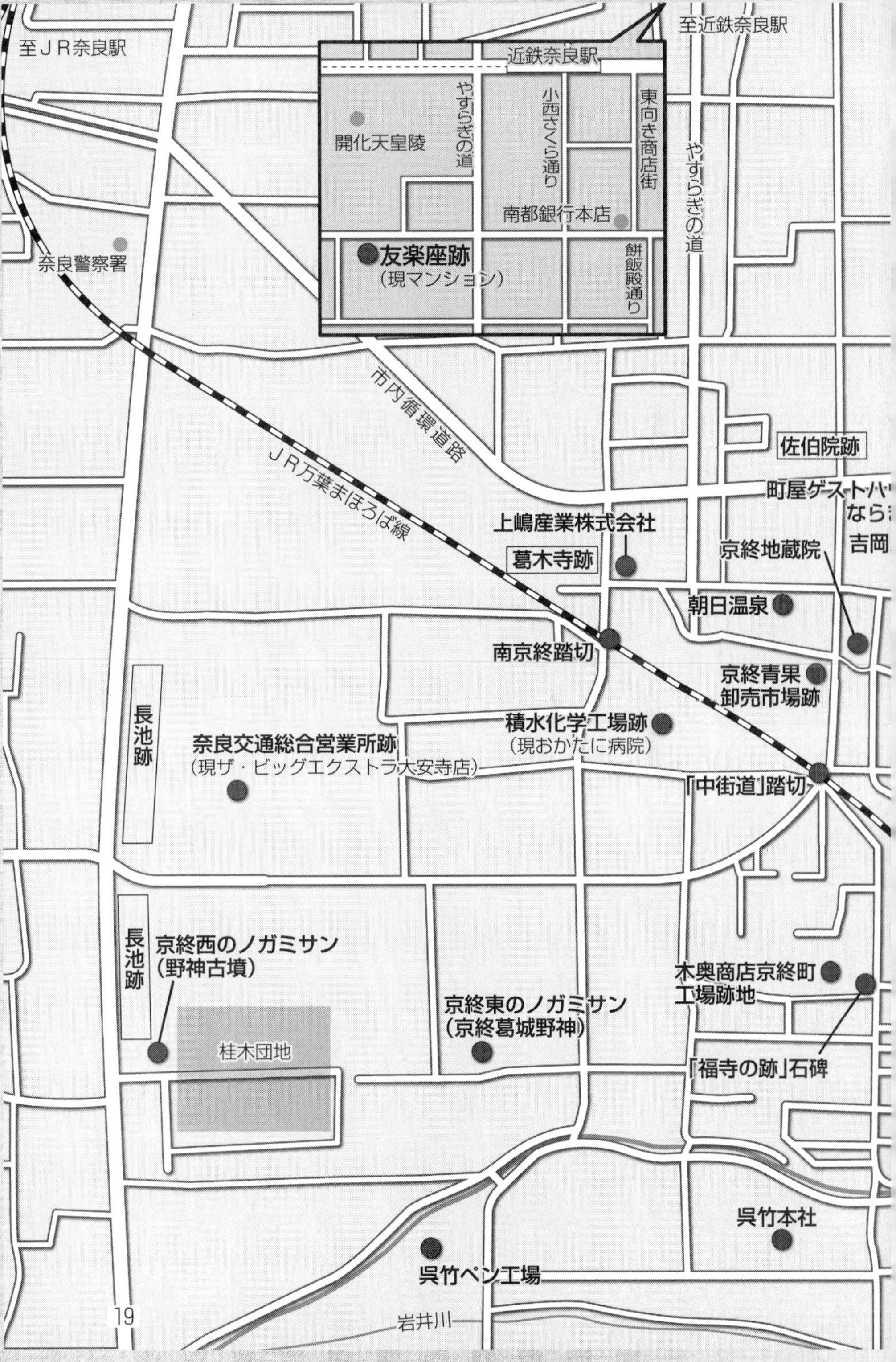
至ＪＲ奈良駅
至近鉄奈良駅
近鉄奈良駅
開化天皇陵
やすらぎの道
小西さくら通り
東向き商店街
南都銀行本店
奈良警察署
友楽座跡
（現マンション）
餅飯殿通り
やすらぎの道
市内循環道路
ＪＲ万葉まほろば線
佐伯院跡
町屋ゲストハ
なら
上嶋産業株式会社
葛木寺跡
京終地蔵院
吉岡
朝日温泉
南京終踏切
京終青果
卸売市場跡
積水化学工場跡
（現おかたに病院）
奈良交通総合営業所跡
（現ザ・ビッグエクストラ大安寺店）
長池跡
「中街道」踏切
長池跡
京終西のノガミサン
（野神古墳）
京終東のノガミサン
（京終葛城野神）
木奥商店京終町
工場跡地
桂木団地
「福寺の跡」石碑
呉竹本社
呉竹ペン工場
岩井川

第1章　平城京の時代（古代）

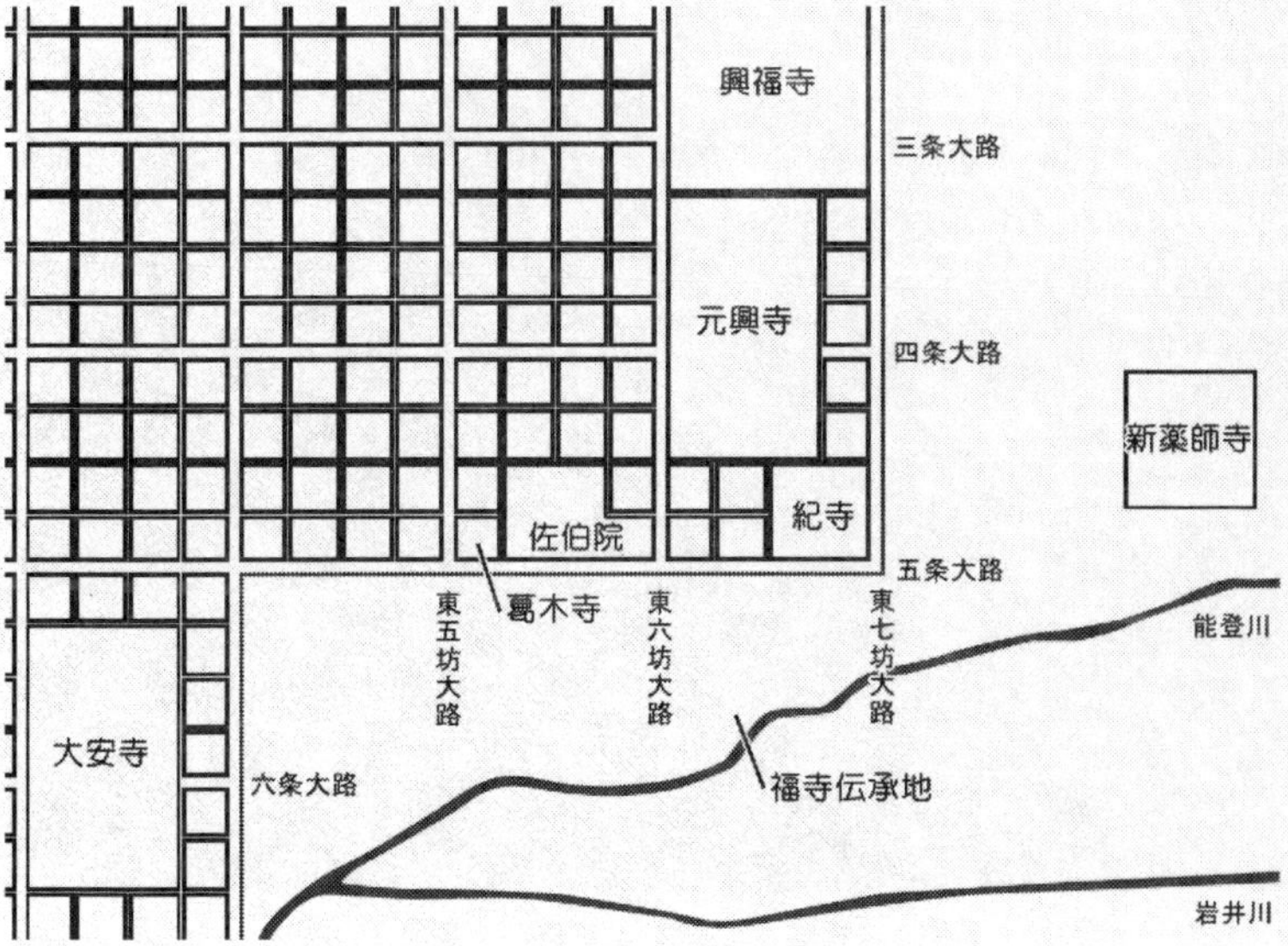

平城京と本章関係寺院の位置

〈1-1〉

京終にも古墳があった

京終に古墳《こふん》があると聞くと、みなさんは驚かれるでしょうか。京終からみえる奈良盆地周縁の山の頂上や山裾には、古墳時代を通して築かれた大小さまざまな古墳が残されています。また、平城京の発掘調査では、ここに都をつくるときに削られた古墳の痕跡が発見されることもあります。

そして京終には、完全な形ではないにせよ、今なお墳丘を保ち、死者を葬った埋葬施設《まいそうしせつ》も残る古墳があります。今は桂木団地の入口付近に築かれている野神《のがみ》古墳です。この古墳は史跡《しせき》として奈良市指定文化財に指定されています。

野神古墳を南側から見る。

石室の蓋石

明治に発見された古墳

　野神古墳は、明治9年（1876）に発見されました。その当時、水不足に苦しんだ人びとが、井戸が埋められているという伝承が残る場所を掘ってみると、石の蓋《ふた》が現れ、さらにそれを取り去ると石棺《せっかん》があり、その中から鏡や刀、玉などが見つかったことが記録に残っています。

　その後行われた2回の発掘調査では、馬具《ばぐ》や埴《はに》輪《わ》などが出土しています。

　現状は古墳の墳丘が大きく削られ、東西約22m、南北約11mのいびつな楕円形のような部分のみが残っており、ここからもとの墳形をうかがい知ることは難しいですが、明治時代の絵図からは、この古墳が前方後円墳《ぜんぽうこうえんふん》だった可能性が考えられています。その場合に復元される古墳の規模は50mほどにもなります。平地に築かれていることから、盛土によって墳丘が造られたと考えられます。

　埋葬施設は平らな石を積み重ねた竪穴式石室《たてあなしきせきしつ》と呼ばれるものです。これも大きく壊されて東壁しか残っていませんが、その規模は全長3m、幅1mほどと推定されます。現在はコンクリート製の覆《おお》いで保存されており、その上には石室の蓋石《ふたいし》が並べられています。蓋石のうち真ん中のものには、縄掛状突《なわかけじょうとっ》起《き》と呼ばれるものがついています。

石室の中には石で造られた棺《ひつぎ》、石棺が納められています。石棺のふたは屋根のような形をしており、家形《いえがた》石棺《せっかん》と呼ばれています。石棺の本体は、1つの石を刳《く》り抜《ぬ》いて作られています。

石棺に使用された石材は、阿蘇溶《あそよう》結凝灰岩《けつぎょうかいがん》です。この石材は通称で阿蘇ピンク石ともいわれ、その名のとおり、少し赤みがかった色をしています。阿蘇と名称につくことから分かるように、熊本県でのみ産出する石材で、古墳時代にわざわざ熊本から奈良へ運ばれたと考えられますが、このような事例はごくわずかです。

このことから、野神古墳には当時の権威《けんい》のある人物が葬《ほうむ》られたと考えられます。

出土した遺物《いぶつ》や埋葬施設の特徴から、古墳時代中期後半（5世紀後半）から古墳時代後期初頭（6世紀前葉）の築造《ちくぞう》と考えられています。野神古墳周辺にはともに前方後円墳である杉山《すぎやま》古墳、墓山《はかやま》古墳があり、古墳時代研究において、重要な位置を占めています。

（村田裕介）

石棺

石室内部

【コラム】

野神古墳探訪

JR万葉京終駅から徒歩で15分ほど南西方向に進むと、住宅団地の1番端に小高い丘がみえてきます。これが野神古墳です。

北東から見た野神古墳

小高いとはいっても、少し高いだけ。柵に沿って歩いてみてもこれが古墳である確信はまだ持てません。丘の周りは低く溝状になってはいますが、底に現代の排水溝が見えるので古墳とは直接関係ないものでしょう。

柵越しに丘の上を眺めてみましょう。高まりの上には野神さんの祠《はこら》が祀られています。ここで毎年ノガミサンの行事が行われます(5−2)。そのやや北側に目を転じると、3枚の大きく平たい石が横たわっていることに気づきます。目を凝らせば、真ん中の石には何やら突起が2つ。そう、これは石室《せきしつ》のふたに使っていた石材です。古墳時代に造られたものを直接目にすることができます。

丘の西側面を望むと、このふたの下に、コンクリートの覆《おお》いを挟んで石室と石の棺《ひつぎ》が埋められており、このふたが本来の位置に復元されて置かれていることが分かります。コンクリートの覆いには違和感があるかもしれませんが、これのおかげで雨風から守られ、保存にも一役かっています。よく見ると、石棺《せっかん》のふたには大きなヒビが。もし覆いがなければ、すでに真っ二つになっていたかもしれません。

墳丘《ふんきゅう》の盛土《もりど》が削られたり、周辺が開発されたり、これまでに幾度《いくど》もの消失の危機があったことを、現状の野神古墳は教えてくれます。しかし同時に、野神古墳を守り伝えてきた人々がいたことにも思いをはせることができます。この古墳が、後世に伝えられていくことを願ってやみません。周りは住宅団地なのでマナーとルールを守って見学しましょう。

(村田裕介)

〈1-2〉

平城京の成立

和銅3年（710）、平城京への遷都で奈良時代が幕を開けます。この大事業を『続日本紀』は「始めて平城に都を遷す」とだけしか記していませんが、平城京の成立は日本史のなかで大きな画期でした。

平城京にある「外京《げきょう》」

平城京がそれ以前の藤原京と大きく違った点は、「外京」が存在したことです。外京は平城京の東に南北5条（約2.6㎞）、東西3坊（約1.6㎞）にわたって広がる張り出しです。「外京」という言葉は歴史的な用語ではなく、明治40年（1907）に東京帝国大学の関野《せきの》貞《ただし》が名付けた造語であり、京の「外」という表現は適切でないかもしれませんが、現在では学術用語としてすっかり定着しています。

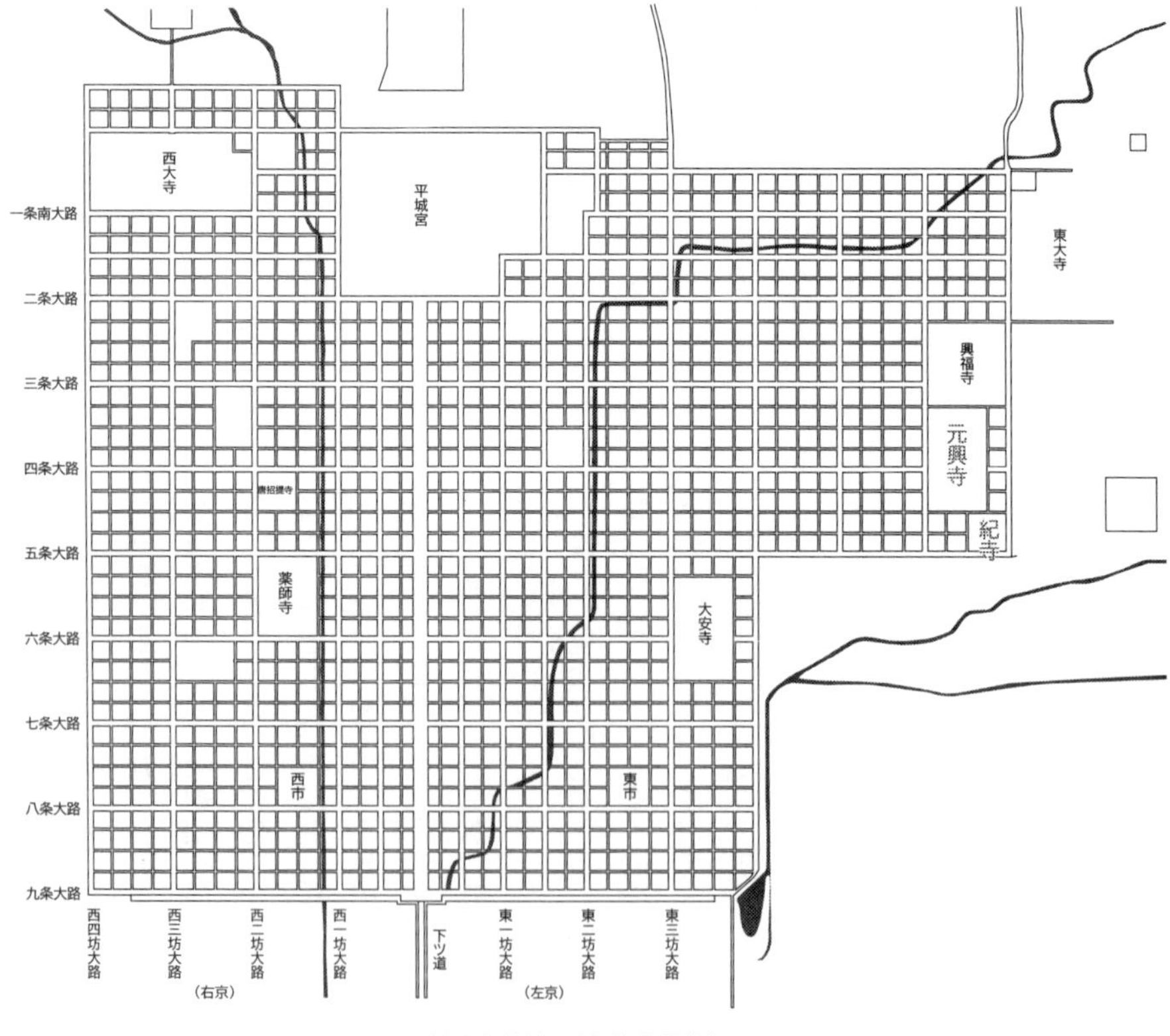

平城京条坊地図（十条廃絶後）

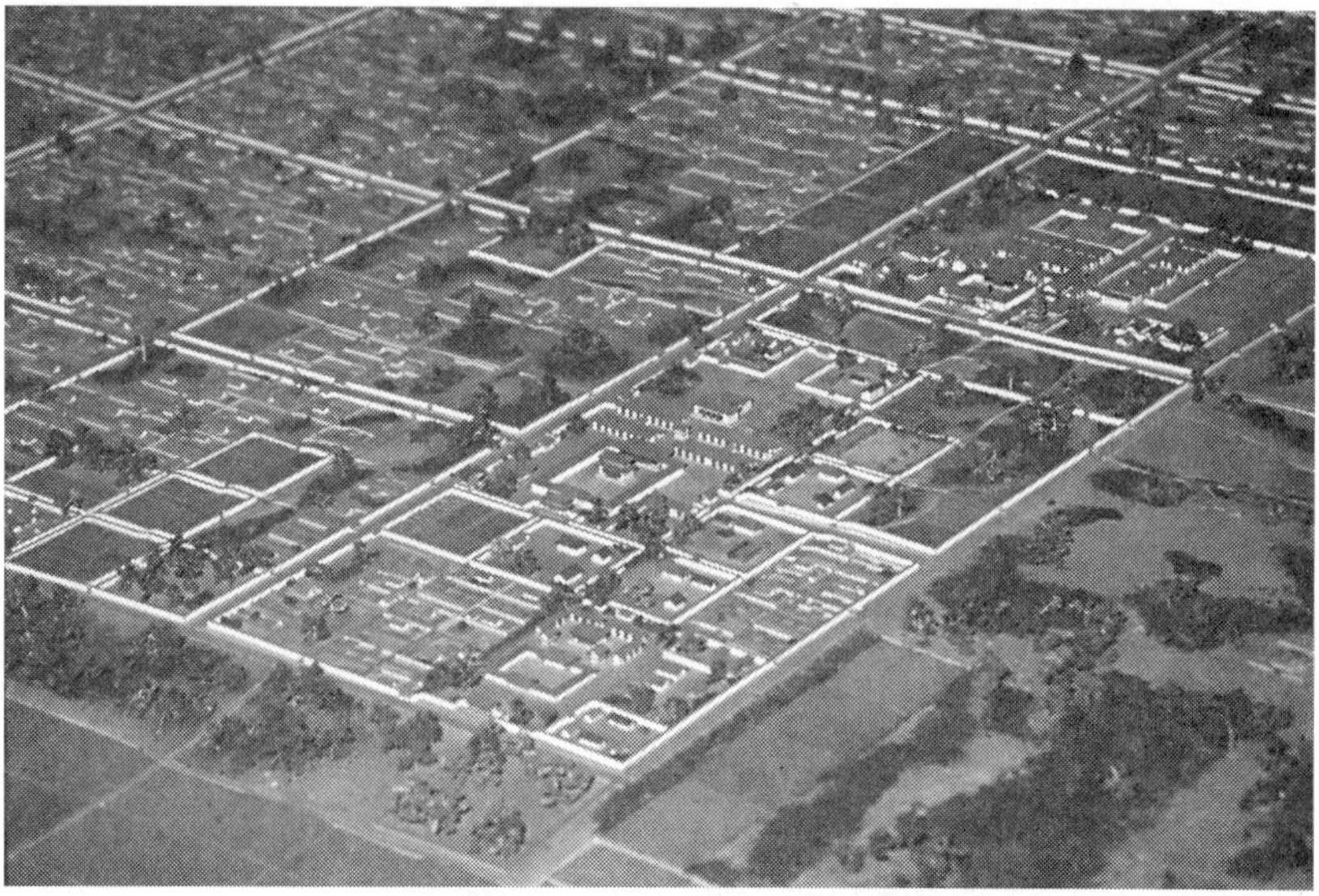

平城京模型・外京部分（奈良市役所所蔵）

　外京が造られた理由はよくわかりませんが、平城京造営当初から設置されていたようで、条坊道路は133m間隔という通常の規格で割り付けされています。ただし、本来条坊道路があるはずの場所で道路遺構が見つからない事例があることや、いくつかの道路が和銅6年（713）以降の基準尺（同年に土地を測る基準尺が大尺（約35・5㎝）から小尺（約30㎝）に変更されている）で造られているなど不自然な点があります。外京にはまだ多くの謎が隠されているようです。

　さて、外京域の発掘調査では散発的ではありますが奈良時代の建物跡などが複数地点で見つかっており、

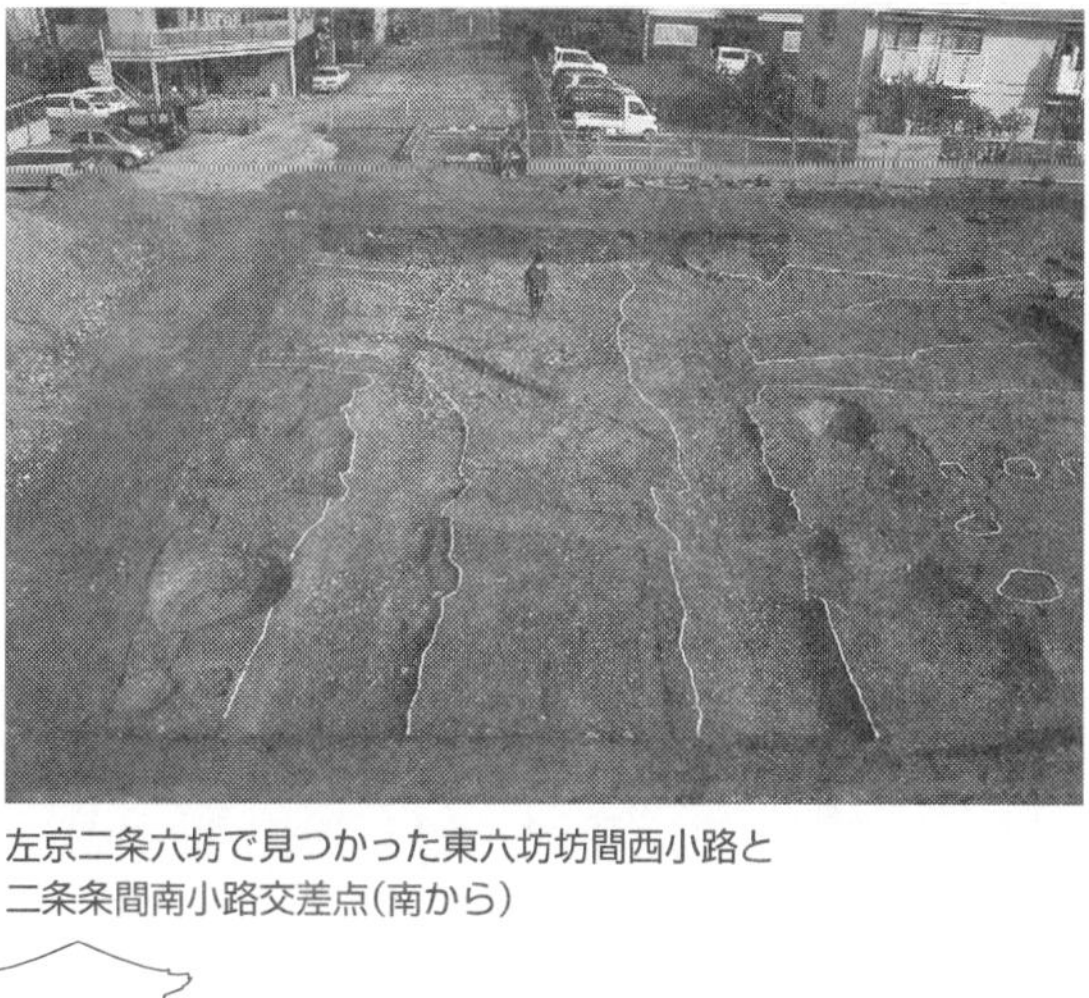

左京二条六坊で見つかった東六坊坊間西小路と
二条条間南小路交差点（南から）

街区が居住域として利用されていたことは間違いありません。しかし、通常の平城京内にくらべてその利用には粗密があるようで、五条五坊では多くの遺構が見つかるのに、JR奈良駅前付近の四条五坊や四条六坊ではほとんど遺構が見つかりません。外京はその中央に大規模な断層の集まりである奈良盆地東縁断層帯を構成する佐保田《さほだ》褶曲帯《しゅうきょくたい》とよばれる断層崖が横たわっており、その傾斜面と傾斜面下の水はけの悪い地区はほとんど居住地として利用されず、環境の良い台地上と五条付近が集中的に利用されていたようです。

平城京の南端「五条大路」

　こうした外京の南端、南京極に相当するのが五条大路です。五条大路は現在、飛鳥神社（北京終町）の南を走る東西道路がその遺存地割と考えられ、「京終」の地名はまさに京のつきるところ、のイメージです。京終の地名は古代平城京に起因するものではなく中世都市奈良の成立に伴うものであるとする意見が有力ですが、中世都市を「京」の呼称で示すこと自体が平城京の記憶とでも呼ぶべきものです。

平城京の南端と飛鳥神社
（南西から五条大路の痕跡をみる）

　ところで、中世奈良研究の泰斗、永島福太郎《ながしまふくたろう》氏は著書『奈良』において、鎌倉時代の文書に外京以南にも条坊呼称が記載されることから、奈良時代には五条大路以南の地域にも条坊があったのではないかと指摘します（永島1963）。これまでも平城京では九条大路以南に十条条坊が見つかっており、外京以南の条坊の存在もあながち荒唐無稽な話と切り捨てられません。

　さて、「大平城京」は存在したのか。五条大路と六坊大路が交差する飛鳥神社南側付近を発掘すれば驚くような発見があるかもしれません。

（佐藤亜聖）

空から見た外京
（元興寺周辺。上方の池は猿沢池。碁盤のような道路は平城京時代の道路にほぼ一致する）

璉城寺付近の紀寺町

〈1-3〉
平城京にやって来た『紀寺』

古代寺院「紀寺《きでら》」

「女人裸形阿弥陀仏」で有名な璉《れん》城《じょう》寺《じ》の付近には「西紀寺町」「紀寺町」といった地名が残されています。これは奈良時代に紀氏の氏寺である紀寺があったことにルーツを持つとされています。

『続日本紀』にみる紀寺

紀寺はこれまでほとんど発掘調査が行われず、また文献史料も非常に少ないため、実態がわかっていません。しかし、『続日本紀』天平宝字8年(764)7月丁未条にその前身についての記事があります。

この記事は、紀寺の奴である益人が、「自分たちの祖である紀袁祁臣の女粳賣が紀伊国氷高評の人内原直牟羅に嫁して生んだ身賣・狛賣の2人は、もともと良民だったのに、持統天皇4年(690)の庚寅《こういん》年籍《ねんじゃく》(戸籍)作成時に、紀寺の三綱たちによって誤って奴婢に編入されたものだから身分を回復してほしい」と訴えるものでした。この訴えを受けて文室浄三《ふんやのきよみ》らが古記録を探したところ、僧綱所に近江《おうみ》大津宮《おおつのみや》庚午《こうご》(天智天皇9年(670))の戸籍に、女粳賣および粳賣の子身賣・狛賣の名がみられた、としています。この記述にしたがうと、紀寺は天智天皇9年(670)には存在していたことになります。ではこの前身紀寺はどこにあったのでしょうか。そのもっとも有力な候補とされていたのが小山《こやま》廃寺《はいじ》です。

紀寺の前身寺院はどこか

小山廃寺は明日香村小山と橿原市木之本町にまたがる古代寺院跡で、

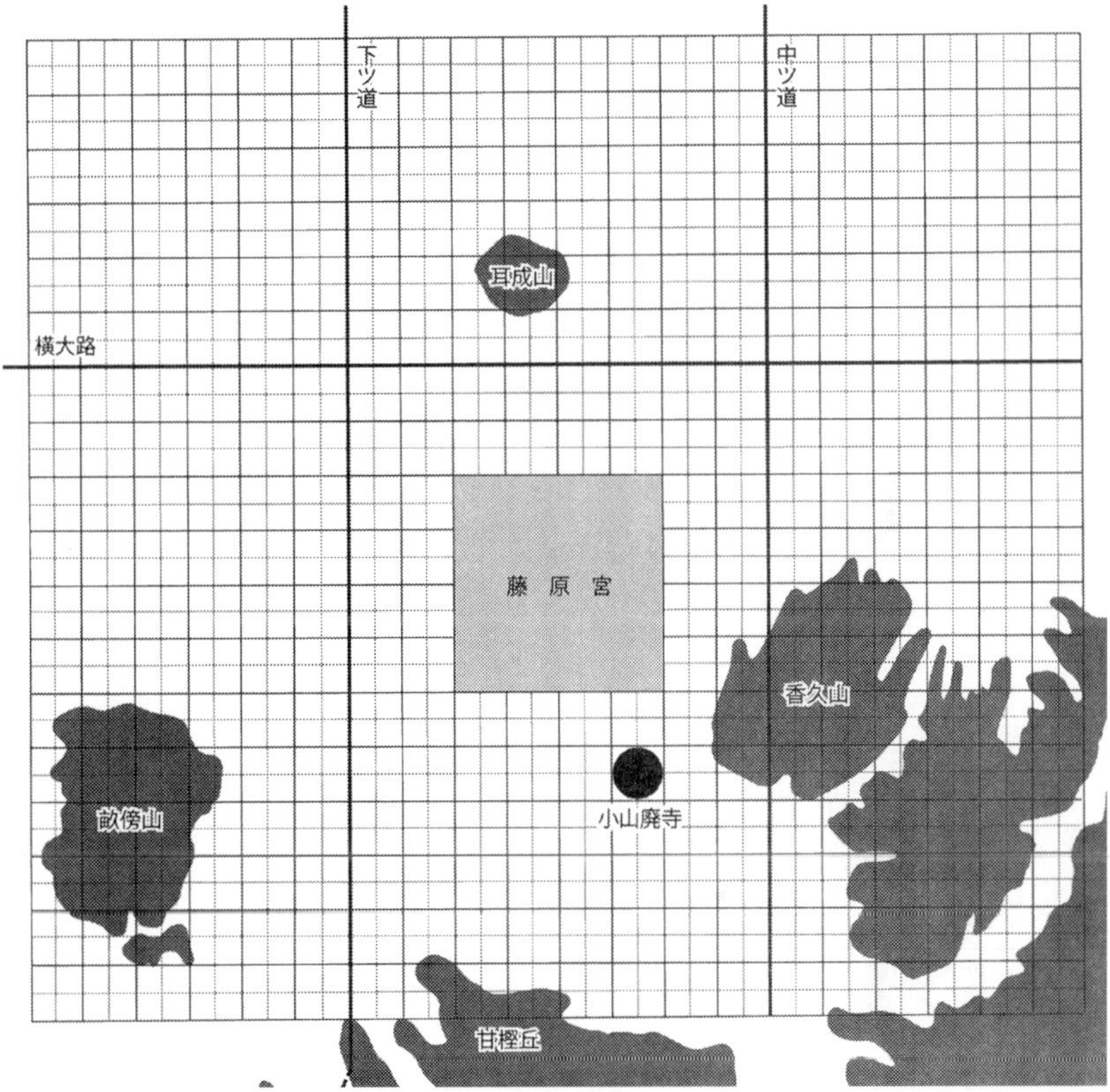

小山廃寺と藤原京

発掘調査により中門、金堂、講堂を回廊が取り囲む伽藍が復元されています。外区に雷文《らいもん》を配する独特の瓦が出土し、「キテラ」の地名が残ることから紀寺の前身寺院と考えられてきました。しかし、藤原京に関する研究が進んで、小山廃寺の中心軸が天武天皇の時代以降に造られた藤原京の条坊を基準として造営されていることが判明し（南門が七条大路に面し、伽藍の中軸線が東一坊坊間東小路に正確に一致する）、また瓦についても藤原氏との関係が色濃いことがわかるなど、紀寺の前身であることを否定的に考える要素が見られるようになりました。平城京遷都以前の紀寺の位置についてははっきりしないというのが実情です。

さて、前身ははっきりしませんが、奈良時代の紀寺が現在の紀寺町周辺にあったことは確かと見ていいでしょう。これはその地名と璉城寺境内及びその周辺から奈良時代の瓦が出土することによります。

また、堀裕《ほりゆたか》氏は文献記録にみられる「木寺」領と「蓮城寺」の所領が重なる、もしくは近接することを明らかにし、紀寺と「蓮城寺」が同一の寺院であったことを述べ、さらにこれが現在の璉城寺へつながることを指摘しています（堀2015）。紀寺の位置をピンポイントで示す文献史料がないため、若干の問題は残りますが、これまでの位置比定を覆すような史・資料はみられません。

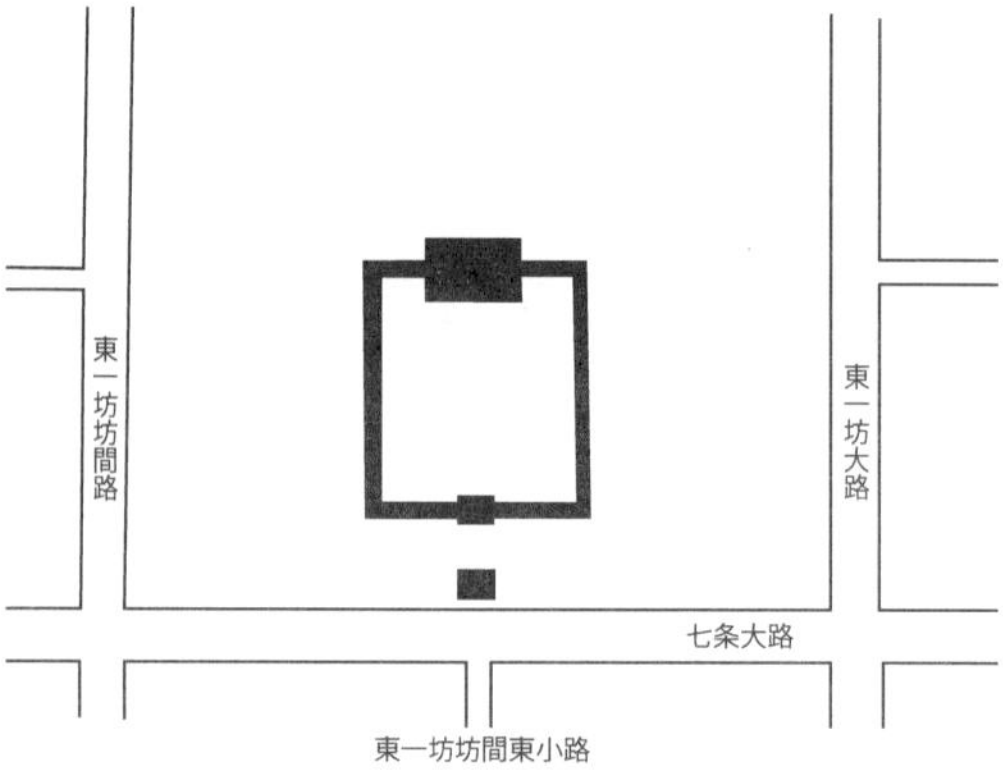

小山廃寺の伽藍配置

境内出土の古代瓦

璉城寺境内および周辺から出土する瓦を詳細に検討した平松良順《ひらまつりょうじゅん》氏は、これらの瓦が天平宝字年間（757～765）の前半から平安時代初期にかけてのものであると指摘しています（平松 2015）。平城京内の主要大寺の造営は奈良時代前半に行われていることから、紀氏のような中級氏族を檀越《だんおつ》とする中小規模寺院の造営は一段階遅れたことでしょう。

いずれにしても古代紀寺の伽藍については全く判明しておらず、その全貌は足下で解明される日を待っています。

（佐藤亜聖）

璉城寺境内で出土した古代瓦（璉城寺所蔵）

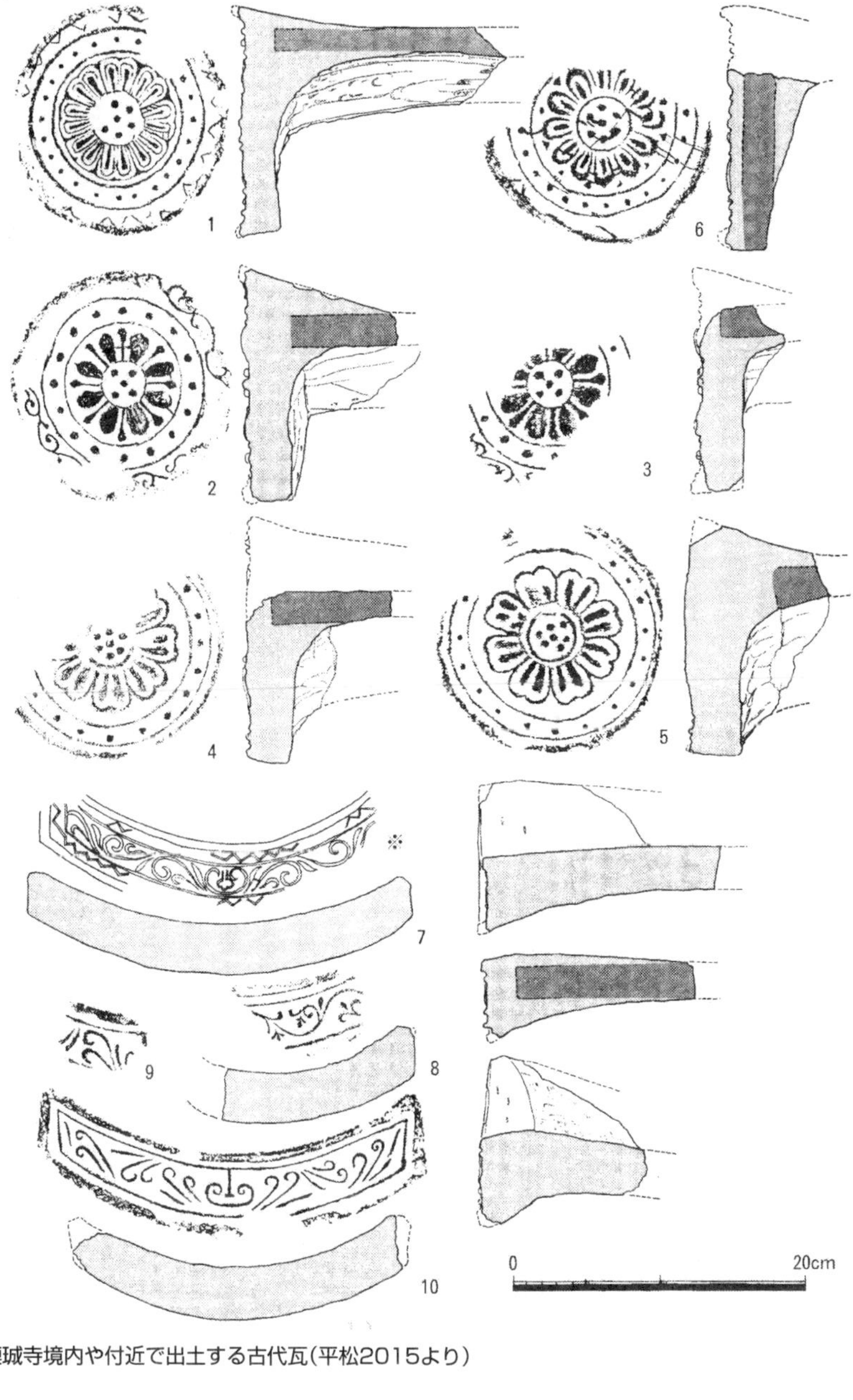

䃭城寺境内や付近で出土する古代瓦(平松2015より)

〈1-4〉

佐伯氏ゆかりの古代寺院『佐伯院』

佐伯《さえき》兄弟悲願の氏寺

京終駅から北へ500mほど行った辺り一帯が、奈良時代に創建されたある寺院の故地であることはあまり知られていません。

その寺院は正式には香積寺《こうしゃくじ》といいます。古代貴族・佐伯氏の氏寺であったことから、当時から「佐伯院」の通称でよく呼ばれていたようです。

佐伯院が建立されたのは奈良時代後半の宝亀7年(776)のことです。佐伯真守《まもり》(当時、造東大寺司次官)・今毛人《いまえみし》(当時、左大弁)の兄弟が、平城京左京五条六坊の園地4坪を東大寺、1坪を大安寺から買い求め、ここを寺地として佐伯院が建立されました(「佐伯宿禰今毛人・同真守連署送銭文」「佐伯院附属状」随心院文書など)。真守は造東大寺司長官や大蔵卿を歴任し、今毛人も造東大寺司長官を三度つとめたほか、民部卿、造長岡宮使などの要職をつとめたことで知られる、奈良朝の代表的な高級官人でした。

氏寺《うじでら》を持つ貴族が少なくなかったなか、佐伯氏には自前の氏寺がないのを「慨嘆」して建立を発願したとみられています(角田1963)。今毛人自身は質素な生活に甘んじ、給料の2割を写経につぎ込み、残りの8割を佐伯氏一族のために費やしたとも伝えられます。有能な官人として真守・今毛人が抜擢され、佐伯氏が台頭していくなか、一族全体が結束するための精神的な拠り所として氏寺が必要とされたのでしょう。

金色の丈六薬師如来像

広大な寺地に造営された佐伯院は、佐伯兄弟が生きていた延暦4年(785)、5年頃には出来上がっていたと考えられています(角田1963)。

完成した佐伯院がどのような姿を呈していたのかはわかりませんが、創建から100年余り経った延喜5年(905)の段階では、五間《ごけん》檜皮《ひわだ》葺《ぶき》の仏堂が一宇あり、金色の丈六薬師如来像、同じく金色の脇侍日光菩薩像、月光菩薩像、栴檀《せんだん》の十一面観音像が祀られていたようです（「佐伯院附属状」随心院文書）。薬師如来像は「丈六」なので、坐像でも約2.4ｍの大きさを誇る仏像だったということになります。後述するように、この延喜5年は佐伯院の末期の段階にあたるので、最盛期にはもっと多くの堂舎があり、充実した寺観を備えていたものと考えられます。

佐伯院はどこにあった？

佐伯院の寺地があった左京六条五坊の5坪が、具体的にどの坪に当たるのかについては史料には明記されていません。発掘調査などでも明確な痕跡を示す遺構や遺物は見つかっていないようです。

しかし、天平勝宝8歳（756）にこの土地を描いた「平城京葛木寺東所地四坊図」が残されており、手がかりとなります（「孝謙天皇東大寺宮宅田園施入勅」随心院文書）。この絵図は、宝亀7年（776）に佐伯兄弟が園地4坪を東大寺から買い取るよりも前、天平勝宝8歳に同じ園地が孝謙天皇《こうけんてんのう》から東大寺に寄附されたときの勅書に添えられているものです。

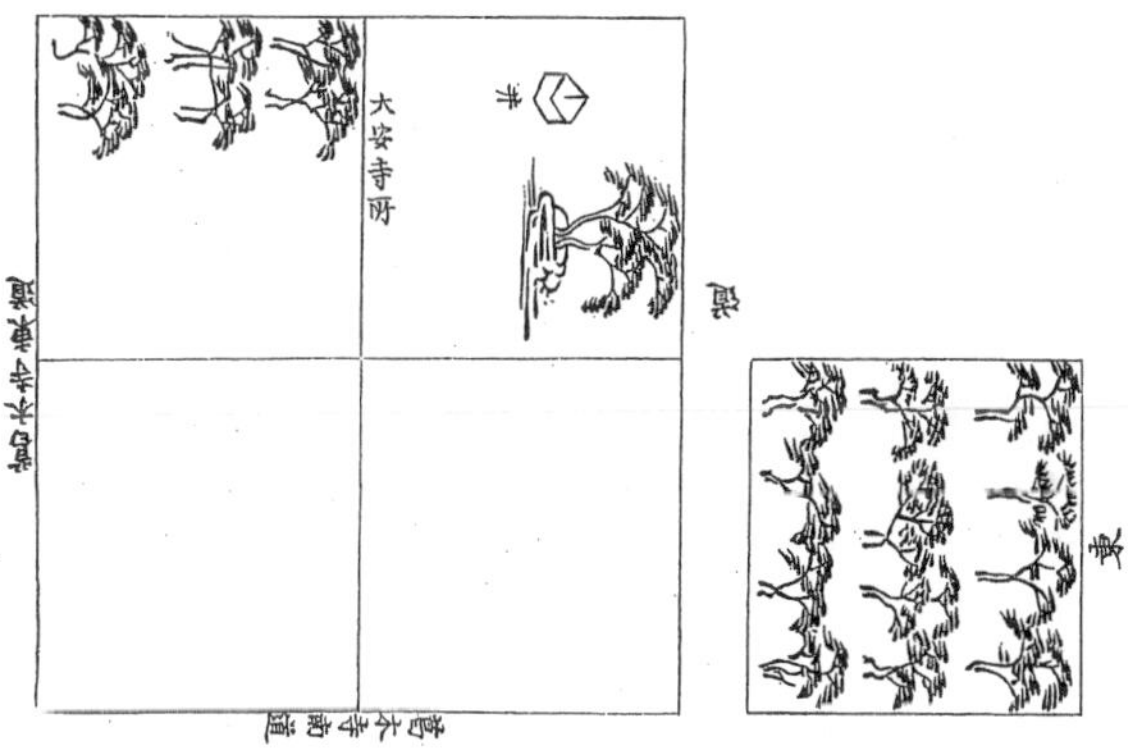

平城京葛木寺東所地四坊図（『大日本古文書　編年文書四』より）

この絵図と勅書本文によると、この園地4坪はL字形に配され、東を「少道」、南を「大道」「葛木寺南道」、西を「少道并《ならびに》葛木寺」「葛木寺東道」、北を「少道并《ならびに》大安寺園」（「大安寺所」）に接していたようです。北の「大安寺所」の坪が、同じ宝亀7年に佐伯兄弟が大安寺から買い取ったもう1坪で、同じく佐伯院の土地になった園地です。絵図に描かれているこの5坪が佐伯院の寺地になります。

この場所がどこなのか絞り込んでいくと、南の「大道」が五条大路なので、五条六坊のうち、南北の位置は五条大路に接した坪であることは確実です。問題は東西の位置ですが、かつての説では、絵図で東の1坪と西の4坪の間に太く書き込まれている南北道の「道」を東六坊大路とみて、この5坪を五条六坊十一・十二・十三・十四坪と七坊四坪に比定されていました（福山1948など）（比定地図1）。

しかし、五条六坊五坪を「佐伯院領」（「僧隆遠譲状」股野文書）、「字佐伯院」（「大法師某譲状」大橋文書）とする後世の文書があること、「大安寺所」に描かれた井戸が近代まで残っていた小字「榎葉井」に比定されること、東の1坪と西の4坪の間の南北道は「少道」であって東六坊大路であるとは記されていないことなどから、1坪西にずらして、

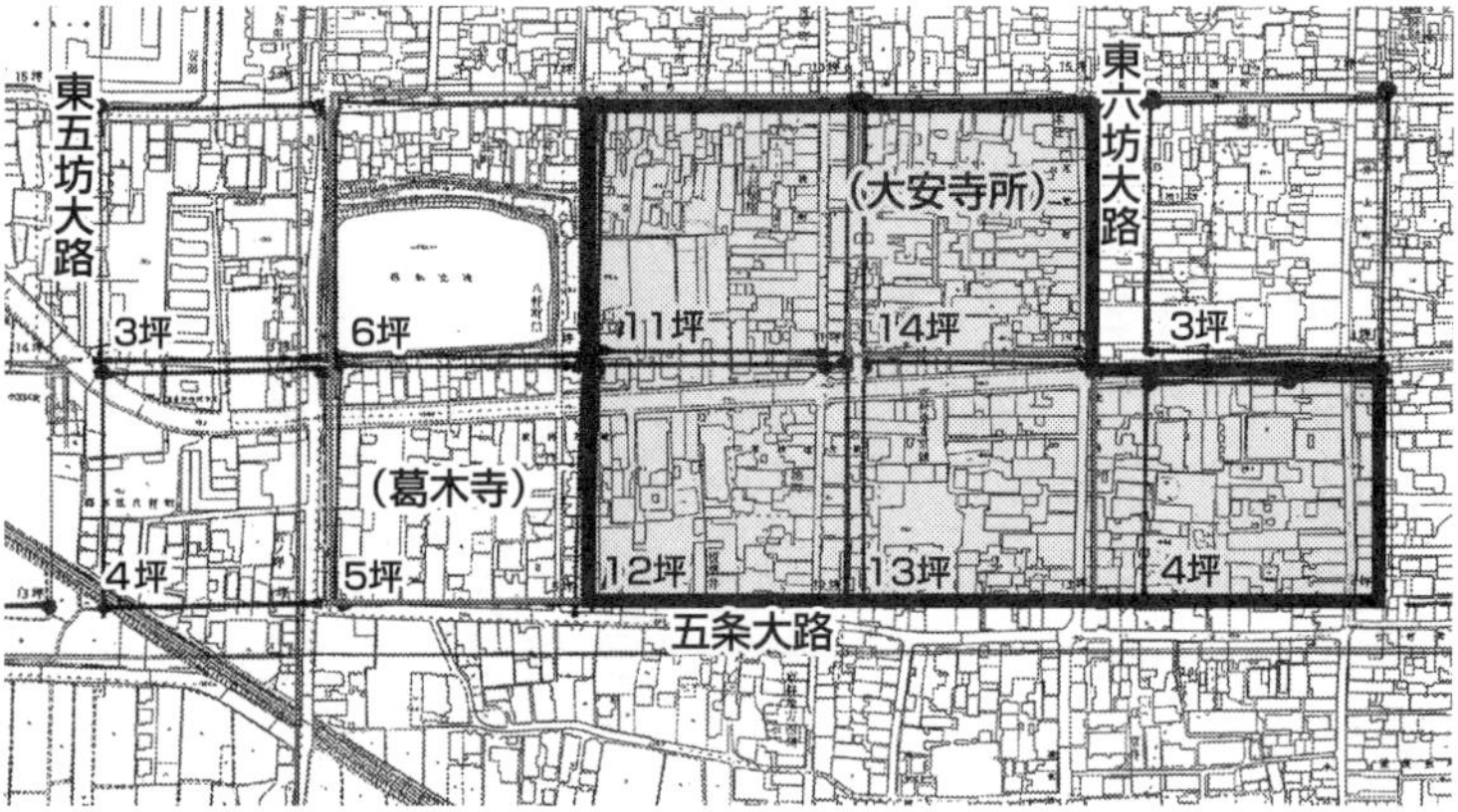

佐伯院比定地図１

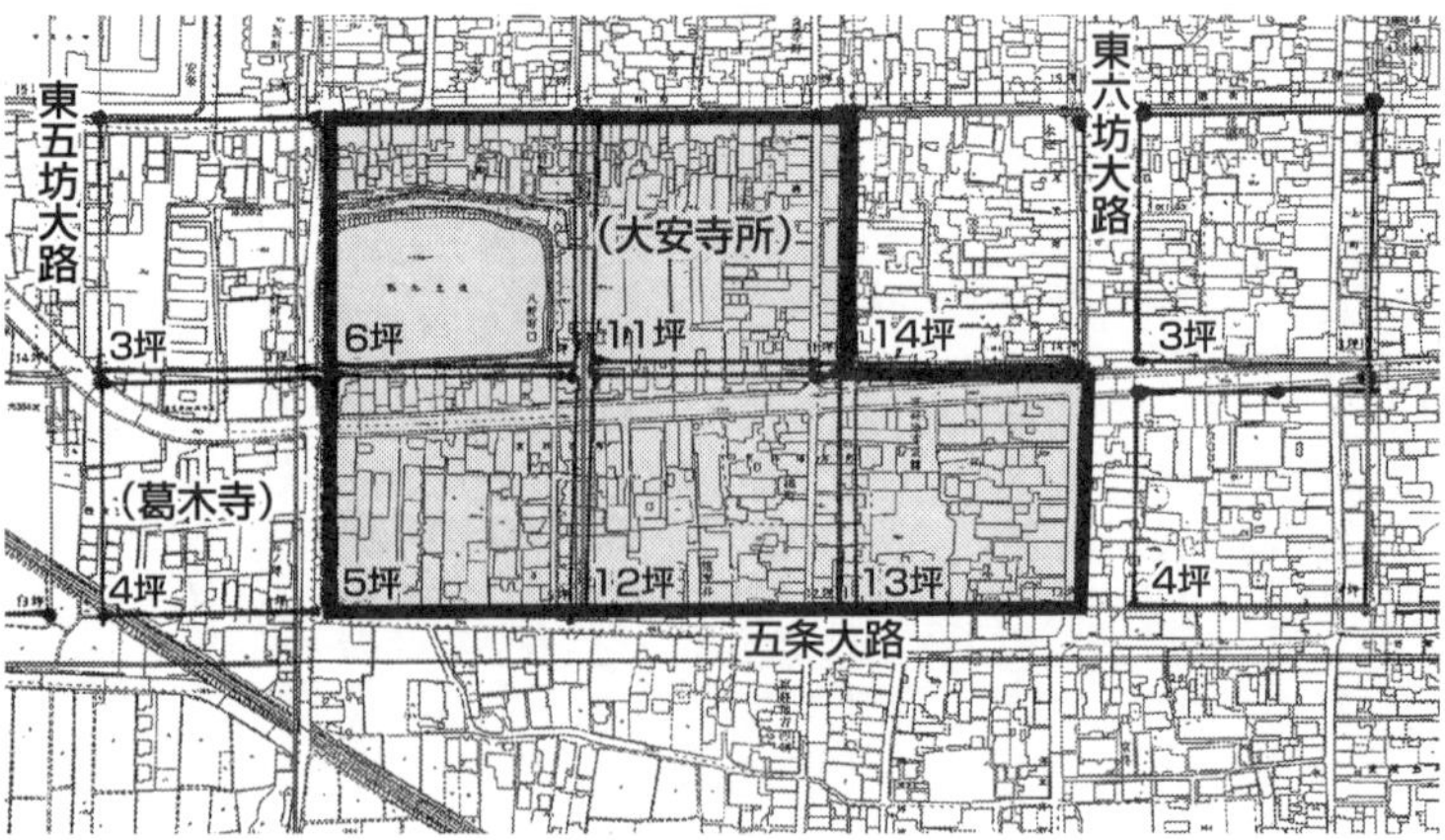

佐伯院比定地図２

五条六坊五・六・十一・十二・十三坪が佐伯院の寺地5坪であったとする見解も提唱されています（岸1974）（比定地図2）。史料上は「五条六坊園」とあるのみであり、前者の説のように五条七坊に及んでいたと考えるよりは、後者の説が自然でしょう。現在の北京終町から八軒町辺りにかけての一帯にあたります。

もう一つの古代寺院　葛木寺《かずらきてら》

　先の天平勝宝8歳（756）の勅書によれば、佐伯院の東側の1坪（左京五条六坊四坪か）には葛木寺（妙安寺）という別の古代寺院がありました。

　このお寺はもともと飛鳥時代に高市郡に葛木氏（葛城氏）によって建立された寺院（橿原市の和田廃寺に比定される）で、聖徳太子建立の7ヶ寺の1つに早くから数えられる古寺でした。平城遷都後にこの左京五条六坊の地に移転してきました。

　宝亀11年（780）には落雷で塔と金堂が焼失したという記録があり（『続日本紀』宝亀11年正月14日条）、当初は塔や金堂もある、それなりの伽藍を擁していたようです。天平神護2年（766）には写経所が葛木寺の『仁王経』を借用するなど（「造東大寺司請経文」正倉院文書）、葛木寺には参照されるべき仏典も備えられていました。

　仏教説話集『日《に》本霊異記《ほんりょういき》』に、葛木寺の前の原で「痛きかな、痛きかな」と泣き叫ぶ声があり、役人が様子を窺うと、盗人が葛木寺から盗んだ弥勒菩薩銅像を石で壊しているのが露見し、盗人は捕らえられ、弥勒像は寺に返されたという説話が収められています。この説話は、罰当たりな盗みを戒《いまし》め、因

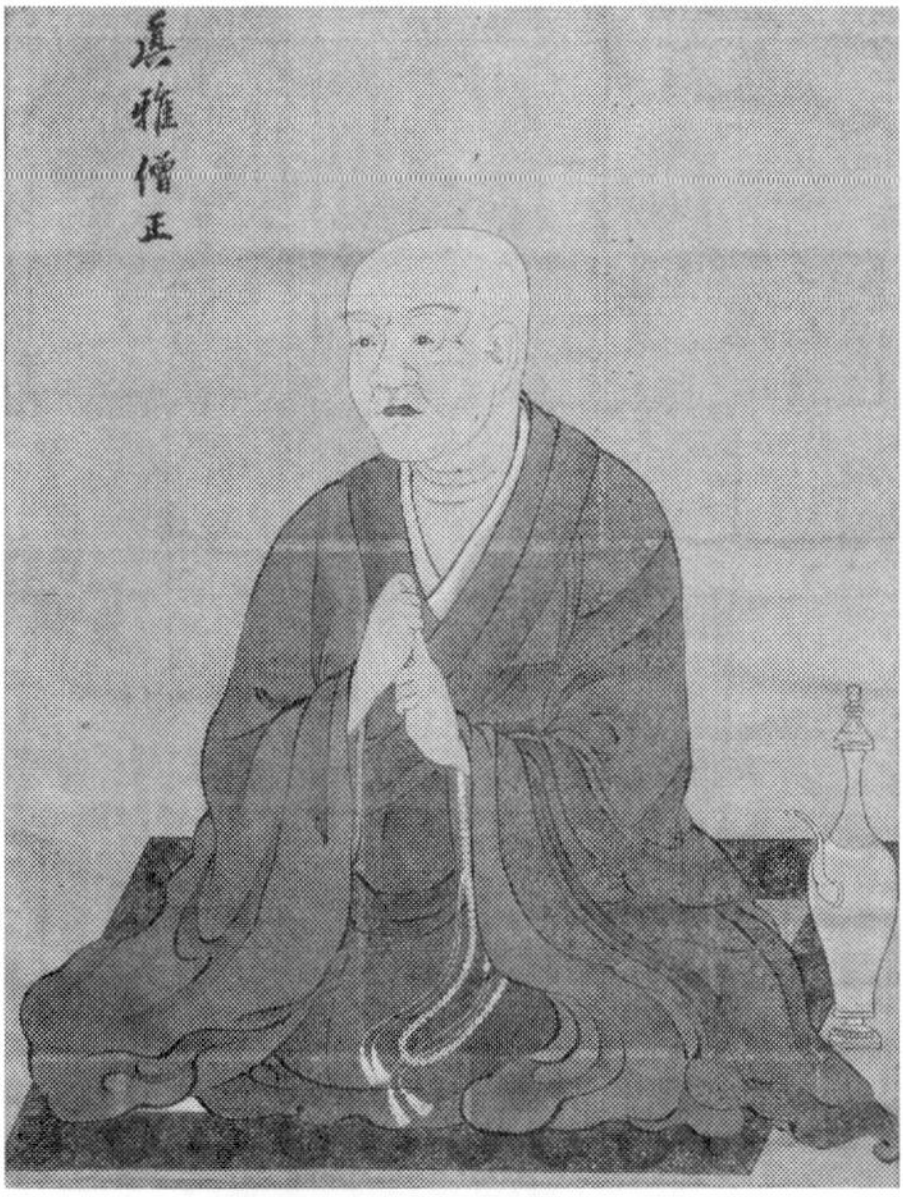

真雅僧正像（十輪院所蔵）

果応報の教えが不変であることを示すために説かれた霊験譚《れいげんたん》でしょう。

その後の苦難の歴史

さて、佐伯兄弟によって創建された佐伯院ですが、その後の歴史は苦難の連続でした（以下、「佐伯院附属状」随心院文書・「僧平珍款状」国立歴史民俗博物館所蔵水木文書など）。

延暦9年（790）に今毛人が、翌10年に真守が亡くなると、真守の娘氏子《うじこ》が相続して居住しました。しかし氏子の管理はままならず、堂舎は朽ち、弘仁頃（810～824）には藤原冬嗣《ふじわらのふゆつぐ》（後の左大臣）に佐伯院の田地を売却してしまいます。今毛人の孫三松《みまつ》・和安雄《わあお》は、佐伯氏の氏師《うじのし》であった西大寺承継《じょうけい》、さらに氏大師《うじのだいし》の貞観寺真雅《しんが》（空海の弟）を通して、これを冬嗣の子良房《よしふさ》（後の摂政）に訴えました。良房は真雅からの訴えを聞き入れ、氏子から買い取った田地こそ返さなかったものの、田地からの収入を仏堂や仏像の修理料として寄附しました。

その後、元興寺の僧永継《ようけい》が氏法師を称して20年余り佐伯院に居住しましたが、その間も荒廃が進み、永継の死後は氏師の興福寺安勢《あんぜい》と永継弟子の玄積《げんしゃく》が佐伯院をめぐって争うことになります。

東大寺東南院へ

とかくしているうちに、東大寺別当であった道義《どうぎ》が、天平勝宝8歳（756）の孝謙天皇から東大寺に佐伯院の寺地に相当する土地が寄附されたときの勅書を根拠に、この寺地を東大寺領とするべきことを主張し始めました。昌泰3年（900）には道義の主張を認めて東大寺に佐伯院寺地の領有を命じる判決が太政官から出てしまいます。

この争いのさなか、土地だけでなく、お寺の帰属に関わっても事件が起きます。延喜4年（904）7月、300人余りが佐伯院に押し寄せ、仏像を奪い取り、堂舎も取り壊して東大寺に移築してしまったのです。

理源大師聖宝像（十輪院所蔵）

今毛人の曾孫高相《たかみ》らは力無く、佐伯院をもと通り復興することはあきらめ、延喜5年（905）、かつての氏大師真雅の門流に属する聖宝《しょうぼう》（理源大師）に託すこととしました。聖宝は、東大寺境内に移されていた佐伯院を管理する東大寺大衆《だいしゅ》（寺僧集団）の承認を受け、翌6年（906）に佐伯院を譲り受けました（「僧正聖宝起請文」三宝院文書）。これが東大寺東南院の始まりです。

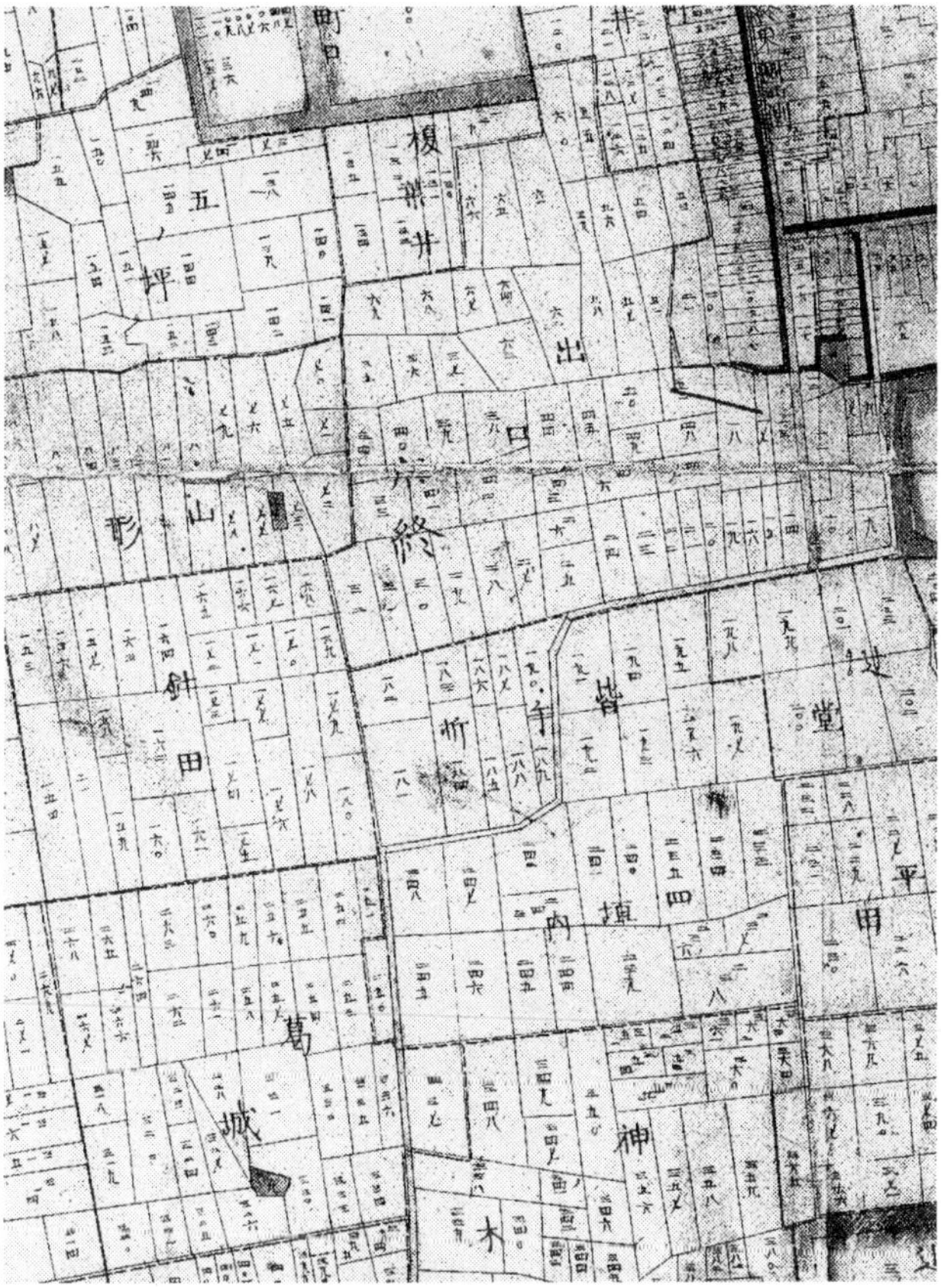

奈良町実測全図（部分、奈良県立図書情報館所蔵）
「榎葉井」「五ノ坪」「葛城」などの小字が残されていた。

争いの絶えない佐伯院でしたが、聖宝は譲り受けるに際して「永く一門に伝え、末世の喧《けん》（ごたごた）を断たん」と述べ、自らの一門のもとで安定的に相承していくという強い意志を示しています。佐伯院は場所も名前も変わりましたが、堂舎、仏像などとともに、東大寺東南院として後世に引き継がれたのでした。

地名と伝承

福寺とは対照的に（1－5）、佐伯院、葛木寺のいずれとも、地元では寺院があったという伝承は残されてきませんでした。「字佐伯院」という地名も鎌倉時代にみえる程度です（「大法師某譲状」大橋文書）。

しかし、佐伯院のあった辺りには、左京五条六坊五坪に由来する「五ノ坪」や、天平勝宝8歳（756）の絵図で「大安寺所」に描かれた井戸に比定される「榎葉井」などの小字が近代まで残されていました（前㌻「奈良町実測全図」）。また、葛木寺比定地の南方にもかつて「葛城」の小字があり、葛城山を遥拝したという伝承のある「葛城塚」は今も残されています（5−2）。古代寺院の存在と直接結びつけられる伝承はないとはいえ、その歴史は土地に刻み込まれて伝えられていたのです。

弘法大師坐像（真言律宗元興寺所蔵）

空海が逗留した？

もう1つ触れておかなければならないのは、入唐前の若き空海が佐伯院に逗留したという説についてです。空海も佐伯氏出身であり、大安寺勤操《ごんぞう》のもとでの三論教学、東大寺での華厳教学など、諸大寺で奈良仏教を学ぶのに最も利便なところとして佐伯院を根拠地としていたというものです（渡辺・宮坂1967）。

しかし、空海は讃岐などを本拠地とした佐伯直《さえきのあたい》氏の出身で、真守・今毛人らの佐伯宿禰《さえきのすくね》氏とは別系統でした。古い弘法大師伝でも佐伯院のことは見えません。

佐伯院の歴史において大きな役割を担った真雅、道義、聖宝はいずれも佐伯直氏の出身であり、空海に所縁ある僧侶たちが大きく関わっていたということまでは言えます。空海が直接逗留していないにせよ、理源大師聖宝が初代院主となり、後に日本の三論宗の中心となる東大寺の東南院の母胎となった佐伯院は、日本仏教史上重要な寺院であったことは間違いありません。　（服部光真）

【コラム】

空海ご縁の宿　町屋ゲストハウスならまち

町屋造りのゲストハウスは、JR京終駅から北へ5分のところにあります。ここでは明治生まれの書道家、田原雪山先生が書道教室を開いていました。

町屋ゲストハウスならまち

ゲストハウスを開業したのは平城京遷都1300年祭の前年でした。海外のゲストが好んで利用してくれます。海外の人は主にJRを利用されますが、JR京終駅前の道が複雑なので、駅から北へ5分という案内では道に迷う人がたくさんいました。そこで、有志の協力でJR京終駅からの地図作りをしたのがこの地の歴史に興味を持つことになったきっかけでした。

そして調べていくうちに、ここは平城京五条東六坊大路十三坪であり、この西側4坪（約300m四方）には、東大寺大仏殿の造東大寺長官を任された佐伯今毛人《さえきのいまえみし》が住んでいて、佐伯院香積寺と呼ばれていたことを知りました。

また、司馬遼太郎が書いた『空海の風景』には、佐伯院を次の様に記しています。

「空海は後年、奈良に来るときにはどうやら佐伯院を宿所にしていたらしいにおいがある。この初めての奈良入りの時、（阿刀田）大足は空海をともなって境内に入ったであろう。あるいは住僧に案内されて、五間、檜皮ぶきの金堂へのぼり、住僧の好意でわざわざ開扉してもらったかもしれない…（中略）空海はわが氏の仏とおもい、そう思えばこそ感動して拝礼したにちがいない」とあります。

この地は、奈良時代の最高学府に相当する大安寺と東大寺の中程にあります。平城京にあった大学寮（高等官養成所）へもほぼ等距離にあることにより、司馬遼太郎は空海が佐伯院を宿所にしていたと推定したのだと思われます。

後に大安寺の貫主と東大寺の別当を勤めた空海は、このあたりの道を何度も通ったことでしょう。その頃に思いを馳せると、今もここ佐伯院跡には空海の気配が漂っているように感じます。

（安西俊樹）

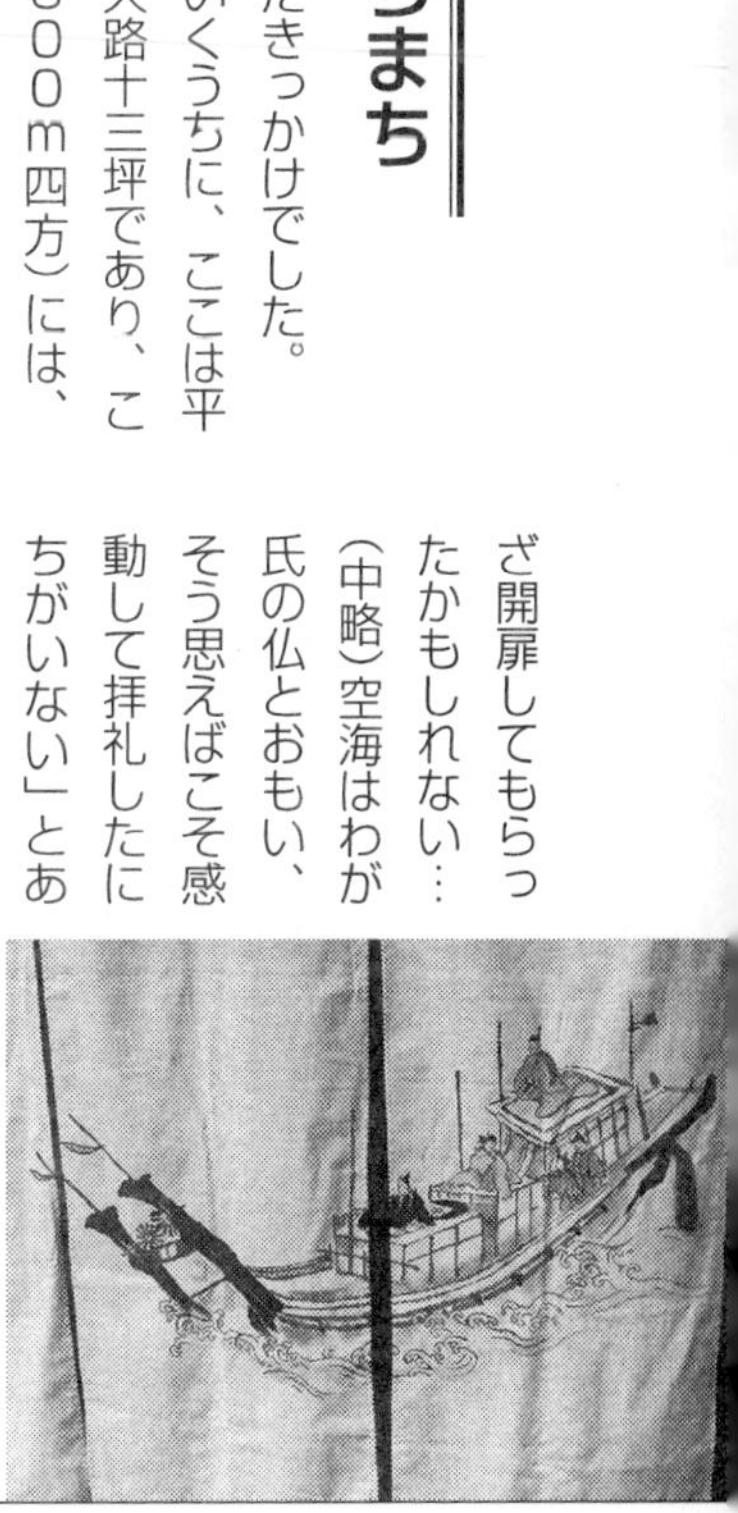
ゲストハウスののれんは
空海が乗船した時代の遣唐使船

〈1-5〉

伝承のなかの廃寺「福寺」

残された「福寺《ふくでら》」の記憶

京終界隈には、「福寺《ふくでら》」という寺院にまつわる伝承が残されています。

現在の南京終町5丁目付近は、昭和40年代頃まで小字「福寺」という地名が残され、そこにあった大きな池は「福寺池《ふくでらいけ》」と呼ばれていました。

福寺池は昭和45年（1970）に埋め立てられて住宅地に開発されましたが、それを記念して、同年に地元の方々によって「福寺の跡」の石碑が隣接したところに建立されて、その記憶を伝えています。また、近くの能登川《のとがわ》に架かる橋は現在も「福寺橋」と呼ばれて、かつて存在した

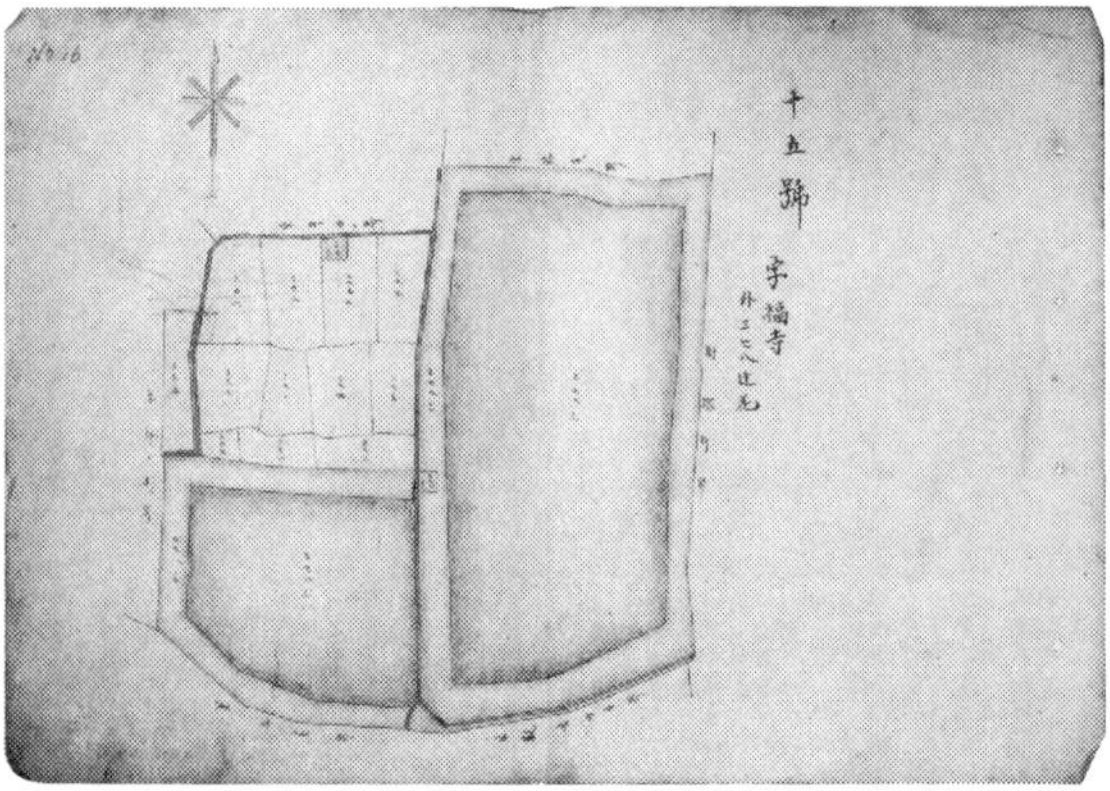

『奈良市南京終村全図』のうち「字福寺」（昭和7年（1932） 京終村有文書）

福寺橋

「福寺」という地名の名残をとどめています。

石造物が伝える福寺

地名だけではなく、福寺にまつわるという石仏や石塔も地元に残されています。現在は住宅地となった旧福寺池の南東隅には、福寺池の池底から出土したという石仏や石塔が集められて祀られています。平成28年(2016)にここにある全ての石造物の銘文や型式の調査を行った角南《すなみ》聡一郎《そういちろう》・安楽《あんらく》可奈子《かなこ》両氏の報告によれば、この石造物群は江戸時代中期を中心とするもので、全部で109基に及ぶそうです(角南・安楽2017)。年代が刻まれて明確なもののうち最も古いのは天文3年(1534)銘のある五輪塔地輪で、戦国時代に遡るものが含まれていることが判明し、この石造物群が、この地域の歴史を物語る数少ない重要な資料であることが明らかになりました。

旧福寺池南東隅に残された石造物

また、平成14年(2002)まで肘塚《かいのつか》南方町(南肘塚町)のテイチクの工場敷地内にあった肘塚不動堂にも、やや大型のものを含む石仏、石塔が安置されていました(4-6)。これは、昭和11年(1936)に附近にあった石造物がまとめられたものですが、その一部は福寺池から出土したものといわれています。現在、肘塚不動堂は撤去されましたが、ここに安置されていた石造物は元興寺に移され、福寺の伝承とともに大切に伝えられています。

このように現在もなお地名や石造物などによって、この地域に濃厚な伝承を残している福寺とは、いったいどのような寺院だったのでしょうか。中世の福寺やその前身寺院の当時の様子を探る前に、福寺と現在への架け橋となる、江戸時代に福寺がいかに伝えられていたかをみていきましょう。

江戸時代の「福寺」伝承

江戸時代中期、享保15年（1730）頃に成立した『奈良坊目拙解』に、「服《（福）》寺池、その（福寺の）古跡なり」とあり、当時すでに福寺は廃絶しており、農業用の溜池として造られた福寺池が福寺の跡地と伝えられていたようです。福寺は、江戸時代にはすでに廃寺となっていたのです。

１－７で述べるように福寺は室町時代まで多くの記録に登場しますが、戦国時代以降は、ほとんど記録がなく、その活動を知ることができなくなってしまいます。吉川聡氏が紹介した興福寺所蔵『論義草』本奥書によれば、文亀３年（１５０３）の飢饉をきっかけに起こった土一揆《つちいっき》が福寺に乱入し、堂塔はことごとく焼失したといいます（吉川２００９）。

「福寺の跡」石碑

おそらくはこの堂塔の焼失が、福寺に大きな打撃を与えたものと考えられます。その後の福寺については、史料上は天文３年（１５３４）には福寺の土地が質物になっているのが見える程度で（中村泰氏所蔵文書）、土一揆で一時に廃絶したわけではないようですが、江戸時代までに実質的に廃寺となっていったようです。

こうして『奈良坊目拙解』の書かれた江戸時代には福寺はすでに無くなっていましたが、それでも同書には現在よりも多くの福寺伝承が当時の京終、肘塚の界隈に伝えられていたことが記録されています。

京終大堂の大日如来像

江戸時代の京終天神社（現在の飛鳥神社）の北には「大堂」と呼ばれる仏堂がありました。ここは京終町の会所でもあり、天神社と一体となって、地縁共同体のよりどころとなっていた宗教空間のようです（４－２）。『奈良坊目拙解』によると、この大堂の本尊の大日如来像はもともと福寺の本尊であったと伝えられていたといいます。

同書ではこれに続けて、福寺を「服寺」と表記し、行基が亡母の菩提を弔うためにその喪中に創建した寺院であることから「喪中に服す」に由来して「服寺」という寺名が名付けられたこと、福寺池がその跡地であることを説明しています。「服寺」の表記や行基創建伝承などは、「服《はとり》寺《でら》」（奈良市杏《からもも》町辺りに比定される）など類似する寺号をもつ別の古代寺院と混同されていたことによる可能性があります。しかし、当時、福寺池の地にかつて福寺があって、大日如来像がそれに由来するとされるなど、地元に福寺の記憶が伝承として伝えられていたことは間違いありません。

　実は現在、地元にはこれに相当すると考えられる金剛界大日如来坐像が伝えられています。造像年代などは記されていませんが、様式から鎌倉時代の制作と考えられています。台座は江戸時代に造り直されたものです。台座を造り直した時の銘文によれば、宝永3年（1706）に「京終村新福寺」が火災に遭って、大日如来坐像台座が失われたため、同5年（1708）に木辻町の正清・貞立の2人が願主となり、仏師中西利左衛門によって台座が再興されたと言います。

大日如来坐像（鎌倉時代）

大日如来坐像台座銘（宝永5年〈1708〉）

この大日如来像が安置されていた「新福寺」こそ、『奈良坊目拙解』のいう「大堂」のことです。「新福寺」という寺号に注目すると、福寺所縁の大日如来坐像を祀るこの大堂は、文字通り福寺を受け継ぐことが意図された仏堂であったと考えられます。福寺を受け継いだこの仏堂は、実質的には会所として京終町近辺の住人らによって守られていたのです。

肘塚長福寺《ちょうふくじ》の十一面観音像

『奈良坊目拙解』にはもう1ヶ所、福寺の本尊であったという伝承を持つ仏像のことが記されています。肘塚町にあった長福寺の十一面観音像です。長福寺は上街道に沿った肘塚町の東側、南門の際にあった寺院です（4－1）。寺号を持ってはいますが、「草堂一宇」とあって小規模であったらしく、実質的には京終の「大堂」と同じく会所のような堂庵だったと考えられます。ここの本尊十一面観音像について、同書は由来未詳としながらも、地元で福寺本尊であったと言う伝承があること、仏師弁蔵の作であることを記しています。

現在、地元には様式から平安後期の制作と考えられる十一面観音菩薩

十一面観音菩薩立像旧厨子天井板墨書銘
（宝永3年〈1706〉）

十一面観音菩薩立像
（平安時代）

立像が伝えられています。この十一面観音菩薩立像の旧厨子天井板墨書銘によれば、宝永3年（1706）5月に東方で起きた大火で「京終町」にあった観音堂が東風の風下になり延焼し、「しほり三四郎」が火中に身をなげうって観音菩薩像を背負って救い出したと言います。そして同年10月に元興寺町の油屋長右衛門が願主となって、西大寺村の大工権兵衛によってこの厨子が造立されました。これによれば宝永3年当時、この観音菩薩立像は肘塚の長福寺ではなく京終にあったことになり、『奈良坊目拙解』の記述と齟齬が生じるため、別のものとみるべきかもしれません。『奈良坊目拙解』に記された「仏師東大寺仏生院弁蔵」のことも含めて、今後の検討課題です。

地域史の中の福寺の求心力

ところで、旧福寺池近辺に残され、福寺ゆかりのものと伝えられる石造物は、先に述べたように江戸時代のものが中心なので、福寺の廃絶後のものということになり、直接的には福寺とは関係がなかったと考えられます。ただし、実際に江戸時代の石造物が残され、また出土している経緯を考えると、福寺廃絶後も福寺池近辺に何らかの供養空間や草庵などがあった可能性は否定できません。福寺との直接的な関係性はないものの、福寺の跡という霊地の性格が引き継がれていたのでしょう。この場所も、福寺の大日如来像を祀った新福寺、十一面観音像を祀った肘塚長福寺と同様に、福寺の存在を間接的に伝える存在と捉えられます。

このように、京終、肘塚に江戸時代に伝えられた仏像は、福寺に結び付けられて由緒が語られていました。実際に福寺の本尊ではなくとも、福寺に関わる仏像であった蓋然性はあるように思われますが、その真偽は分かりません。しかし、福寺の伝承を結び付けて、身近な会所の仏像の由緒が語られたということそれ自体、意義深いものがあります。当時のこの地域の人々にとって、福寺は地域の歴史を振り返るうえで欠くべからざるものだったことを示しています。行基開基伝承なども付け加えられながら、この地域にあった福寺というお寺の記憶は、江戸時代の人々にとって、地域の歴史的なアイデンティティを象徴するものとして大切に守られてきたのです。

（服部光真）

〈1-6〉

古代の「福寺」廃寺と古瓦

1－5でみたとおり、京終地域には濃厚な「福寺《ふくでら》」伝承が遺されており、享保20年（1735）頃成立の『奈良坊目拙解』には奈良時代に行基が母の菩提を弔うために建立した寺という伝承が記載されています。しかし奈良に関する基本書である『奈良』を著した永島福太郎《ながしまふくたろう》氏は「元興寺の南方に福寺があったらしいが、これも寺址は不明である」（永島1963）と記述するのみであり、古代「福寺」の実情はこれまで全く知られていませんでした。

福寺の位置

福寺は左京九条三坊四坪にあったとされる「服《はとり》寺《でら》」と音の共通から混同されるなど、その位置比定には混乱がありましたが、近年、吉川聡《よしかわさとし》氏の研究によって興福寺典籍文書に永正元年（1504）本奥書に福寺の記載が見いだされました。その位置が南京終町5丁目付近に想定されることや、当時は「福田院」とも呼ばれたことも指摘されています（吉川2009）。ただし、もともと興福寺中に建てられていた悲田院・施薬院が、平家による南都焼

福寺池写真（萩原正弘氏所蔵）

き討ち（治承4年〔1180〕）を契機に移転したものとする研究もあり（谷本2015）、古代の福寺が現在の位置にあったものかどうかは不明です。

さて、元興寺文化財研究所は平成28年（2016）に南肘塚町に総合文化財センターを開所しました。その記念として春季特別展「ならまちの南玄関」を開催しましたが、開催のための資料調査に際して、福寺にかかわると思われる古代瓦の存在を知りました。この瓦は、福寺推定地である福寺池（昭和45年に埋め立てられて現在は住宅地となっている）で萩原正一《はぎはらしょういち》氏が採取されて、ご子息正弘氏、征二氏、隆夫氏が受け継がれたもので、複弁蓮華文《ふくべんれんげもん》軒丸瓦《のきまるがわら》5点、巴文軒丸瓦《ともえもんのきまるがわら》2点、唐草文軒平《からくさもんのきひら》瓦《がわら》2点の合計9点です。

奈良時代の瓦が出土

巴文軒丸瓦は中世以降のものですが、それ以外は奈良時代のものです。奈良時代の軒瓦については詳細な研究が進んでおり、それぞれいつ、どこで使われた瓦であるかがかなり判明しています。福寺池で見つかった瓦も、興福寺や大安寺、薬師寺で使用されていた瓦と同じものであることが判明しており、いきさつは不明ですがこれらの寺々と関係の深い施設がかつて存在したことが推定できます。

注目したいのはこの中に平城京ではほとんど見つかっていない瓦が含まれていることです。これは直径17.5㎝を測り、7枚の蓮弁《れんべん》（ハスの花びら）をあしらう軒丸瓦です。通常、軒丸瓦に描かれる蓮弁は偶数枚であることが基本ですが（奇数は割り付けるのが大変）、7枚という数字は極めて珍しいものです。この型式の瓦はこれまで平城京内の2ヶ所で小さな破片がみつかっているだけで、どこで主に使われている瓦で

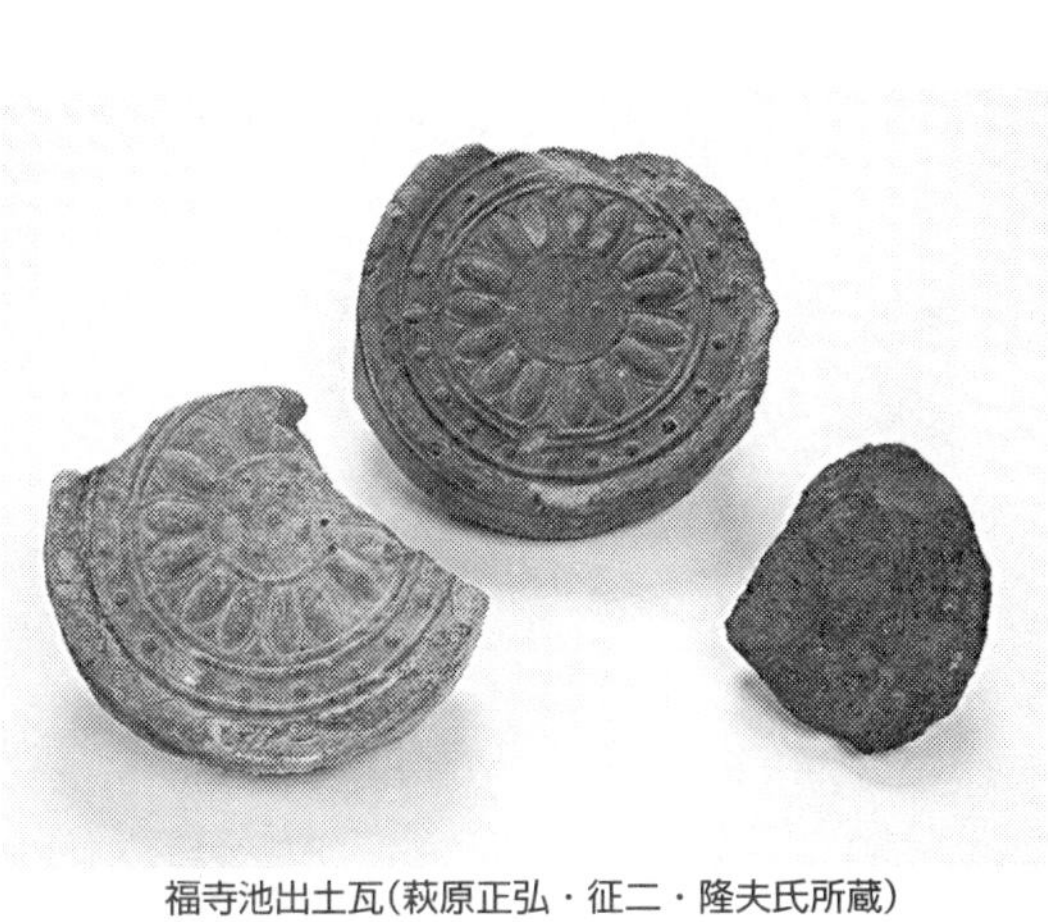

福寺池出土瓦（萩原正弘・征二・隆夫氏所蔵）

あったのかはよくわかっていませんでした。この瓦が福寺池でまとまって見つかったことで、この地に独自の瓦を葺く古代寺院があったことが明らかになりました。これが福寺であるかどうかはなお判然としませんが、歴史の闇に隠れた福寺に一筋の光明が差し込んだと言えます。近年、僧道鏡とゆかりの深い八尾市由《ゆ》義《げ》寺《でら》跡でもこの瓦が見つかり、福寺をめぐる謎はさらに深まっています。

福寺の遺構はいまも住宅地の下に眠っていると思われます。いつの日か発掘調査が行われ、地面の下から新しい歴史が掘り出されることに期待しましょう。

（佐藤亜聖）

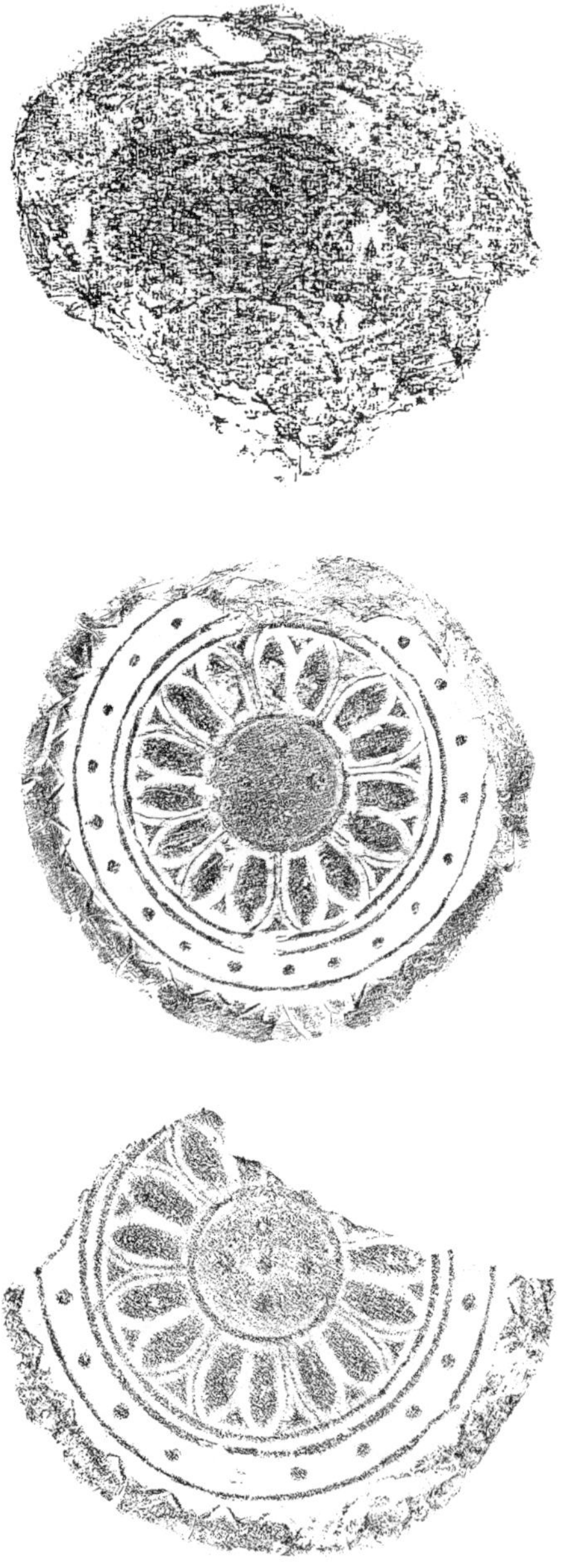

福寺池出土瓦拓本（萩原正弘・征二・隆夫氏所蔵）
（佐藤他2017より）

〈1-7〉
中世「福寺」の実像

　現在の南京終町、旧小字福寺《ふくでら》のあたりには、中世には福寺という寺院があったらしいことが複数の記録に見えます。

　この福寺は、正式には興福寺福田《ふくでん》院《いん》といい、もともとは興福寺境内にあったのが、治承4年（1180）の平重衡《たいらのしげひら》による南都焼き討ちで焼亡した後に、この地に移されてきて再興されたと考えられています（谷本2015）。もとは藤原房前《ふじわらのふささき》によって建立され、興福寺、興福院、斉恩寺と並ぶ藤原氏一門の氏寺として重視されました（『興福寺流記』）。

　室町時代の興福寺大乗院《こうふくじだいじょういん》の門跡《もんぜき》（院主）であった尋尊《じんそん》、経覚《きょうがく》、政覚《せいがく》らの日記から、当時の福寺がどのようなお寺だったのか迫りましょう。

福寺はどこにあった？

　まずは福寺の所在地を確定しましょう。実は福寺は、似た名前のお寺が大和国内にも複数あったため、しばしば混同されることもあり、その所在地は長く自明ではありませんでした。

　まず、尋尊の日記『大乗院寺社雑事記《だいじょういんじしゃぞうじき》』文明4年（1472）10月7日条によれば、「奈良中弁財天霊所」の1つとして福寺が書き上げられています。福寺が弁財天の霊場であったことが分かりますが、ここでは、「奈良中」とあることが注目されます。福寺が他でもない中世奈良の都市域に属していたことが分かるのです。

　中世都市奈良のなかでも、どこにあったのでしょうか。明応4年（1495）、乙木座《おとぎざ》と奈良座《ならざ》という二つの座《ざ》（商工業者の同業者組合）が、萱簾《かやす》の販売圏（ナワバリ）をめぐって争いました（『大乗院寺社雑事記』）。このときの奈良座の主張によれば、乙木座は大和の国中《くんなか》地域（奈良盆地）・「福寺より南」がナワバリで、奈良座は「福寺ヨリ北」・「奈良中」から京都までをことごとくナワバリにしていたと言います。それぞれのナワバリである国中地域と「奈良中」（都市奈良）の境目、すなわち都市奈良の最南端に福寺があったことが分かるのです。

　さらに、場所を絞りましょう。文明6年（1474）、尋尊は長谷寺に参詣したときに福寺に立ち寄っています(『大乗院寺社雑事記』)。同様に、長享3年(1489)には室町幕府管領細川氏の武将・上原元秀《うえはらもとひで》の一行が長谷寺参詣に向かうのを、政覚が福寺に行って見物しています(『政覚大僧正記』)。奈良から長谷寺への参詣路は、ふつう上ツ道(上街道)が使われたと考えられます。

応仁元年(1467)、春日大社の社殿造替のための材木3本が三輪平等寺《みわびょうどうじ》(桜井市)から曳かれてきました。引手は1,000人ばかりといい、引手を鼓舞するための音曲も囃《はや》されたというので、一種のパレードのような様相を呈していたことでしょう。このとき、経覚はやはり福寺に出向いてこれを見物しているのです(『経覚私要鈔』)。三輪から奈良に向かうのにもやはり上ツ道が使われたはずです。

ここまでで、福寺がどこにあったかは明らかでしょう。上

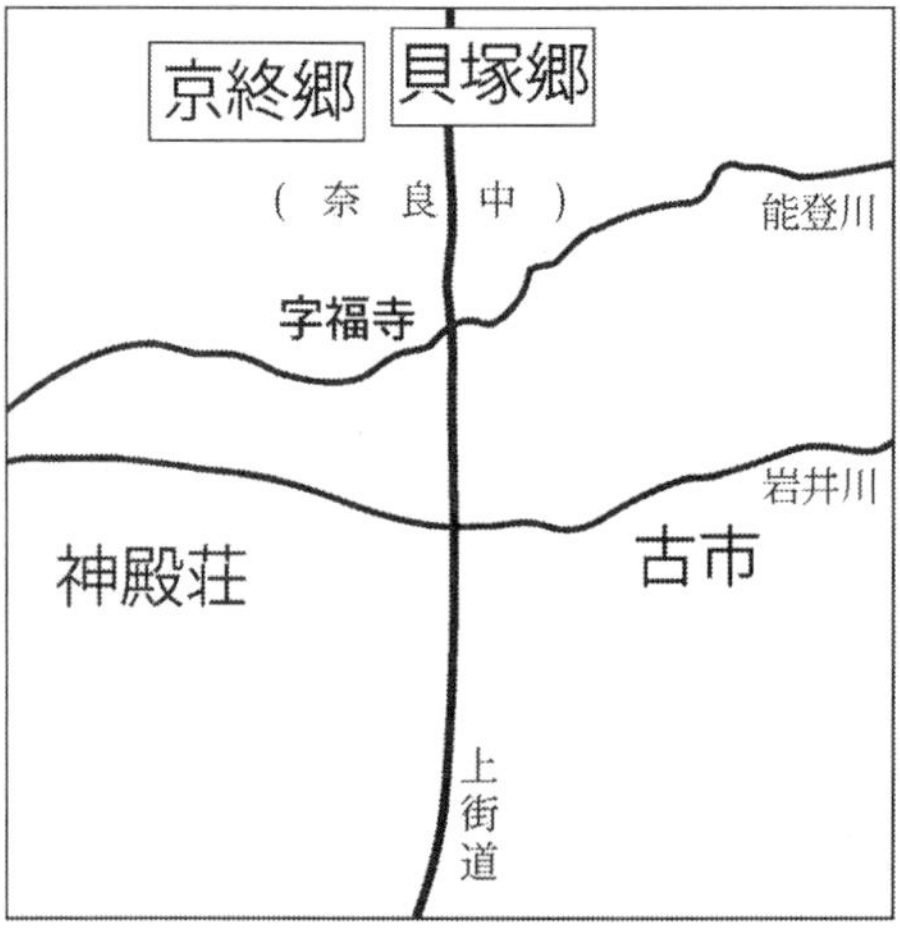

中世の福寺比定地

福寺比定地周辺の様子

ツ道を通過する上原元秀の一行や、材木の引手の行列を見物できる場所となると、福寺は上ツ道に面していたと考えるほかありません。都市奈良の南端で、かつ、上ツ道に臨む位置となると、1－5でみた南京終町の旧小字「福寺」の周辺はちょうど条件に当てはまります。福寺は旧小字「福寺」から上ツ道にかけての一帯にあったと考えることができるでしょう。

都市霊場としての福寺

福寺が藤原氏の氏寺で、興福寺の子院であったことは最初に述べました。室町時代には、興福寺の門跡のひとつ大乗院に福寺から毎年油1斗を納めることになっており、また大乗院門跡が福寺の別当を兼ねることになっていたので、支配関係の上では大乗院の末寺的存在だったようです。尋尊ら大乗院門跡らが盛んに福寺に来てるのも、そのためだったのでしょう。

一方、これも先に見た通り福寺は弁財天の霊場として都市民たちの信仰も集めていました。尋尊らも毎月7日の縁日にたびたび参詣していることが確認できます。

都市民も集う霊場であった福寺では、勧進《かんじん》（堂宇や仏像の造立・修理のために、仏との結縁を勧めて奉加《ほうが》〔寄付〕を呼びかけること）のために種々の芸能も興行されています。文明3年（1471）には何らかの勧進のための曲舞《くせまい》（鼓《つづみ》に合わせて舞を伴う謡《うたい》）の興行があったといい、同様に舞が興行されたこ

現在の名勝旧大乗院庭園（高畑町）。福寺の別当をつとめた大乗院門跡が居住していた。

とは同6年、同11年、長享3年（1489）にも確認されます。当時の尋尊らの日記では興福寺の僧侶らが見物に出かけたことが記録されていますが、実際には多くの都市民や奈良中に出入りする商工業者らも見物に訪れ、勧進に応えて奉加していたことでしょう。これだけ頻繁に勧進芸能が興行されたのは、上ツ道に面し、奈良の南玄関口という交通の要衝であった福寺の立地ならではのことと言えます。

明応6年（1497）、福寺に不思議な僧が滞在していました（『大乗院寺社雑事記』）。小さな字を速く書くことのできる僧で、もとは高野山に住していたという人です。仏像の像内などに籠《こ》めるために小さな紙に小さな文字で書く細字経《さいじきょう》を写経することを得意にしていた僧でしょうか。

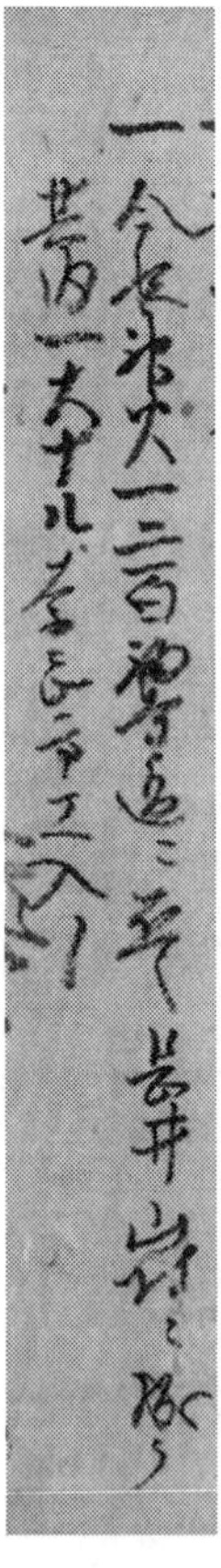

『大乗院寺社雑事記』（国立公文書館所蔵）明応3年3月24日条
福寺あたりに100〜200の「神火」（火の玉のようなものか）が出現し、南方の永井・山村へ飛んでいったが、そのうち大きい一つが奈良中に入ってきたという。福寺あたりでこのような怪異が起きるのも、都市境界の性格ゆえであろう。

この特技が半ば芸のようになっていたのかもしれません。こうした特殊な技能を持った流動性の高い僧侶や芸能者たちがここ福寺に集うこともあったことでしょう。

都市奈良の迎賓館

経覚らが福寺に行ったときは、しばしばそこで酒盛りをしています。先述の応仁元年（1467）の経覚の木曳きの見物の際にも福寺の坊主から酒が振る舞われました。文明2年（1470）にも、奈良の北方に出陣する古市《ふるいち》氏《し》の軍勢の行進を見物するために福寺を訪れた経覚は、坊主から酒と桃が振る舞われたといいます（『経覚私要鈔』）。福寺には2階建ての堂舎もあったというので（『経覚私要鈔』）、そこからお酒を飲みながら上街道を行く行列を眺めるのが彼らの楽しみだったのでしょう。

また、康正3年（1457）、花見で白毫寺《びゃくごうじ》や新浄土寺《しんじょうどじ》（南風呂町の十念寺あたりにあった）を周った経覚は、福寺で酒盛りをし、蹴鞠《けまり》などに興じています（『大乗院寺社雑事記』）。

彼ら高僧にとっては半ば遊興空間でした。福寺は酒の一大消費地だったことでしょう。

南方から奈良に来る経覚らの客人もここ福寺でもてなされました。都市奈良の入口にあったことから、「道迎え」(『経覚私要鈔』長禄3年(1459)3月10日条)として歓迎の祝宴がここで催されていたのです。長享2年(1488)、京都から来ていた政覚の関係者が長谷寺に参詣して奈良へ戻ってきたとき、政覚は彼らを出迎えるために酒や肴を福寺に送っています(『政覚大僧正記』)。いわば、奈良の南の玄関口にあって貴人らをもてなす迎賓館でもあった側面も見えてきます。

都市奈良の防衛拠点

こうした立地ゆえに、福寺は軍事的な防衛拠点にも利用されました。

室町時代の後半、奈良の町にも、近郊の村々からしばしば馬借《ばしゃく》(運送業者)たちを主体とする土一揆《つちいっき》が来襲しました(2-4)。南部の福寺あたりでも合戦が多くあり、興福寺は、その防衛のために六方衆《ろっぽうしゅう》や衆徒《しゅと》らを福寺に「福寺番」として守備させていました(『大乗院寺社雑事記』)。福寺は、都市全体を防衛するための、北の般若寺に対応する南の拠点となっていたのです。

しかしこうした機能を背負ったがゆえに、福寺は土一揆による来襲の対象となってしまいます。文亀3年(1503)、5月20日に雨が降ってから8月まで日照りが続き、農村が疲弊するなか、ついに8月に馬借が蜂起しました。この土一揆は、福寺に乱入し、堂塔をことごとく焼いてしまいました(興福寺所蔵『論義草』本奥書)。

こうして焼亡した福寺は、その後すぐに廃絶したわけではないようですが、大きな打撃を蒙ったことは間違いありません。文献上は、天文3年(1534)、福寺の地が質物となっていることが問題化しており(中村泰氏所蔵文書)、半ば物権化して寺院としてはほとんど有名無実となっていたのかもしれません。

こうして福寺は戦国時代のうちには廃絶したと考えられます。しかし、1-5で述べたように、その跡には地名が残り、所縁《ゆかり》の仏像も京終大堂に引き継がれるなど、その記憶は地元に永く残されることとなったのです。

(服部光真)

【コラム】

福寺跡探訪

ＪＲ桜井（万葉まほろば）線の京終駅から福寺の故地を目指しましょう。

駅から線路沿いに北西方面に歩くと「中街道」の踏切がみえます。江戸時代にはこの北側に京終池（阿弥陀池）があり、この交差点の辺りに、阿弥陀三尊石仏《あみださんぞんせきぶつ》（現在は京終地蔵院に祀られる）のお堂が建てられていたといいます。

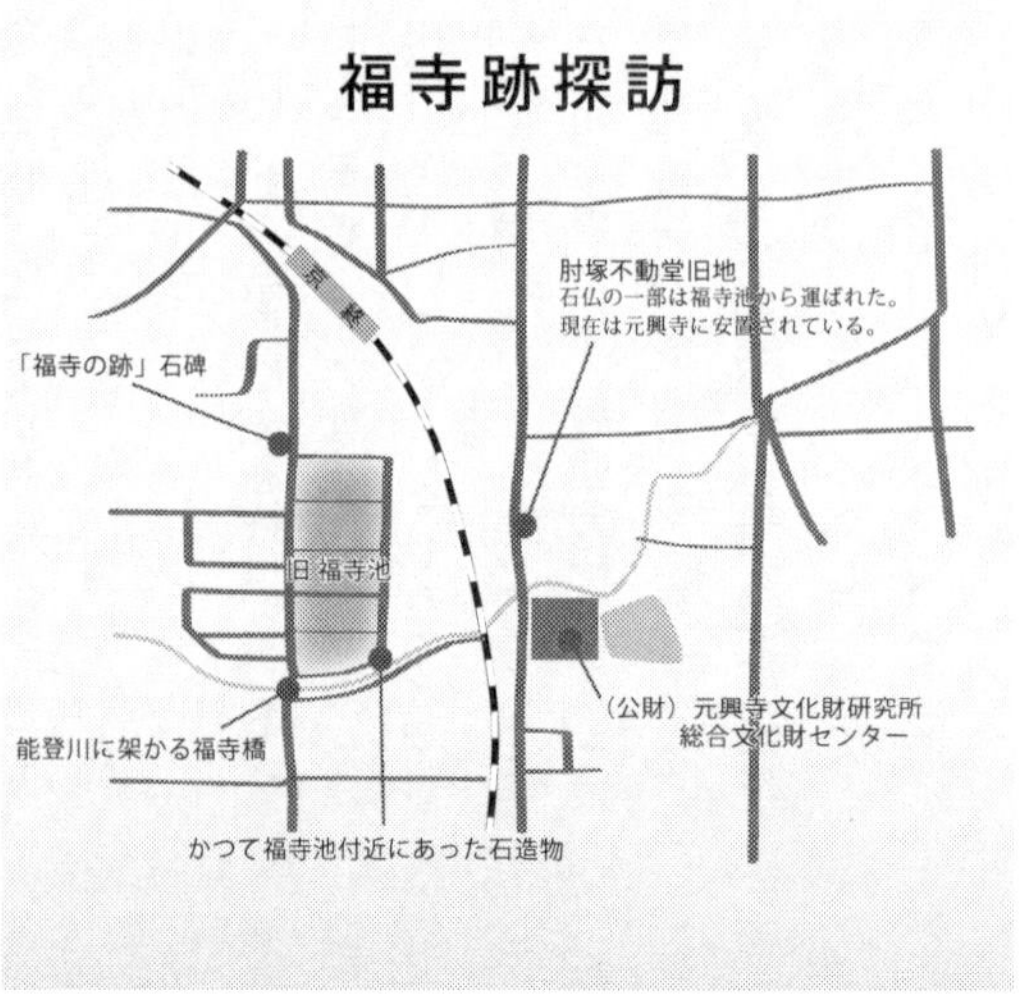

この踏切を渡り、今度は南東方向に進んでいくと、右手に「福寺の跡」という石碑が見えます。この石碑前の交差点から南東方向に広がっていたのが福寺池です。古代瓦が採集された池です（1－6）。石碑は、昭和45年（1970）に福寺池を埋め立てて宅地開発が行われたことを記念して建てられました。福寺池や地名としての「福寺」の字《あざ》は失われましたが、南にある福寺橋とともに、この石碑が「福寺」の名を現地で後世に伝えています。池の取水口のあった北東角には、水路が線路を越えるためのサイフォンの跡があり、福寺池の痕跡となっています。

能登川に沿った南東角には、池底などから集められた石造物が祀られています（1－5）。ここからは線路越しに上ツ道（上街道）も至近距離に見ることができます。中世の福寺は上ツ道にも面していたと考えられますが、そのことが実感されるところです。福寺池出土の石造物の一部は、肘塚にあった不動堂に集められ、現在は元興寺に移されています。

かつての福寺の痕跡はほとんど残されていませんが、地名や、石碑建立、石造物の安置などの顕彰活動によって、その名残りを確実に感じ取ることができます。

（服部光真）

第2章
歴史都市奈良を形作った町と村（中世・近世）

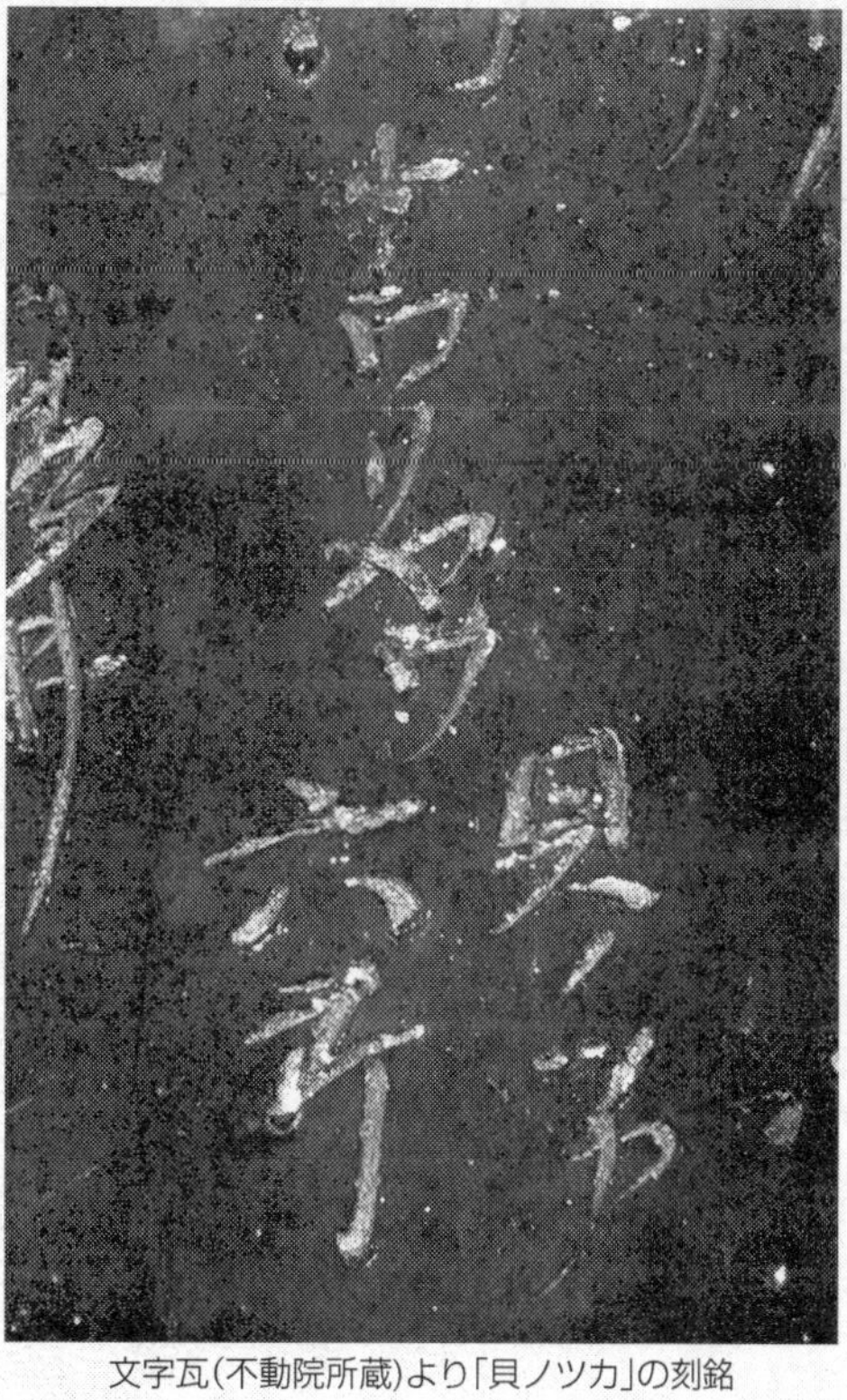

文字瓦（不動院所蔵）より「貝ノツカ」の刻銘

〈2-1〉
郷の登場と商人・職人たち

平城京は、長岡京遷都ののち衰退して農村へ変わってゆく中で、外京の諸大寺周辺には多くの人々が取り残されて、それらが核となりやがて中世都市奈良が出来上がる、かつてはそのように考えられてきました。しかし、外京域で行われた無数の発掘調査はこれとはやや異なる中世都市の成立を描いています。

8世紀末に長岡京への遷都が行われた後、外京域も例にもれず9世紀後半までにほとんどの場所で遺構が消滅します。その後、10世紀に入って改めて遺構が出現し、農村と都市の区別がはっきりし始めます。そして11世紀後半にはのちの南都七郷の範囲にまんべんなく遺構が見つかるようになります。中世都市奈良の成立は奈良時代平城京とは一度縁が切れて、平安時代後期に再出発すると考えて良いでしょう。

中世都市奈良

さて、こうした中世都市奈良は、「郷」という単位で把握されていました。平安時代には東大寺四面に「西里」や「東里」という単位が形成されていましたが、平安時代末から鎌倉時代に入ると「南都七郷」や「東大寺七郷」と呼ばれる単位に再編されます。この南都七郷のひとつ、新薬師寺郷のなかの小郷のひとつとして京終や中辻などの名がみえます。

このころには奈良の有力な小郷の1つとして把握されていたのでしょう。ただし、奈良の発掘調査では南都七郷が成立する以前、平安時代後期にはすでに各郷の境界は完成していたことがわかっており、七郷の成立はあくまで制度上のものであったと考えられています。したがって都市域としての京終などの成立もまた平安時代に遡る可能性があります。

事実、肘塚や京終を例に見ると、肘塚では平治元年（1159）には広瀬郡小東荘の地主の一人として「甲斐塚正智房」がおり（東大寺文書）、また京終では建久7年（1196）の興福寺維摩居士坐像造立願文に「京終三々（臈）　常陸　常□」が見え、12世紀には興福寺などの有力な僧侶が居住する区画として肘塚（「甲斐塚」）や京終が存在していたことが明らかになっています。

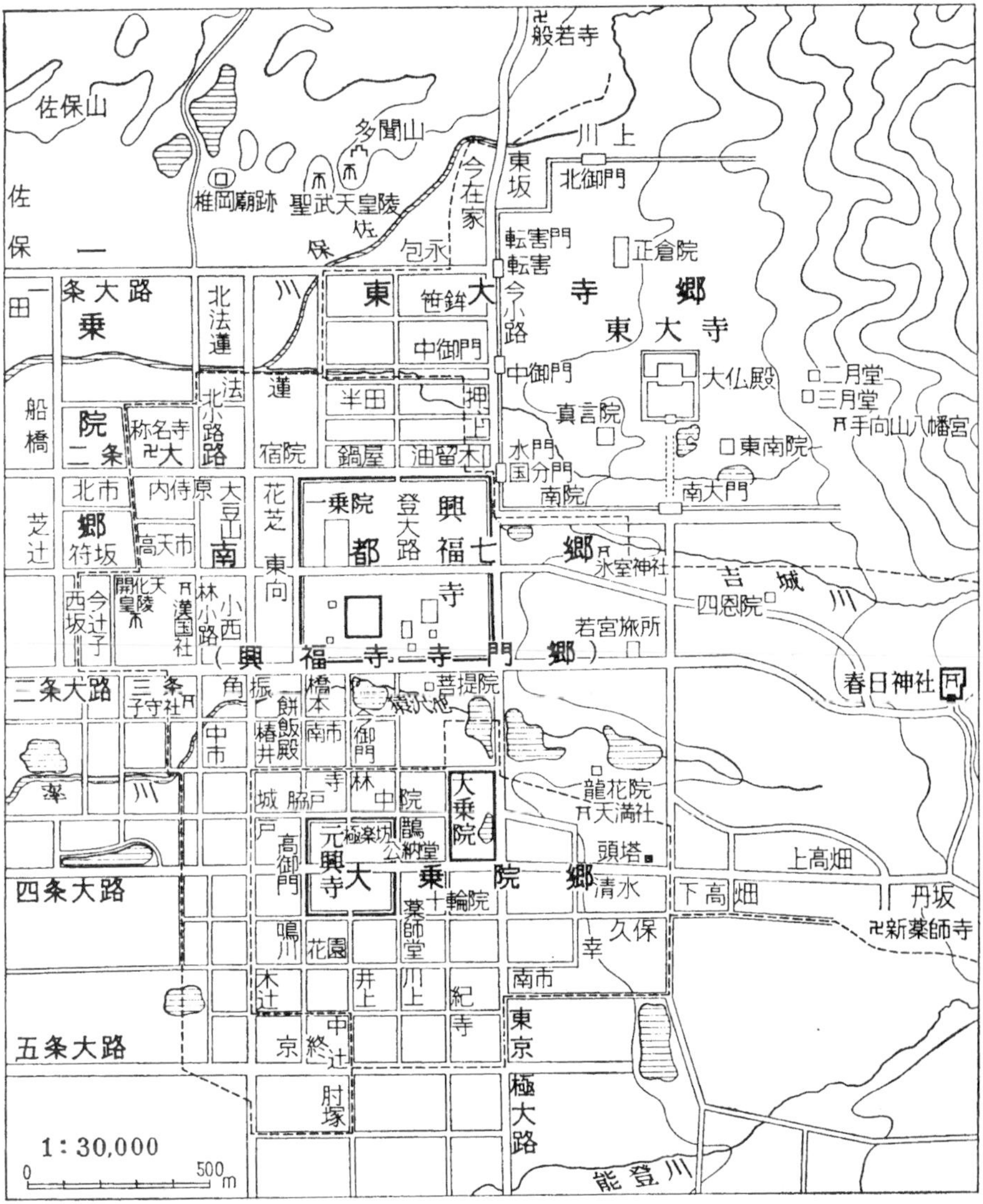

南都七郷の図（永島1963より）

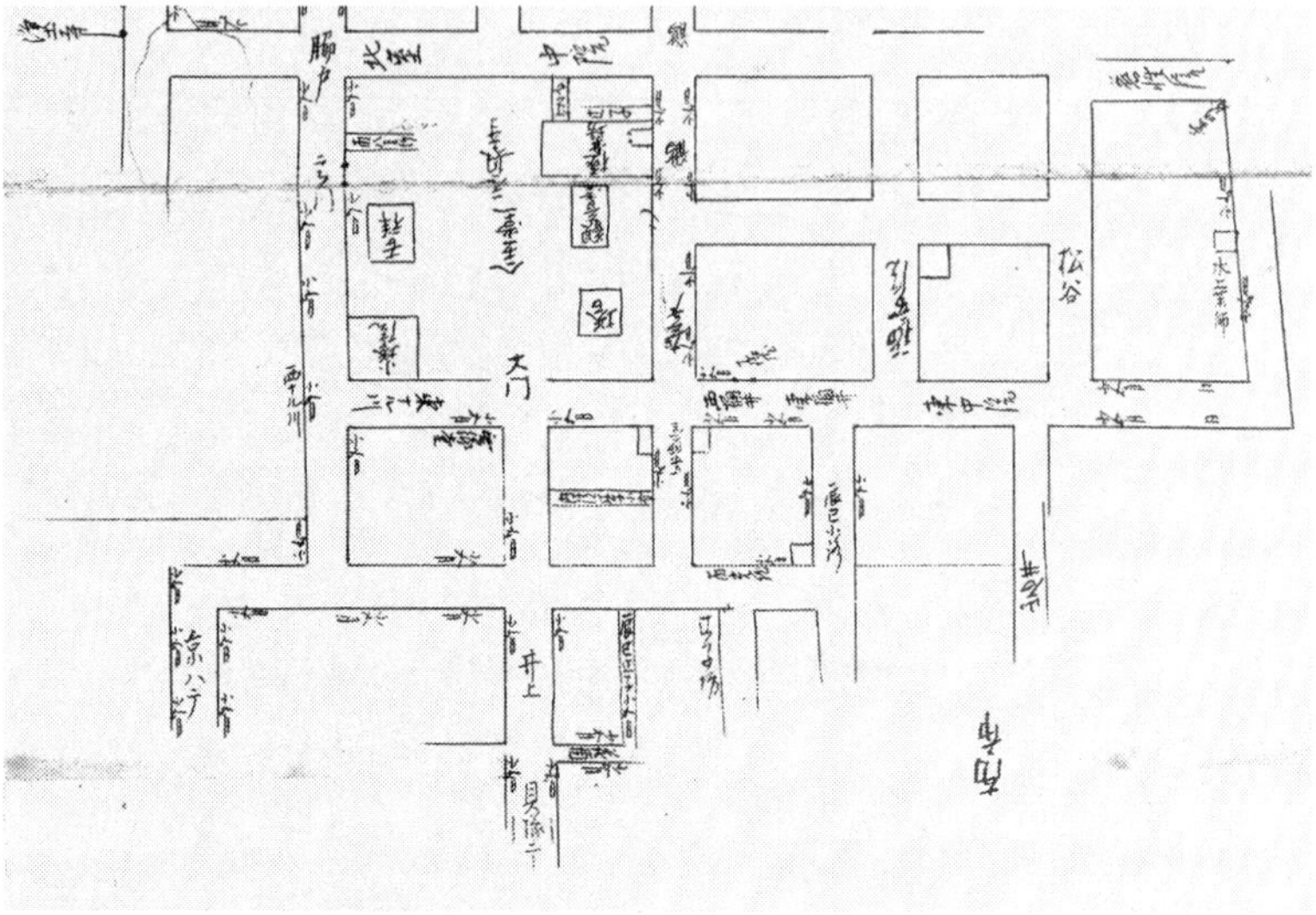

小五月郷指図(部分)
(『肝要図絵類聚抄』(興福寺所蔵)より)

郷に居住していた人々

中世都市奈良が成立したころの京終や肘塚に、僧侶のほかにどのような人々が居住していたのかは、詳しくはわかりません。次節でも触れますが、鎌倉時代後期の嘉元4年(1306)は花園の屋敷地がやはり僧侶の「大法師善寂」によって元興寺中門堂に寄附されています(「元興寺中門堂懸板銘」『奈良坊目拙解』所引)。

ここで現れるのはやはり僧侶ですが、花園周辺には町屋が少なからず成立していたことは間違いありません。室町時代に入ると、これも次節で触れますが、元興寺に伝わる念仏講(極楽往生を願う集まり)の世話人の名を記した番衆札という木札に、「キヤウハテ　千日コセ」と記されています。キヤウハテは京終のこと、千日コセは千日御前のことであり、京終に念仏講の世話人になるような裕福な女性が居住していたことがわかります。

室町時代も半ば以降になると各種の文献に商人、職人らの姿が明確に現れてきます。例えば、次ページ写真の瓦は、文明15年(1483)に建立された大和高田市不動院本堂(重要文化財)の瓦です。この瓦には不動院の瓦を製作し葺きあげた職人たちの名が記されています。

そこには南都東里彦四郎に率いられた工匠の中に「トウリヤウ　貝ノ

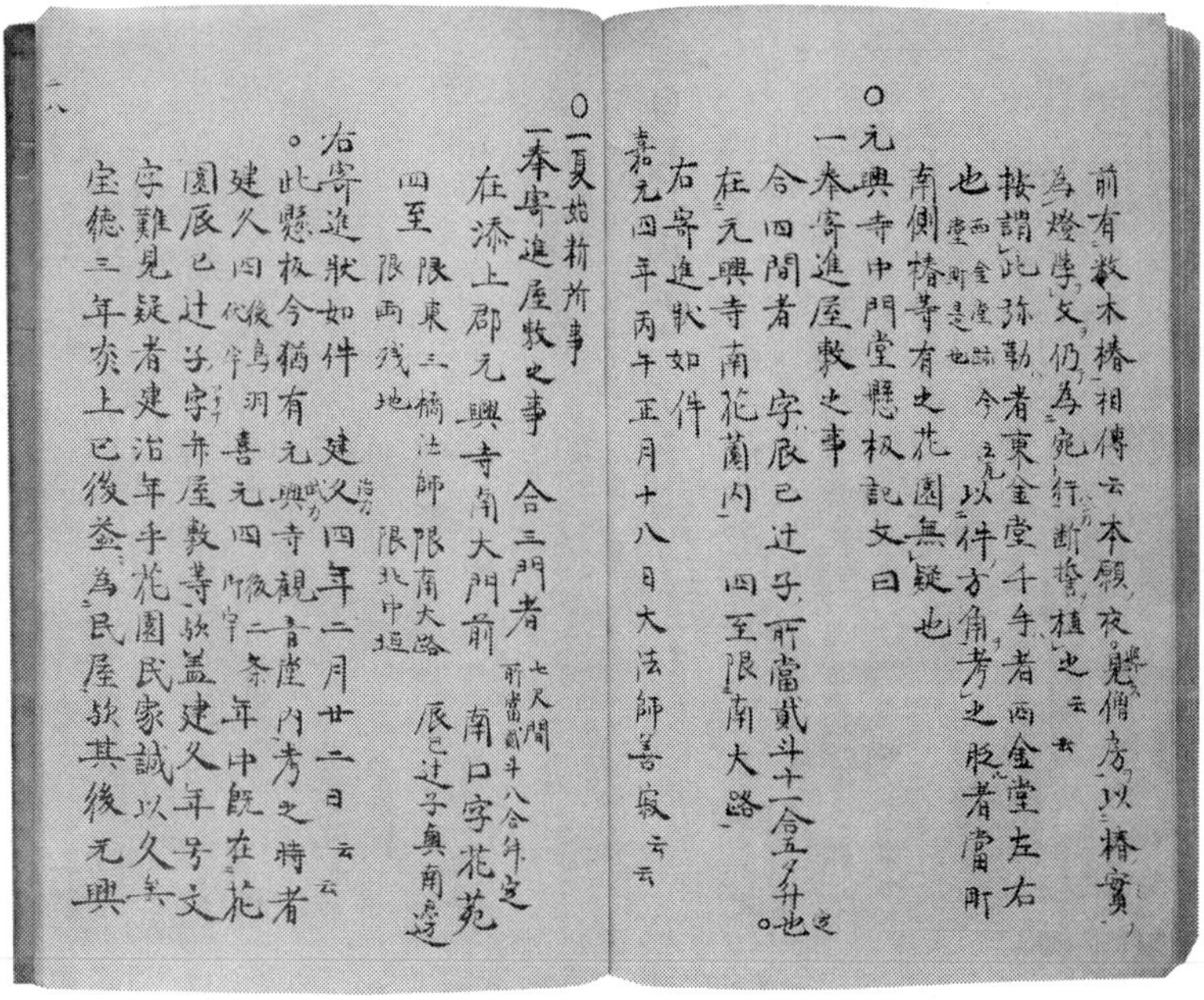

前有數木椿相傳云本願夜覓僧房以椿實
為燈學文仍為宛行断替植也云々
按謂此弥勒者東金堂千手者西金堂左右
也西金堂跡今堂町是也以件方角考之彼者當町
南側椿寺有之花園無疑也
〇元興寺中門堂懸板記文曰
一本寄進屋敷之事
合四間者　字辰巳辻子所當貳斗十一合五ノ升也
在元興寺南花薗内　四至限南大路
右寄進状如件
嘉元四年丙午正月十八日大法師善寂云云

一八
〇一夏始精所事
一本寄進屋敷之事　合三門者　七尺間　所當貳斗八合升定
在添上郡元興寺南大門前　南口字花苑
四至　限東三橋法師　限南大路　限西残地　限北中垣　辰巳辻子奥南邊
右寄進状如件　建久四年二月廿二日云云
〇此懸板今猶有元興寺観音座内考之特者
建久四代後鳥羽喜元四代後二条年中既在花
園辰巳辻子字弁屋敷寺趺蓋建久年号文
字難見疑者建治年中花園民家誠以久矣
宝徳三年癸上已後益為民屋趺其後元興

元興寺中門懸板銘写
（『奈良坊目拙解』所引、奈良県立図書情報館所蔵）
「花薗」（花園）の地名がみえる。

ツカ　六郎」「シテノ人　貝ノツカ　与四郎」と書かれています。この瓦はまさしく当時の肘塚に居住した職人が製作に関わった現物です。

その他、京終では大工、茶屋、伯楽《ばくろう》、絵師、肘塚では鋳物師《いもじ》、漆屋などの商工業者がいたことが確認されます。鉢屋辻子（納院町）を拠点とし、奈良を代表する有徳人・豪商であった蜂屋氏の一族も京終に住んでいました。都市奈良の一部として、中世から様々な商人・職人が住んでいたのです。

（佐藤亜聖）

文字瓦（大和高田市・不動院所蔵）

〈2-2〉

元興寺と貝塚郷・京終郷の人々

中世に成立した小郷・貝塚郷《かいのづか》（肘塚）と京終郷は、元興寺《がんごうじ》と信仰、経済など様々な面で強い結びつきを持っていました。

元興寺は、崇峻天皇《すしゅんてんのう》元年（588）に日本最初の本格的寺院として飛鳥の地に創建された法興寺《ほうこうじ》（飛鳥寺）を前身とし、平城遷都の後、養老2年（718）に平城京左京の地に遷されて創建されました。古代には南北5町×東西3町の寺域を有し、そのうちの南北4町×東西2町の部分に金堂、五重大塔をはじめとする七堂伽藍を備える大寺院でした。東大寺や興福寺などとともに南都七大寺の一角を占めました。

しかし堂宇の荒廃が進むと、平安時代後期にはかつての伽藍は維持できなくなり、旧境内域には都市民や僧侶らが居住するようになり、ここに中世都市奈良が形成されていきます。これがいまの「ならまち」の原点です。

中世の元興寺はなお興福寺や東大寺の影響下、南都七大寺として従来の国家的な寺院の性格を持ち続けていましたが、一方で、元興寺の堂舎や子院のなかには、浄土信仰や観音信仰の霊場となって、都市民の信仰を集めるものも出てきました。

中門《ちゅうもん》観音《かんのん》と貝塚郷

肘塚郷や京終郷は、元興寺の旧境内域からは外れますが、こうした都市奈良全体の動向と無関係ではありませんでした。

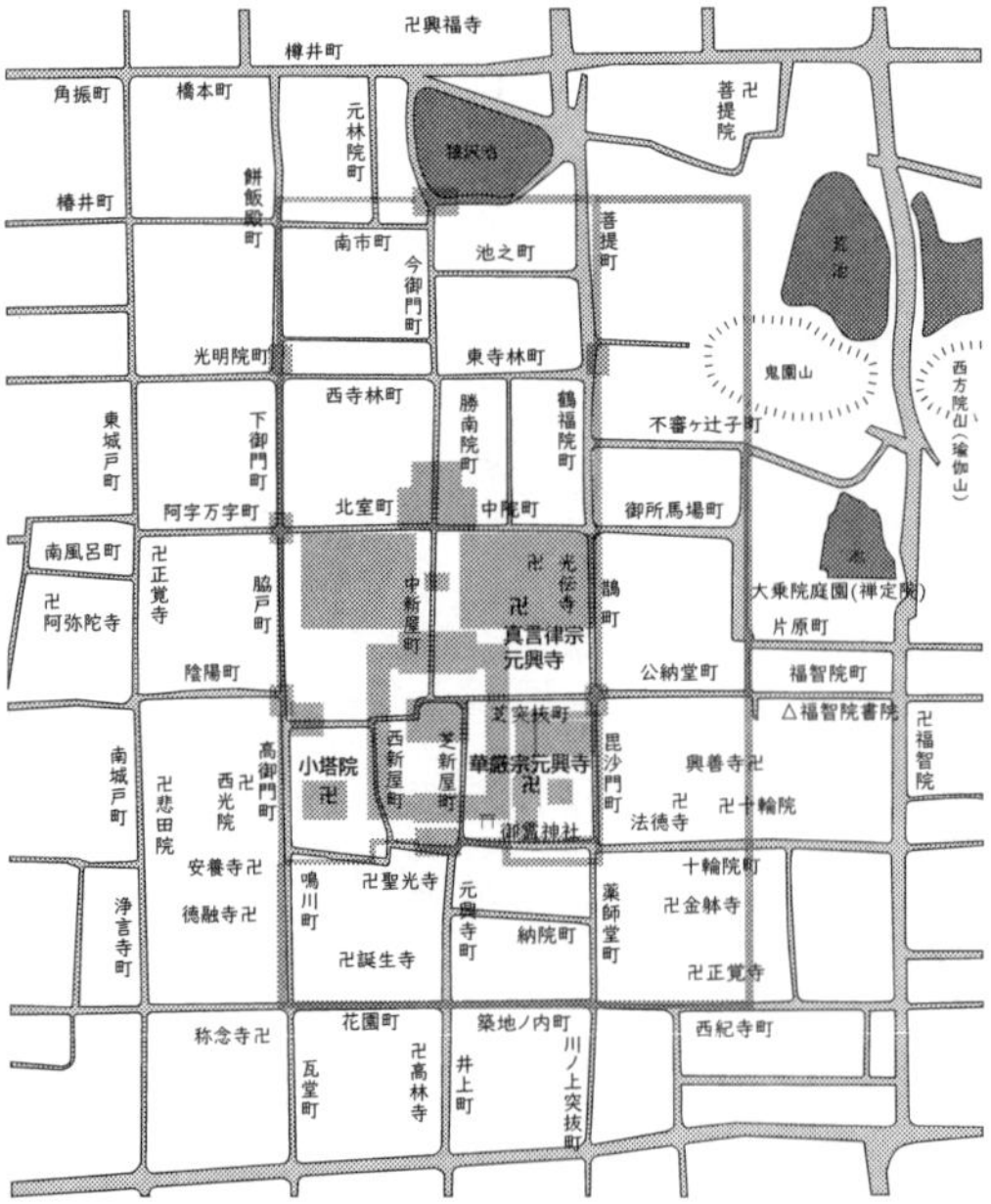

元興寺旧境内と「ならまち」
（元興寺・元興寺文化財研究所2020より）

建長5年（1253）、中三子という奈良の住人が元興寺に「甲斐塚《かいのづか》郷」の屋敷地を寄進しています（『奈良坊目拙解』所引「元興寺中門懸板銘」）。この屋敷地寄進を伝える寄進状は、元興寺中門堂に懸けられていた板に記されていたというので、この屋敷地は厳密には元興寺の中でも中門堂に寄進されたと考えられています。元興寺中門堂は、「中門観音」と呼ばれる長谷寺観音の霊木の余りを使用して造られたという丈六の十一面観音が祀られ、都市民の信仰を集めていました。南北朝時代には、後の西国三十三ヶ所観音霊場につながる三十三ヶ所観音の1つとして数えられるほどでした。観音霊場であった中門堂に、中三子は屋敷地を寄進して結縁したのでしょう。

「甲斐塚郷」は音の表す通り貝塚郷（肘塚）の古い表記です。貝塚郷にあったこの屋敷地は、北を辻子《ずし》に接しています。辻子は、中世都市に見られる新開発街路のことをいうので、貝塚郷もすでにこの鎌倉時代には町場が形成されていたものとみられます。

この中門堂懸板には他に「花薗《はなぞの》」（花園）の屋敷地の寄進を伝えるものが2件確認できます。同様に周辺住人による中門堂への結縁を示すものでしょう。宝治2年（1248）には大法師定凡によって西京終の田地が、徳治3年（1308）には尼妙法によって字葛《かつら》木《ぎ》の水田もそれぞれ寄進されています。西京終や葛木に田地を所有していた定凡や妙法の居住地は分かりませんが、これら京終の田地も中門堂の経済基盤となっていました。

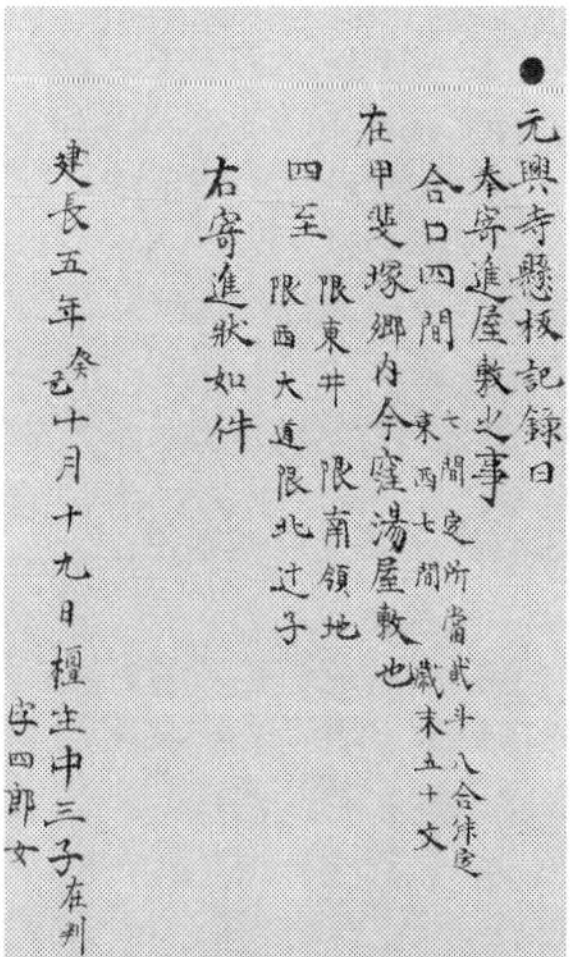
●元興寺懸板記録曰
奉寄進屋敷之事
合口四間 七間 定所当 武斗八合弁定 東西七間 歳末五十文
在甲斐塚郷内今塩湯屋敷也
四至 限東井 限南領地 限西大道 限北辻子
右寄進状如件
建長五年癸丑十月十九日 榿生中三子在判 字四郎女

元興寺中門堂懸板銘写（『奈良坊目拙解』所引、奈良県立図書情報館所蔵）。「甲斐塚」（肘塚）の地名がみえる。

十一面観音菩薩立像御影護符（華厳宗元興寺所蔵）

極楽坊念仏会《ねんぶつえ》と京終郷

一方、同じ元興寺でも極楽房《ごくらくぼう》では、智光曼荼羅《ちこうまんだら》への信仰が高まり、浄土信仰の霊場となっていました。

智光曼荼羅は、奈良時代の高僧・智光が感得した浄土変相図で、当麻《たいま》曼荼羅《まんだら》、清海曼荼羅《せいかいまんだら》とともに浄土三曼荼羅の一つとして知られます。智光曼荼羅への信仰は、平安時代の半ば頃から高まり、僧侶ら都市民の極楽往生のための互助組織である念仏《ねんぶつ》講《こう》が形成され(百日念仏講)、鎌倉中期以降はより広汎な階層の都市民がその中心となった念仏講が形成されていきました(七日念仏講)。

現在、真言律宗元興寺(中世の極楽坊)には、南北朝時代、貞治5年(1366)から7年頃の「番衆札《ばんしゅうふだ》」という木札が65枚残されています。

この番衆札は、極楽坊での念仏会に参加していた結衆・講衆のうち運営の当番を示す札で、当番の人名が地名とともに書かれています。この番衆の居住していた地名をみると、椿井、中院、城戸、高御門などとともに、京終や川之上など奈良町南部の郷名もみえます。川之上は妙阿弥陀仏、京終は千日御前という人物が番衆になっていました。極楽坊の念仏会の講には京終、川之上の住人も参加していたのです。

こうした中門堂や極楽坊への結縁は、信仰上の理由のほかに、都市住人の結集のあり方の1つと見ることもできます。元興寺への結縁のかたちをとりながら、都市住人たちは社会的な紐帯を強めていったのです。

元興寺の鎮守・天満天神社と御霊社《ごりょうしゃ》

中世の興福寺大乗院は、もとは元興寺別院禅定院《ぜんじょういん》でした。興福寺大乗院が治承4年(1180)南都焼き討ちの後、大乗院門跡が院主を兼務していた元興寺禅定院に住まうようになり、そのまま定着したというかたちです。そのため、都市奈良の元興寺領や大乗院領の諸郷は、「小五月郷」と呼ばれ、禅定院の鎮守・天満天神社(奈良町天神社、高畑町)での小五月会の費用「小五月銭」が課されていました。

小五月郷には、京終郷や貝塚郷、花薗郷など南部地域の諸郷も含まれています。木辻や京終、幸郷の郷民らが小五月会のなかで春日若宮に参じて神殿で舞いを奉納するなど(『中

智光曼荼羅（厨子入智光曼荼羅〈真言律宗元興寺所蔵〉より）

カワノカミ
（川之上）
メウアミタフ
（妙阿弥陀仏）

キヤウハテ
（京終）
千日コセ
（御前）

番衆札（真言律宗元興寺所蔵）

臣祐賢記』弘安3年5月6日条など）、鎌倉時代には諸郷の郷民らも主体的に祭礼に関わっていたようですが、室町時代には小五月郷として祭礼費を負担するのが専《もっぱ》らとなりました。中世末期には、なお小五月郷として貝塚郷や花薗郷が確認できます（「小五月郷間別被改打事」国立公文書館所蔵）。しかし、祭礼費負担を軸とする天満天神社との関係はしだいに希薄となっていったのか、これら南部の諸郷（町）は江戸時代になると元興寺鎮守の御霊社（薬師堂町の御霊神社）の氏子として位置づけられるようになりました。

現在の天満天神社（奈良町天神社、高畑町）

いずれにせよ、元興寺のお膝元に発展してきたという「ならまち」成立の歴史的な経緯を背景として、元興寺の鎮守であった天満天神社や御霊社はこれら諸郷（町）の鎮守にもなったのです。

（服部光真）

〈2-3〉

中世の紀寺郷とその周辺

中世の紀寺でも肘塚・京終と同じように都市民の地縁的な共同体「郷《ごう》」が成立していました。紀寺周辺では「紀寺郷」のほか「岩井郷《いわい》」「幸郷《さいわい》」「辰巳小路郷《たつみこうじ》」「南市郷《みなみいち》」の郷を確認することができます。「郷」には住人（郷民）たちの信仰の対象であり、かつ集会所としてその拠り所になるお堂や祠《ほこら》がありました。こうしたお堂や祠は、大乗院門跡《だいじょういんもんぜき》の尋《じん》尊《そん》（1430〜1508）の日記『大《だい》乗院寺社雑事記《じょういんじしゃぞうじき》』に「地下堂《じげのどう》」として登場します。

幸郷の地下堂

寛正2年（1461）10月24日、幸郷の郷民らが東中院《ひがしちゅういん》の鍛冶の所へ押し寄せる事件が起こりました（『大乗院寺社雑事記』寛正2年10月24日条）。この鍛冶が幸郷の犬を殺したのが原因でした。事件自体は尋尊が仲裁に入り収まりましたが、郷内の犬の死に対して幸郷の郷民が団結して行動を起こしたことがわかります。その幸郷では「地下堂」に郷民が集まって酒《さか》盛《もり》をしており（『大乗院寺社雑事記』文明15年6月23日条）、郷として団結を深めている様子がうかがえます。

中世の紀寺付近（安田1991より転載）

紀寺郷の「天皇之堂」

紀寺郷の場合は「天皇之堂」や「木寺天王」と呼ばれた崇道天皇社《すどうてんのうしゃ》がその拠り所となったと考えられます。

応仁元年（１４６７）、大乗院門跡の尋尊は紀寺の郷民に命じて猿楽《さるがく》の一団を「天皇之堂」に宿泊させており、当時の崇道天皇社が紀寺郷民の管理下にあり、かつ多人数が宿泊できるだけの建物があったことがわかります（『大乗院寺社雑事記』応仁元年5月4日条）。ただし、崇道天皇社は春日社末社であり（『大乗院寺社雑事記』応仁2年10月15日条）、興福寺六方《ろっぽう》衆《しゅう》が集会《しゅうえ》を開くなど（『蓮成院記録』天文2年5月条）、郷民だけの堂ではありませんでした。

崇道天皇社が紀寺郷民の信仰を集めていたことは、長禄２年（１４５８）に起きた事件からうかがえます。紀寺郷に「天皇」（祭神の崇道天皇）のお告げを伝える女がいて、郷民から色々貢がせていたというのです。郷民は信心して布施していましたが、興福寺によってその女は追放されています（『大乗院寺社雑事記』長禄2年6月2日条、『経覚私要鈔』長禄2年6月3日条）。

こうした祠やお堂を拠り所にするあり様は、江戸時代の奈良町の会所《かいしょ》に引き継がれ現代に至っています。

さて、奈良の郷は寺社の支配におかれていました。紀寺周辺では、幸郷、岩井郷、辰巳小路、南市が大乗院領である一方（『大乗院寺社雑事記』長禄4年閏9月19日条、『大乗院門跡領目録』）、紀寺

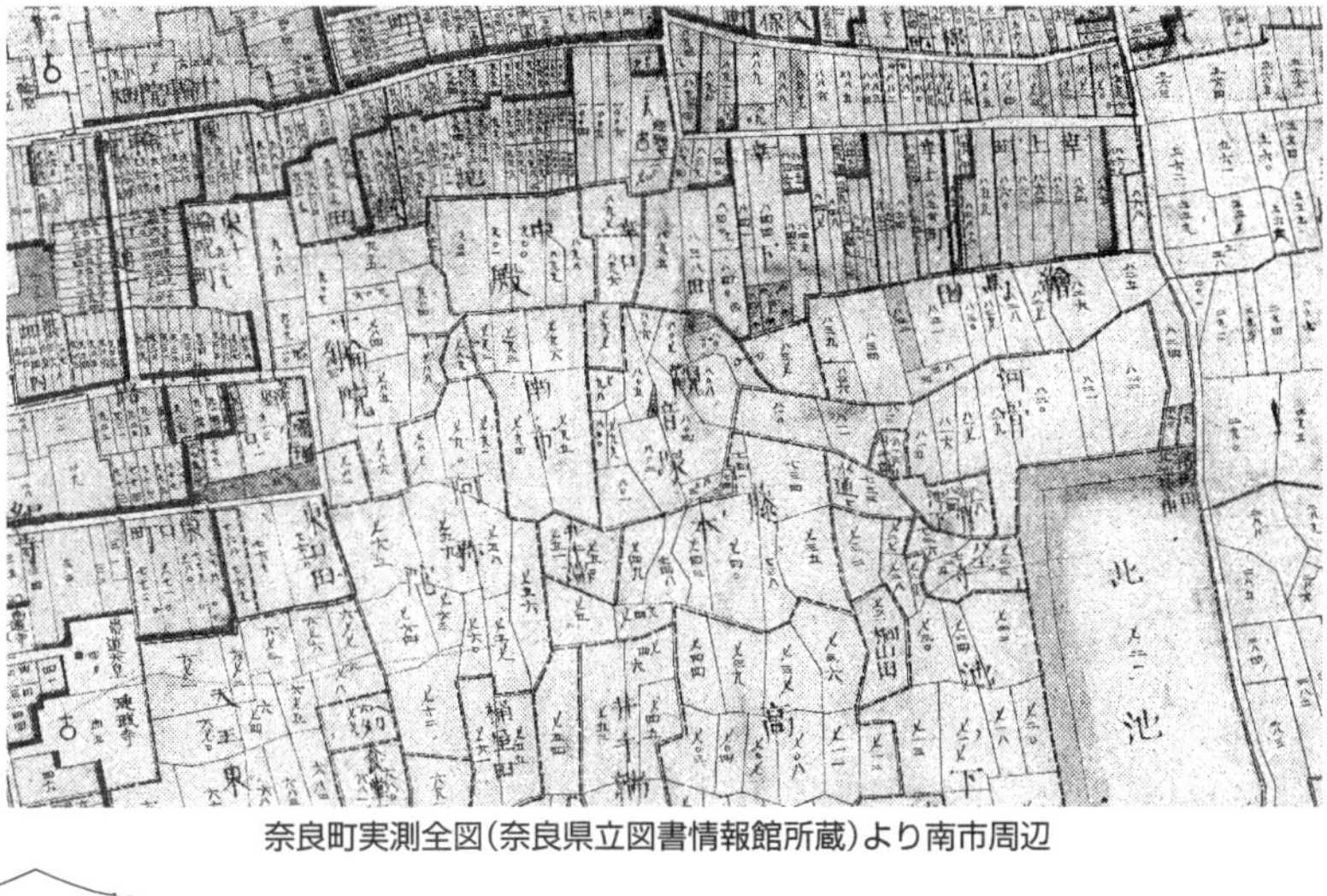

奈良町実測全図（奈良県立図書情報館所蔵）より南市周辺

郷は一乗院《いちじょういん》領であり（『大乗院寺社雑事記』長禄元年10月28日条など）、支配が入り組んでいたことがわかります。

紀寺町にあった南市

現在の飛鳥小学校の辺りには「南市」という小字がありました。明治23年（1890）の「奈良町実測全図」（前ページ）では田んぼが広がっていますが、奈良の南に位置するこの地に市場があったことを「南市」の地名は教えてくれています。現在、奈良市内の別の場所に南市町という町名がありますが、のちにこの南市がその地に再興されたことに由来します。

中世の奈良を描いた「小五月郷指《こさつきごうさし》図《ず》」にも南市は描かれています。もともと岩井川の辺りに福島市《ふくしまいち》という市場があったのを移してきて南市ができたと注記されています。その南市ができたのは13世紀の終わりごろ、大乗院門跡の慈信《じしん》のもと、西大寺の二世長老信空《しんくう》によって開かれたと考えられています（安田1991）。

南市の様相

南市の様子をみていきましょう。南市には応永14年（1407）の時点で絹座・米座・桶座など30もの座（同業組合）がありました（『三箇院家抄』）。さまざまな品物が売り買いされていたことがうかがえます。南市からは領主の大乗院に銭を納めており、大乗院の財源の1つとなっていたようです。また、南市には観音堂がありました。福島市ではエビスが市神として祀られていましたがそのままの場所に残されたと「小五月郷指図」には記されています。観音堂

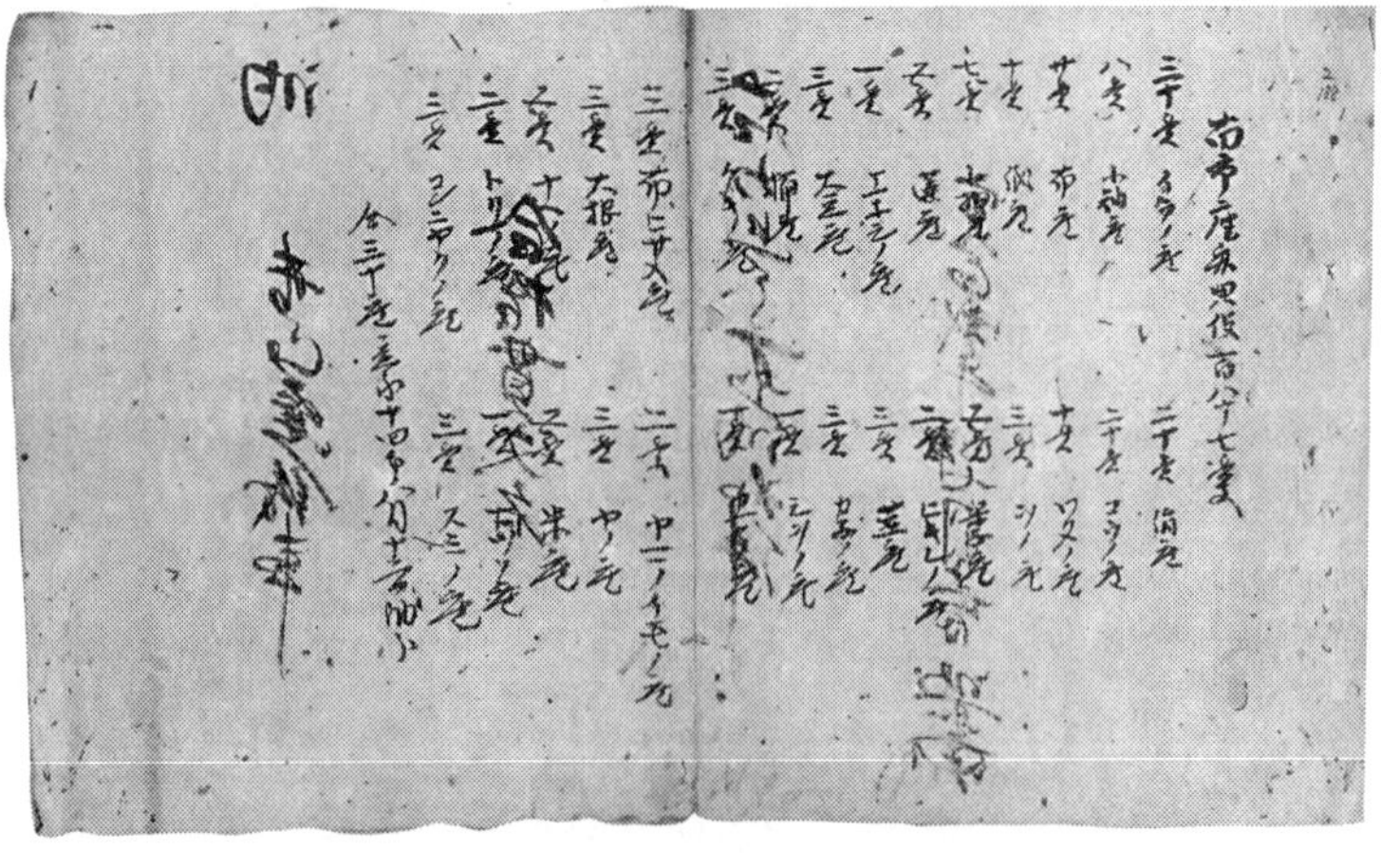

室町時代の南市にあった座の一覧（『三箇院家抄』（国立公文書館所蔵）より）

を建ててエビスに代わる市の鎮守《ちんじゅ》としたのはやはり信空だと考えられています（安田1991）。また信空は南市に湯屋《ゆや》（銭湯）を建て元興寺の修理料に宛てています（同上）。ところで南市では毎日商売が行われていたわけではありませんでした。一乗院が奈良の北側に立てた北市（現・奈良市北市町）とともに3日に1回商売が行われていました。応永21年（1414）に子守宮《こもりのみや》（率川神社《いさがわじんじゃ》）の南東に中市が立てられると南市と北市との間の日に商売が行われ、奈良では毎日どこかの市で商売が行われるようになりました（『寺門事条々聞書』応永21年4月15日条など）。

南市の終焉

　その南市ですが、15世紀の半ばに廃《すた》れてしまいました。その当時の大和では国人たちが対立・抗争を繰り広げていました。特に奈良をめぐって、奈良を抑える筒井《つつい》氏と古市《ふるいち》を拠点とする古市氏が合戦や小競り合いを繰り返しています。

　宝徳3年（1451）12月には、「市座銭」のことで古市方の興福寺六方衆が「市屋形三一間計《ばか》」りを焼いており（『経覚私要鈔』宝徳3年12月6日条）、南市のことと考えられます。尋尊は後に「二十年ほど合戦が続いて南市や辰巳小路は荒野になってしまった」と述懐しています（『大乗院寺社雑事記』明応9年5月10日条）。尋尊は南市の再興を計りますが、郷民による田地開発が進み、文明《ぶんめい》16年（1484）には南市の河骨池《こうぼねいけ》が田地になっています（『大乗院寺社雑事記』文明16年4月12日条など）。尋尊もついに南市の再興を諦め、明応2年（1493）3月に南市は田地にされました（『大乗院寺社雑事記』明応2年3月8日条など）。

（酒井雅規）

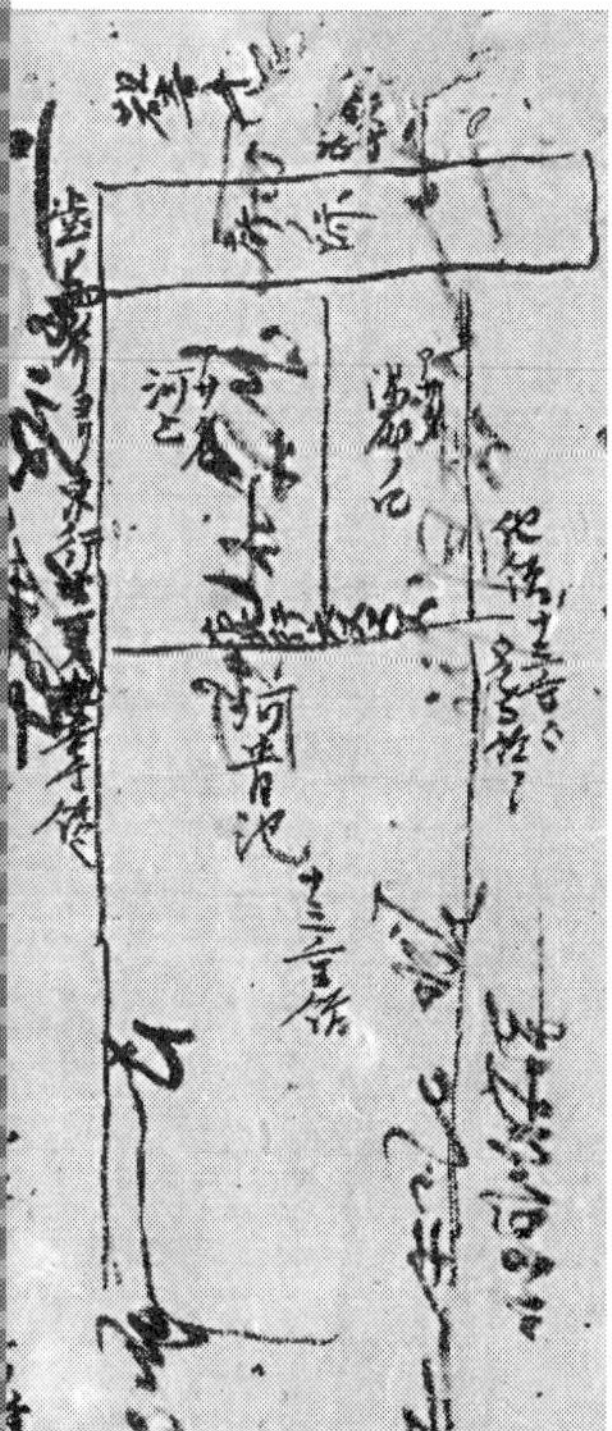

河骨池（『大乗院寺社雑事記』（国立公文書館所蔵）文明16年5月17日条より）

〈2-4〉

上ツ道のにぎわい

奈良の町から奈良盆地の南方へとつなぐ大動脈の1つが、上《かみ》ツ道《みち》（上街道）です。奈良町南部地域にはこの上ツ道が縦貫し、歴史的に地域の特色を形作ってきました。

上ツ道は本来、中《なか》ツ道《みち》、下《しも》ツ道《みち》とともに、飛鳥を起点として奈良盆地を南北に平行に走る官道の1つとして建設されました。これに先行して、上ツ道よりも東には奈良盆地の東の山の麓を「山辺の道」が走っていたようですが、上ツ道などの官道も、672年の壬申の乱に関する『日本書紀』の記述に見えることから、当時すでに成立していたと考えられています。和銅3年（710）平城遷都の後には飛鳥・藤原と平城京を結ぶ道として機能しました。

奈良から長谷への道のり
（「いせ奈良まハり名所絵図」
〔部分、奈良県立図書情報館所蔵〕より）

平安時代後期頃から中世都市として奈良の町が形成されると、これらの道も奈良を中心に再編成されました。上ツ道はその後「上街道」へと名称を変えながら、奈良と大和盆地南部、さらには長谷寺や伊勢方面を結ぶ主要街道として、江戸時代、そして近現代に至るまで、主要街道であり続けています。

奈良の南玄関口・貝《かいの》塚《づか》口《ぐち》

この上ツ道が奈良の町に入ってくる玄関口にあたるのが、中世の貝塚口です。当時、奈良の町の南の境界と考えられていた岩井川と能登川を越えてしばらく北へ行くと、貝塚口から奈良の町に入り、貝塚郷、そして中辻郷の街並みが街道に沿って広がっていました。

　興福寺に、現在の肘塚町から元興寺町あたりまでが描かれた室町時代の絵図の写しが残されています（左図）。この絵図は、「小五月郷指図《こさつきごうさしず》」といい、天満天神社の祭礼小五月会の祭礼役を負担する「小五月郷」（２−２）の位置を示したもので、大乗院門跡尋尊によって作成されました。簡略な指図ですが、当時の奈良の町の様子を知ることができる好史料です。この絵図を手掛かりに、当時のこの辺りの様子を探りましょう。

　まず南から上ツ道をたどると、最初にあるのが門です。これが、奈良の町全体の入り口を示す惣門だったと考えられます。史料上、「奈良南口」「貝塚口」などと見える、奈良町の南玄関口を画するランドマークだったと考えられます。

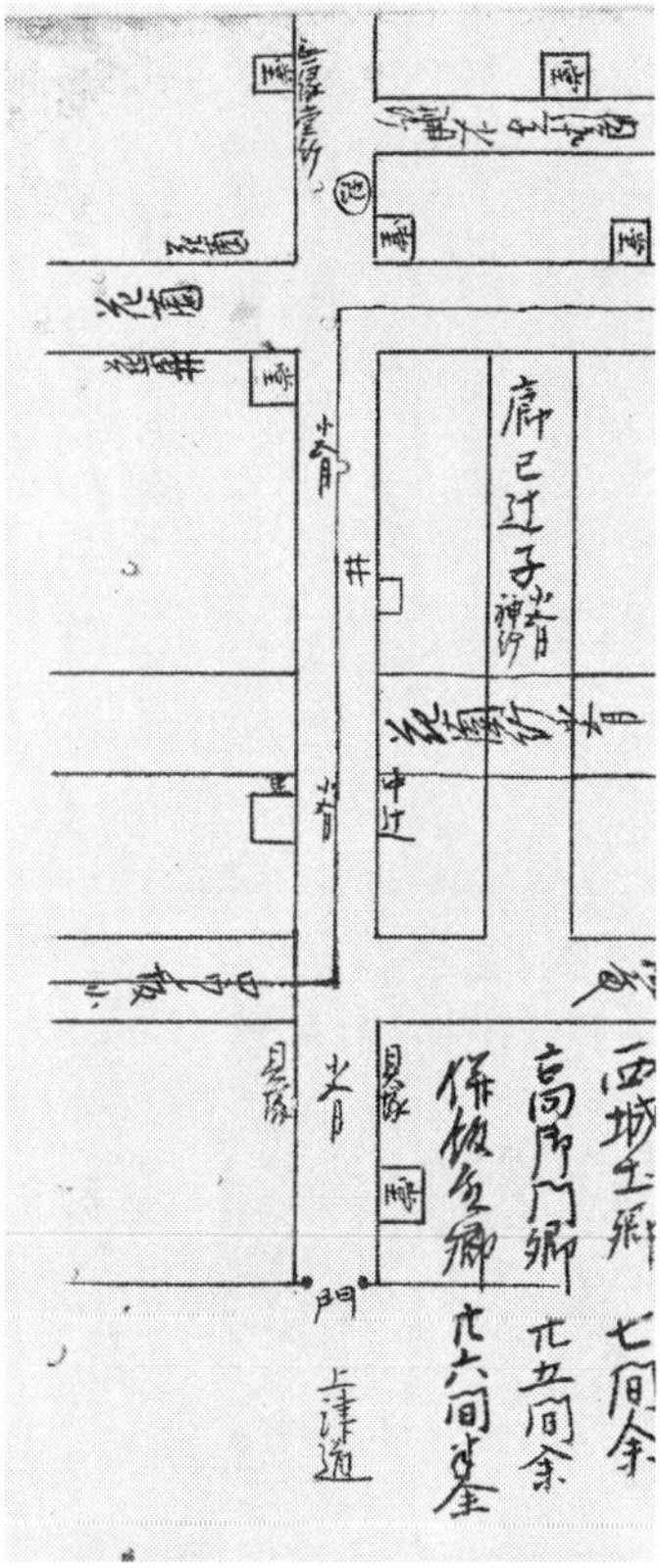

小五月郷指図写（部分）
（『肝要図絵類聚抄』〔興福寺所蔵〕より）

上ツ道の景観

　門をくぐると、道の両側には「貝塚」（肘塚）の街並みが広がっています。この絵図よりも１００年ほど後の元亀３年（１５７２）には、貝塚郷に道の東西に1間余から5間余の家宅が10軒ほど立ち並び、中には「茶屋」もありました（国立公文書館所蔵「小五月郷間別被改打事」）。但し、畠も混じっているので、そこまで密集して家が建ち並ぶ感じはまだなかったかもしれません。

　貝塚から北に進むと、「ロウノ坂」と交差点があります。この「ロウノ坂」は、現在も京終と肘塚・中辻を東西に結ぶ道として生きている道です。さらに北へ進むと、中辻、「井」（井上か）、花薗（花園）の東西道、内院辻子（現在の納院町）との交差点、無縁堂《むえんどう》郷（現在の元興寺町辺り）と続いています。絵図には描かれていませんが、この無縁堂郷の北側には室町時代当時の元興寺伽藍があり、古代から縮小していたとは言え、なお大きな寺地を占めていました。上ツ道はこの元興寺伽藍の南の正面、南大門に突き当たっていました。

　街道沿いのところどころや辻々には、「堂」が描かれています。これは当時「地下堂《じげのどう》」、「辻堂」、「無縁堂」などと呼ばれた小堂で、会所や供養空間のような役割を果たしていたと考えられています。各郷に必ずこの「堂」が一つは描かれており、中世の郷民の自治や信仰の拠り所でし

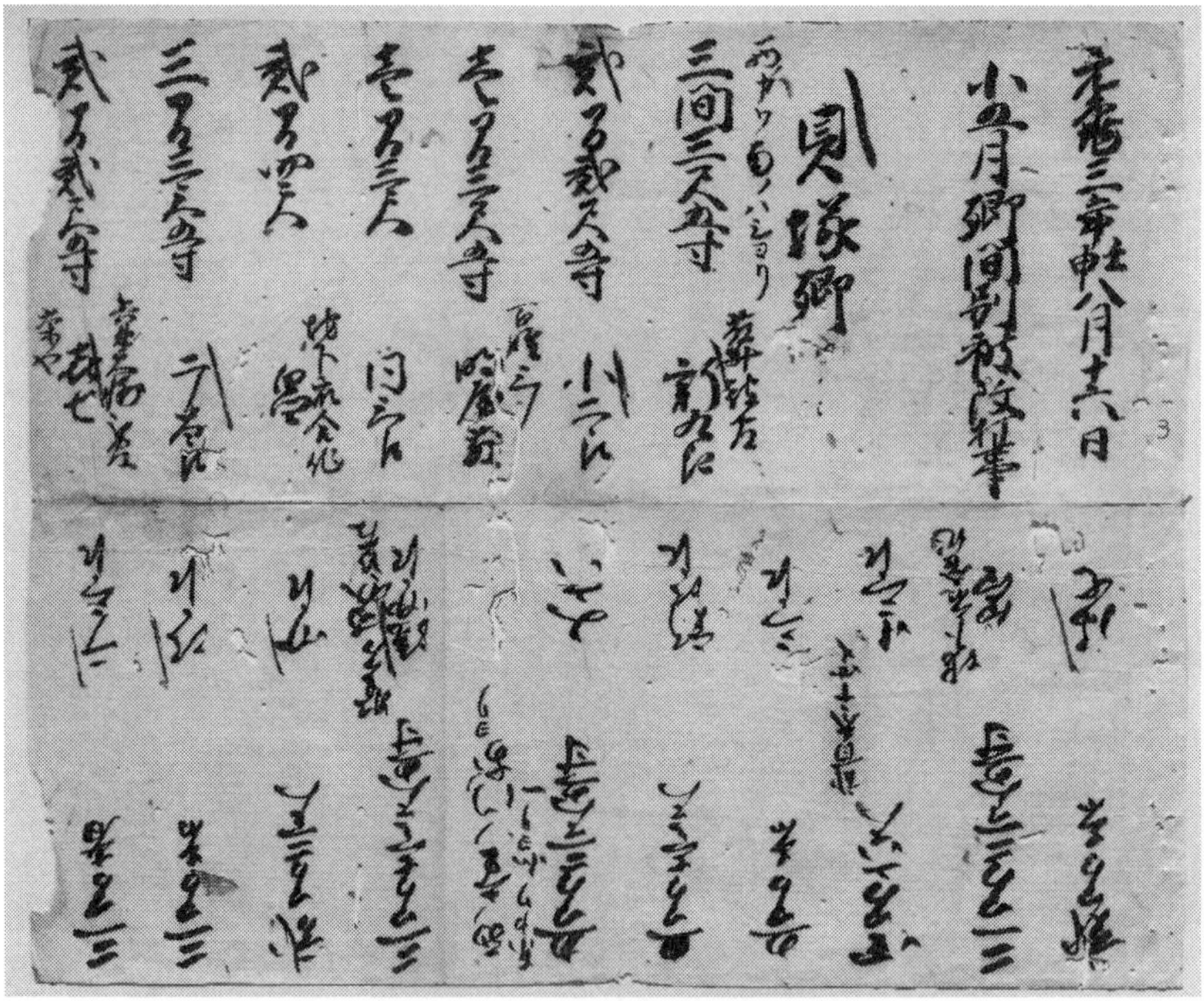

小五月郷間別被改打事（国立公文書館所蔵）冒頭部分

た。元亀3年（1572）の段階の肘塚郷では、指図に描かれた「堂」とは位置が変わっていますが、道の東側の南端に畠を付随させるかたちで「堂」がありました。この位置は江戸時代の肘塚町の会所「長福寺《ちょうふくじ》」（4―1）があった場所であり、郷民たちの自治と信仰の拠り所であった「地下堂」が江戸時代の会所に継承されたことを示しています。

土一揆《つちいっき》の道

上ツ道を通ったのは商人たちだけではありません。この道は、長谷寺、さらには伊勢方面に至る信仰の道でもありました。京都や奈良から僧侶や貴族たちが長谷参詣に行く際には、この上ツ道を通っていることが確認されます（1―7）。その途中には、菩提山正暦寺《ぼだいせんしょうりゃくじ》（奈良市）、内《うち》山永久寺《やまえいきゅうじ》（天理市）、釜ノ口長岳寺《かまのくちちょうがくじ》（同）、三輪の平等寺《びょうどうじ》・大御輪寺《だいごりんじ》（桜井市）など、興福寺や大乗院にゆかりの有力寺院も多くありました。寺院間の諸関係を支える主要街道でもあったのです。半面、興福寺や大乗院は大和国内の諸荘園の領主でもあったので、荘園からの年貢・公事の納入や、逆に年貢未納など抵抗する荘園現地への軍勢の発向にも、この道は使われたことでしょう。

室町時代に盛んに蜂起した土一揆もやはり上ツ道を通って、奈良を目指しました。室町時代には、越田尻（現在の奈良市北之庄町あたり）など奈良の南方にも馬借《ばしゃく》の拠点があり、「奈良南口」をしばしば襲っていました。福寺《ふくでら》が奈良の町の防衛拠

現在の「廊之坂」

点とされた(1-7)のもこうした背景があってのことでした。

文安4年(1447)、「奈良の西南」で馬借らが群集し、「南都口々」に押し寄せ、火を上げたが、ほどなく退いたと言います。貝塚口も襲われた場所の1つだったでしょう。文明17年(1485)には、馬借が貝塚口の門の扉を打ちこわし、方々に火を放ちながら、井上、そして元興寺南大門へと乱入しました。肘塚にあった奈良の町の惣門から、元興寺南大門に至るこのルートは上ツ道に他なりません。上ツ道は荘園領主だけのための道ではなかったのです。土一揆は、上ツ道を通って奈良を目指しました。

肘塚から中辻、井上、花園を縦断する上ツ道は、商業の道であり、信仰の道であり、都市領主による荘園支配の道であり、土一揆の道でもありました。すなわち、上ツ道には商職人から、長谷寺の参詣者、年貢の納入者や荘園領主の使節、さらには、土一揆までもが行き交い、活気にあふれる、中世都市奈良への一大動脈だったのです。

(服部光真)

元興寺南大門の故地(元興寺町)

【コラム】

上街道の老舗　杉本薬局

現在、上街道沿いにある中辻町の杉本薬局は、かつて肘塚町内にありました。

昭和7年（1932）の薬局の印鑑には「創業七十年余」とあるので、文久元年（1861）頃に創業したようです。「薬種・合薬仲間御免木札」（12ページ）は、文久元年に薬の材料（薬種）と合薬《あわせぐすり》の組合に入ることが許可されて薬屋を創業したことを示す貴重な証拠です。

創業当時は、椚《くぬぎ》神社の北方50mほどの辺り、上街道の東側にあったそうです。明治時代には、『大和《やまと》名勝《めいしょう》豪商案内記《ごうしょうあんないき》』（12ページ）に掲載されるほどの「豪商」で、繁盛していたことがうかがえます。今も残る江戸時代の櫓時計《やぐらどけい》から往時の隆盛がしのばれます。

昭和6年（1931）6月15日未明、隣家から出た火事で類焼し、中辻町の現在地に移転しました。同60年（1985）頃まで芍薬や牡丹皮などの薬の材料を薬研《ヤンゲ》で加工して生薬を作っていたそうです。薬だけでなく、酒類、育児用乳製品、粉末石鹸なども扱っていたことが分かる昔の免許の木札や版木が残されています。

（三宅徹誠）

【取材協力】杉本薬局

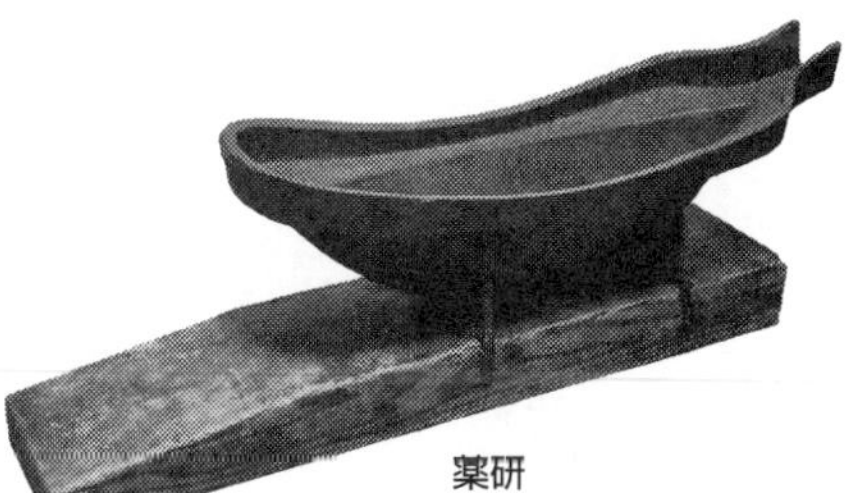

薬研（杉本由平氏所蔵）

櫓時計（同前）

「奈良市育児用乳製品配給所」看板（同前）

「毒物劇物営業」看板（同前）

〈2-5〉

奈良町の成立と「奈良七口」

中世の「奈良」と近世の「奈良町」

中世都市「奈良」と近世の「奈良町」、そして現在の「ならまち」は同じものではありません。中世は町という呼称を使わず、もっぱら郷を基本単位として使用していました。しかし文禄4年（1595）の文禄検地によって、それまで奈良と緩やかな関係でつながっていた周辺の農村を明確に奈良と分離する町切が行われ、これ以降の近世都市を「奈良町」と呼ぶようになります。これをナラマチと呼んだかナラチョウと呼んだかは判然としませんが、おそらくナラチョウが正しい呼称であったと思われます。「ならまち」の呼称については戦後になってから一般化した呼称です。

奈良町の成立

さて、近世奈良町の成立は都市支配の形態が変わった、というだけのものではありません。元興寺講堂推定地で行われた発掘調査（元興寺旧境内四七次調査）では、講堂の巨大な礎石を、隣に掘った穴に落とし込んで処理している状態が検出されました。これはそれまで残されていた元興寺の痕跡を完全に消し去って、新しい町屋を建設する象徴的な行為です。この穴からは17世紀初頭頃の土器が見つかっています。同様の礎石片付け痕跡は金堂跡や鐘楼跡でも同時期のものがみつかっており、17世紀初頭に元興寺の痕跡を消し去る大規模な開発が行われたようです。

現在「ならまち界隈」として観光地となっている元興寺伽藍中枢部は、宝徳3年（1451）の土一揆によって堂舎が焼き払われるものの、その後も伽藍域を守っていましたが、16世紀後半から新たに開発が始まり、17世紀初頭に現在見るような町屋が密集する空間に変貌したようです。特に先に見たような礎石の

埋められた講堂の礎石
（『奈良市埋蔵文化財調査概要報告書 平成10年度』より）

埋没処理などは中世的な寺院勢力を否定する行為であり、この時期の変化は都市景観にも大きな影響を与えたものと思われます。

奈良町の入口「七口」

こうして成立した奈良町ですが、新しい街には新しい交通路が取り付きます。江戸時代の奈良町奉行所「おぼゑ」には、奈良町には七口と呼ばれる7ヶ所の入り口があるとされています。七口とは「奈良坂二口」「三條通」「柳町」「樟口」「木綿口」「高畠」「紀寺二口」のこととあり、このうち南の入り口は「紀寺口」「木綿口」「樟口」とされています。京終には「木綿口」（木綿町口・綿町口）が取り付きます。これは主に吉野、高野山、畝傍など南方へのアクセス道であったようで、現在の県道754号（旧国道24号線）に接続する道路でした。南への主要街道であった上街道（「樟口」＝椚口か）だけではなく、この道が特別視された理由は不明ですが、この入り口には京終地蔵堂の石仏の旧所在地である京終阿弥陀院がおかれるなど（4−7）、盛んな往来のあった辻の姿が復元できます。

（佐藤亜聖）

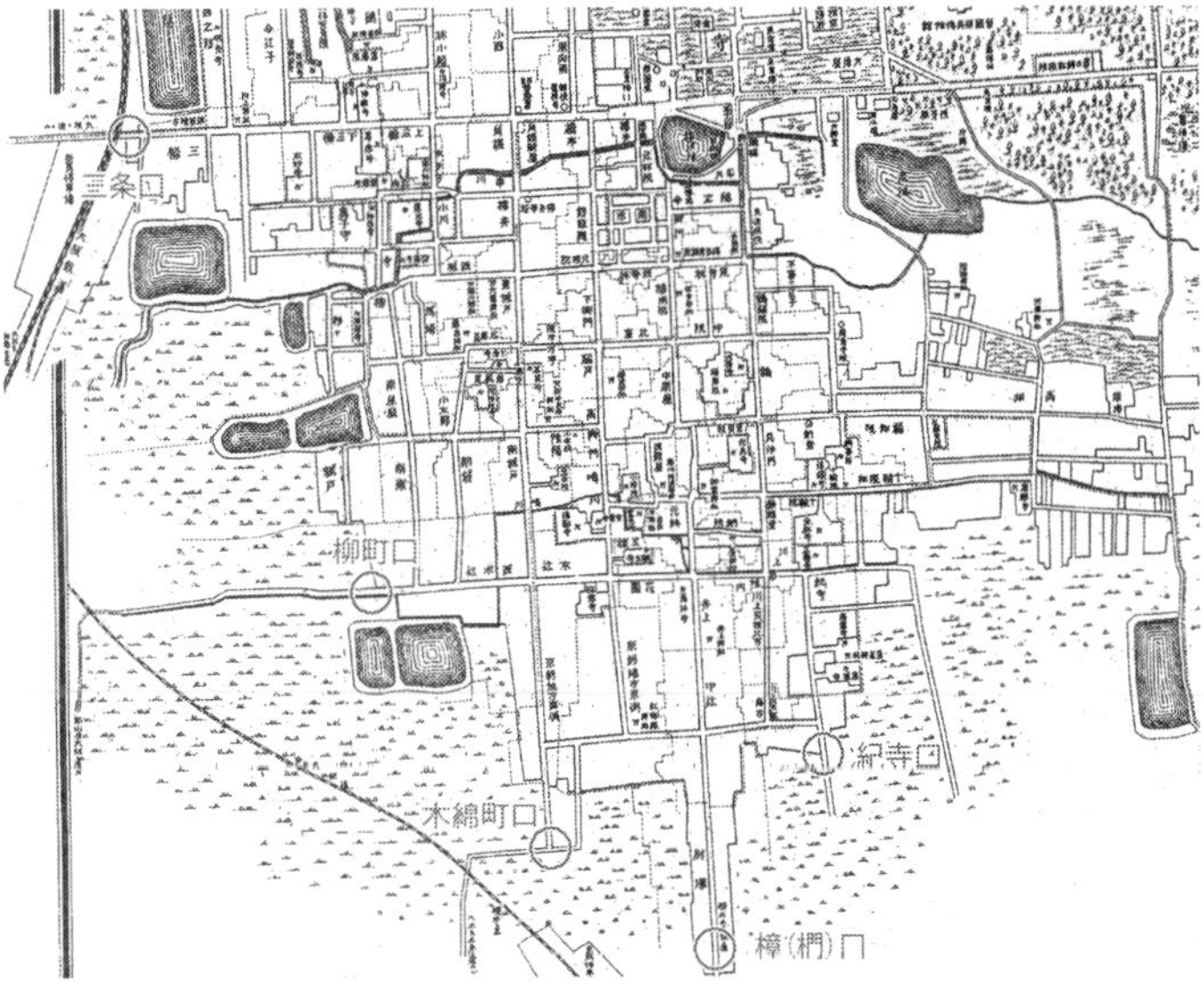

奈良の南入り口（明治29年測量図を一部改変）

現在の「綿町口」附近
（「中街道」踏切）

〈2-6〉

町記録『井上町町中年代記』の世界

『井上町町中年代記』（以下、『年代記』）は、井上町の総代（年寄、年役）によって延宝6年（1678）より現代に至るまで書き継がれてきた町の記録です。

『年代記』は全部で7冊あり、江戸時代に記された4冊が市指定文化財になっています。ただし、1冊目（延宝6～享保14）と2冊目（宝暦7～寛政6）の間にもう1冊あったはずですが、現存していません。

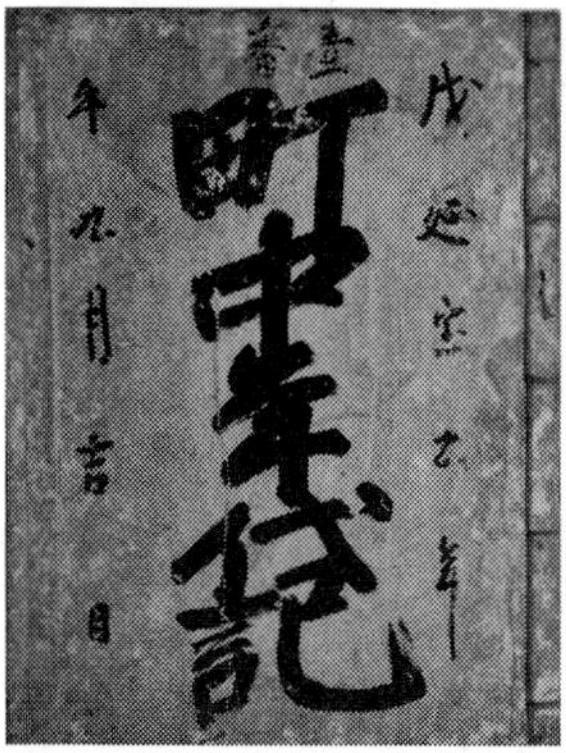

『井上町中年代記』壱（井上町所蔵）

『年代記』には、家屋敷の売買や寄合のこと、さらには町内外の争論など、豊富で多様な情報が記されています。『年代記』を手がかりに、江戸時代における井上町の様子を探ってみましょう。

井上町の成り立ち

井上町は、猿沢池から約４００m南下したところに位置し、道路を挟んで東西に軒をつらねる町です。

江戸時代以前より人家が形成されていたようですが、『奈良坊目拙解』に、寛永期（１６２４～４４）頃までは井上町の西側には田畑が多く、人家がなかった、と記されています。道路の東西に軒をつらねるようになったのは、寛永期からそう遠くない時期と考えられます。

元禄2年（１６８９）には、家持25軒、借家23軒が道路の東西に建ち並んでいました。

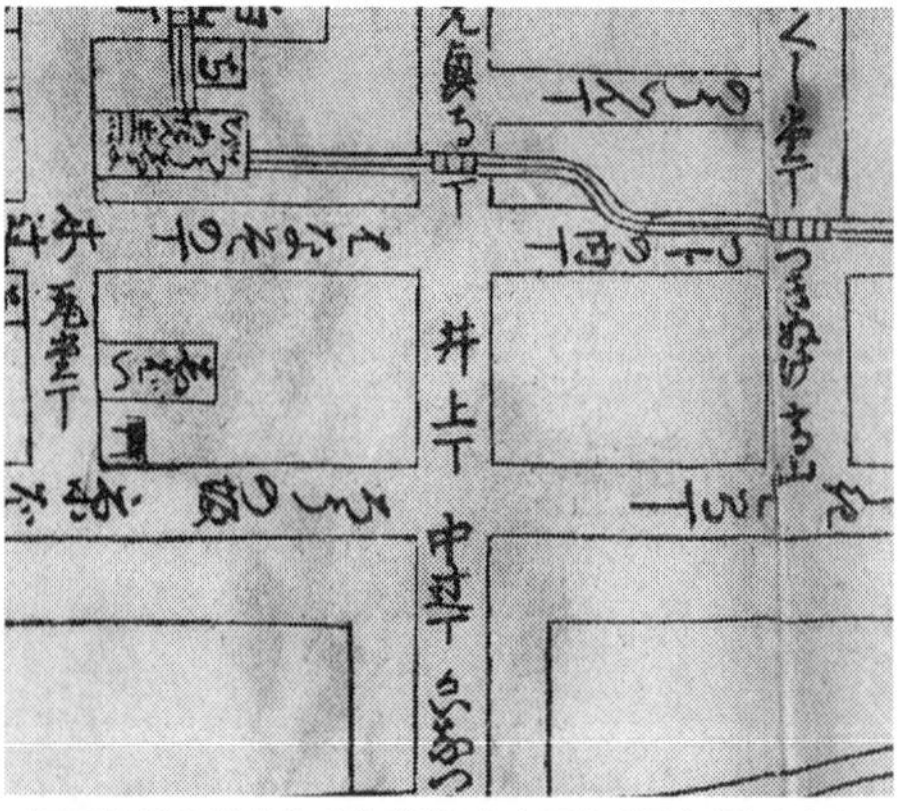

江戸時代の井上町（「和州奈良之図」〔個人蔵〕より）

町の運営

井上町は居住者を構成員とする共同体であり、年寄・月行事という町役人がその運営の中心を担っていました。年寄については、『年代記』の享保12年（1727）の記事から、特定の家持町人6名が年寄役を担い、その中から1年ごとに2名が「年番」「年役」と称して勤めていたことが分かります。年寄役の担い手には入れ替わりがありますが、文政期（1818～1830）においても「年番」との呼称が確認できることから、江戸時代を通じて同様の体制が続いたと考えられます。

年寄の補佐役である月行事も2名ずつ勤めていました。『年代記』からは月行事の勤め方を十分明らかにはできませんが、文政期以降になると、月行事が年寄役のなかから選出されるという特徴が見られます。

また、町役人とは呼びがたいですが、年預という役職があり、1年ごとに2名ずつ正月14日における参会の頭人（世話役）を勤めていました。

以上の年寄・月行事・年預の担い方は、東向北町の町記録である『万大帳』に記載されている内容と共通する部分が多くあります。町役人の選出には町ごとの事情が影響したと思われますが、制度としては奈良町の多くの町で採用されたものだったと考えられます。

江戸時代の町共同体は、隣接する5軒前後を1組として五人組を構成しました。一般に、五人組は相互監視・互助救済などの機能を持ったとされています。

五人組の記載は、『年代記』の中では家屋敷の売買証文で最も多く確認できます。当初は証文に五人組全員が署名することを原則としていましたので、五人組は、家屋敷の売買行為及び構成員交替の承認機能を持っていたわけです。

ただし、江戸時代後期になると、五人組として2名前後の署名しか確認できなくなります。さらに文政5年（1822）以降になると、年寄役の担い手と思われる人物が、五人組として署名するようになっています。この頃には、五人組による家屋敷売買の承認機能が形式的なものと化していた可能性があります。

町共同体の運営を支える施設として、会所がありました。井上町では、元禄2年頃以降、岩井九右衛門の屋敷だったとの由緒がある東南端の屋敷を会所としていました。

会所は、寄合の他、町触の伝達や春日講を執り行う場所でした。特に正月14日に会所で行われる参会は、元服・出産などの祝儀銀・礼銀を納めたり、新しく引っ越してきた者を仲間と認める会所入などが行われたりする重要な場でした。

高坊（高林寺）の江戸時代

井上町の西北端には現在高林寺が建っています。この地は江戸時代には「高坊」と呼ばれ、遅くとも江戸時代中期にはすでに2間4面の小庵がありました。

高坊は、当初高坊三郎兵衛の屋敷でしたが、延宝期（1673～1681）頃に漆屋弥兵衛が購入しました。その後、元文3年（1738）には運営を担っていた漆屋清林尼が病死し、清林尼の孫である花園町油屋善助に譲り渡されます。さらに、寛政期（1789～1801）までに油屋から大津橋本町高嶋屋善助に所有権が移っています。ただし、寛政6年（1794）の売券に高嶋屋善助の一家惣代として花園町の油屋が署名していますので、漆屋から高嶋屋までの時期は、血縁などの繋がりによってある程度連続性を持った運営が行われていたと推測されます。

その後、『年代記』の記録上では、寛政6年閏11月27日に東九条村の寿恵が高坊の地を購入しています（次ページ写真）。

文政2年（1819）の職業調査では、「縫物師」寿仙の職業として、着類仕立物職及び托鉢が記されています。寿恵から寿仙に代替わりしていますが、彼女らは着類仕立をしつつ、尼として托鉢行為も行う存在だったことが分かります。

ところで、『年代記』には元禄2

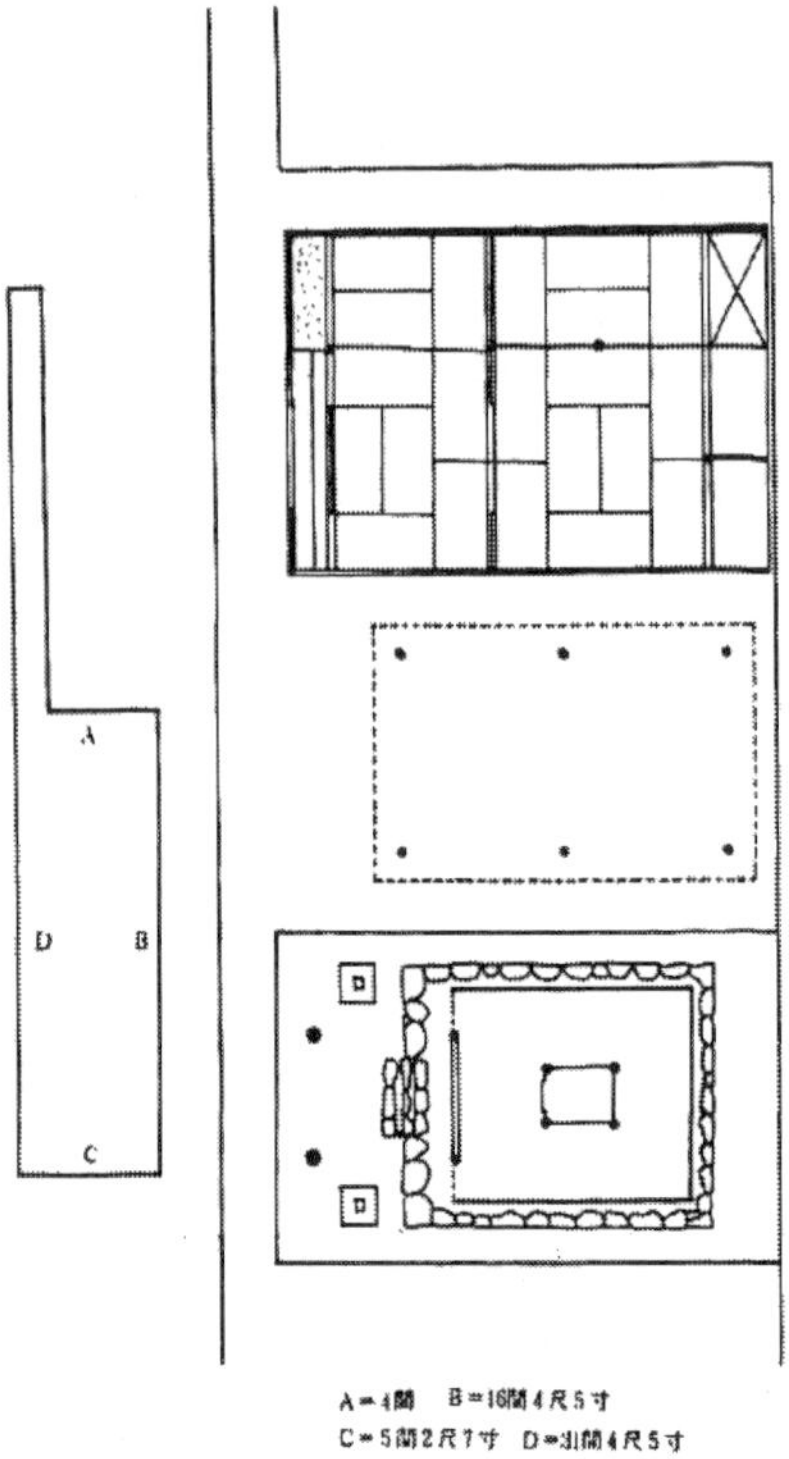

会所推定復元平面図
（「『井上町中年代記』『万大帳』にみる近世奈良町における居住地管理」所収）

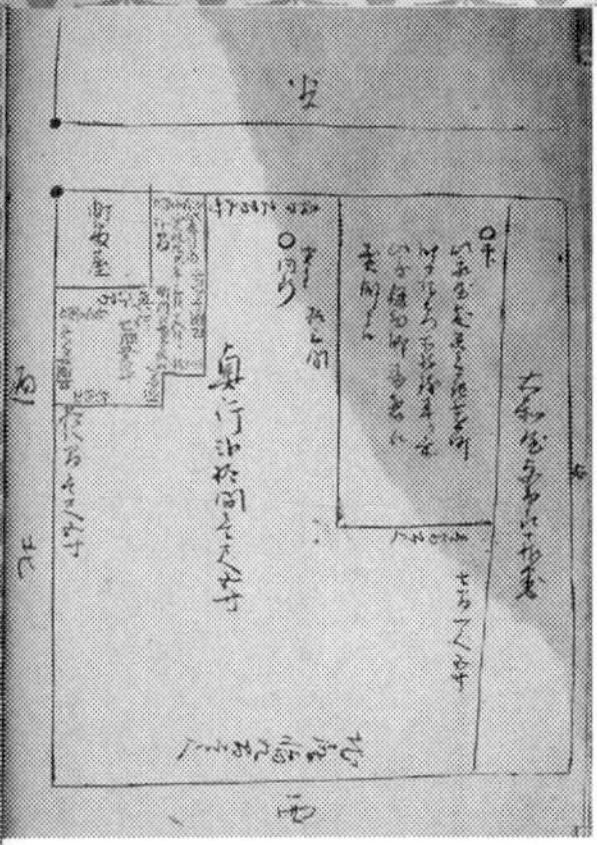

『井上町中年代記』（井上町所蔵）
寛政6年閏11月27日条

年に、高坊は「横萩右太《ママ》臣豊成公御廟所」との記載があります。「横萩右太《ママ》臣豊成」は中将姫《ちゅうじょうひめ》の父とされる藤原豊成《ふじわらのとよなり》のことであり、高坊は当時から中将姫ゆかりの地として知られていました。高坊近辺には、藤原豊成の邸跡とされる鳴川町の徳融寺や中将姫誕生の地とされる三棟町の誕生寺もあり、この辺り一帯が中将姫及び藤原豊成ゆかりの土地でした。

　高坊には元々藤原豊成及び中将姫の木像、藤原豊成の石塔2基がありました。石塔は延宝期までに徳融寺に移されていますが、木像は今も高林寺にあります。元文元年（1736）には漆屋清林尼が鳴川町の聖光寺《しょうこうじ》に木像を貸し、聖光寺が木像の開帳を行っています。

　一方で、これらの寺院は元興寺に関わる由緒を持つことでも知られています。京終地域の寺院は様々な由緒を語り、また時にはそれに基づいた開帳なども行いながら、今日まで受け継がれてきたことが重要ではないでしょうか。

号所《ごうしょ》と井上町

　江戸時代奈良町を特徴づける存在として、号所があります。号所は、慶長7年（1602）に徳川家康によって地子を免許された寺社諸役人の屋敷のことです。興福寺・東大寺などの社寺が支配する号所は一筆単位で把握され、奈良町各所で確認することができます。つまり、奈良奉行所管轄の町々の中にも、斑模様のように寺社領が存在するわけです。

　井上町にも号所が存在しました。東側の北から3軒目にある興福寺衆徒勝南院の所有地がそれに該当します。

　さて、号所とは具体的にどのような存在だったのでしょうか。文化6年（1809）の記事に基づきながら、具体的にその様子を少し見てみましょう。

　文化6年正月、井上町の年寄らは、「勝南院嶋田治部」が号所内に建物を建てると申し出たために、土地の境界確認に立ち会うことになりました。境界確認をしてみると、北側の塀について、嶋田氏が自身の所有であると主張したのに対し、年寄らは町内に保管されている券文を根拠に嶋田氏所有でないと主張し、意見が対立してしまいました。結果的には、今回の建物には影響がないこと、訴訟となると双方に負担が生じることから、お互いに矛を収めたようです。

号所の特性を考える上では、境界の確定に井上町の券文が十分な根拠にならない点は重要です。嶋田氏も興福寺側の何らかの根拠に基づいて主張している可能性があり、町共同体の論理だけでは解決できないのです。

また、この号所独自の性格を考える上では、境界確認の際に嶋田氏が「追々は居宅も建てるつもり」と発言したことが注目されます。つまり、文化6年以前には、この号所に居住実態がなかった可能性を指摘しなければなりません。

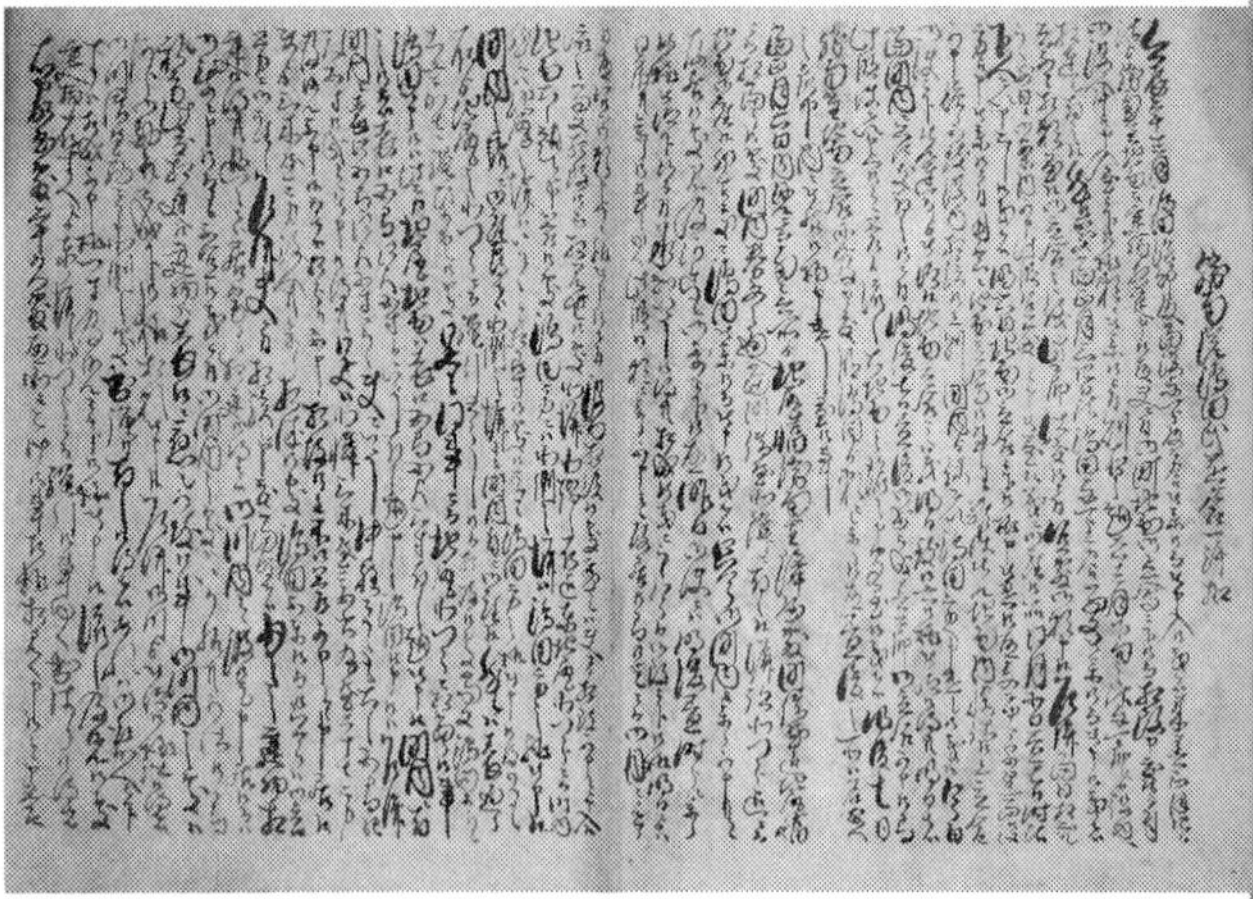

『井上町中年代記』（井上町所蔵）文化6年正月条
「勝南院嶋田氏懸ヶ合一件扣」冒頭

その後、文化13年（1816）に、嶋田氏の所有地は号所ではあるが、棟役のみを負担する、との記事が出てきます。この負担が江戸時代初期から存在したと考えることも可能ですが、上述の経緯を踏まえると、嶋田氏の居宅が建ったためと考えるのが穏当でしょう。

このように、井上町内において勝南院が所有した号所は、町共同体の論理に包摂されない特殊な存在でした。しかし一方で、町内に居住する以上、一部の諸役を負担するなど、町共同体と良好な関係を結びながら共生しなければならない存在でもありました。

町人の職業と奈良晒《ならざらし》

最後に井上町の職業について触れておきましょう。文政2年に41軒（空き家を含む）の職業が調査され、その記録が残っています。井上町では、菓物関係・晒小売・塩魚商売が各3軒で最も多い職業でした。また特徴的な点として、奈良町の特産である墨・筆に携わる職人・商人が4軒確認できます。とは言え、これらが突出しているわけではなく、多様な商人・職人が居住していました。

一方で、妻子の手稼ぎに目を移してみると、11軒も綛績《かせうみ》を手稼ぎとしており、他の手稼ぎを圧倒しています。綛（紵）は、奈良晒の原料である青苧《あおそ》から糸をとり、その糸を繋げたのち、撚りをかけながら巻き取って束ねたものを言います。

江戸時代における奈良町最大の産業と言えば、何と言っても奈良晒です。延宝～宝永期に奈良奉行所与力であった玉井定時が記した『楊麻刀名勝志』（『庁中漫録』9）に、貞享3年（1686）の記録として、奈良町は9割が「布一色にて渡世」をしており、他の商売の者でも妻子は布稼ぎをしている、との文言が登場します。

実際には、寛文10年（1670）に奈良晒関係を生業としていた軒数は3割程度ですので、奈良町の9割というのは誇張しすぎです。それでも3割という数字は他の産業を圧倒する規模であり、そこに妻子の稼ぎも含めて考えると、前述の文言は奈良町の人々の実感に近いものがあったのではないでしょうか。

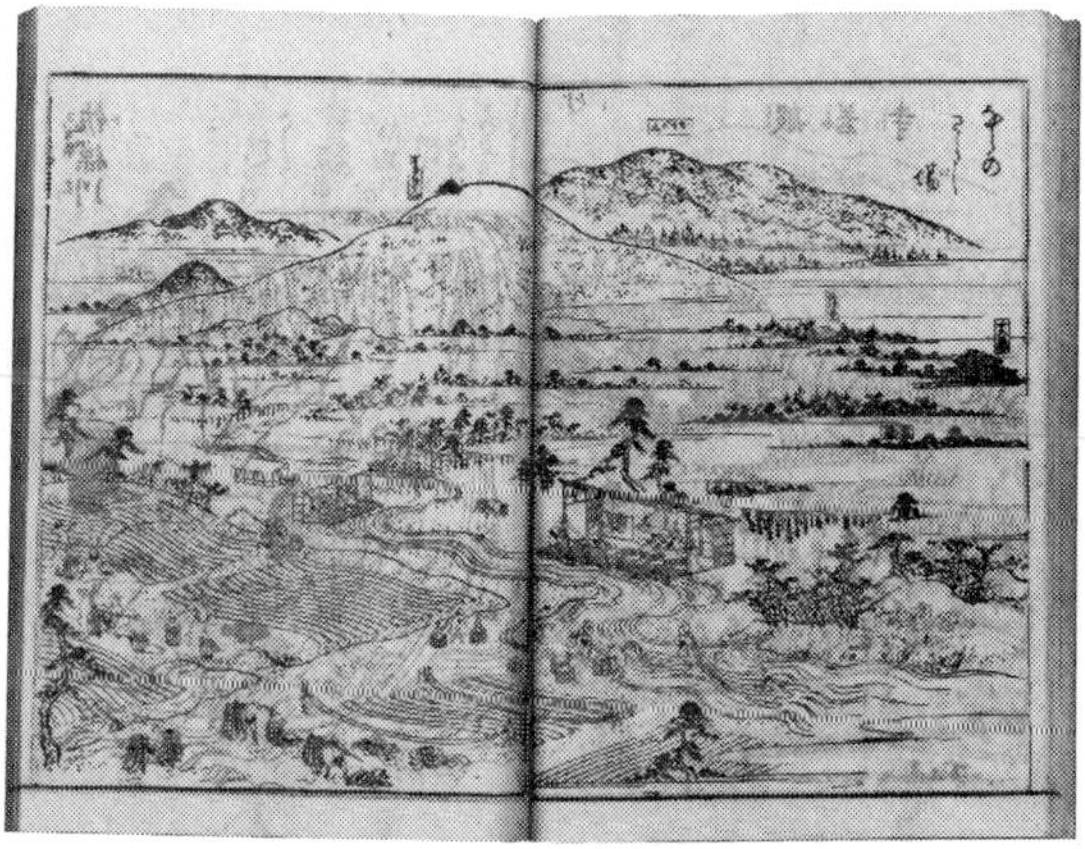

江戸時代に奈良町の最大の産業だった晒
『大和名所図会』（念仏寺所蔵）

奈良晒は享保期（1716～1736）を境に衰退していきます。また江戸時代後期になると妻子の稼ぎとして盛んに行われた紵生産も、大和国全体では木綿稼ぎに押されて生産高を減少させています。しかし、井上町では、文政2年時においても、奈良晒の小売業者が3軒あり、妻子の稼ぎとしては綛績が大きな比重を占めていました。奈良晒が江戸時代後期になっても、井上町ひいては奈良町の人々にとって欠かせない存在であったことがよく分かります。

（澤井廣次）

【コラム】井上町会所

その後の『井上町町中年代記』

平成12年（2000）に改築された町会所には、戦後を中心にこの町の記録・史料が数多く遺されています。奈良市史料保存館には、昭和40年（1965）から同59年（1984）まで記述された第7冊が保管され、町の記録作成は今日も続いています。

公益社団法人奈良まちづくりセンター（NMC）は平成29年度（2017）に「奈良町モノ語り調査」を実施し、筆者（神野）も参加して、手貝町と井上町の会所の収蔵物を調査しました。井上町会所にあった文書類は戦後のものが多かったのですが、自治会と住民の親睦団体「なつめ会」の「会議記録帳」や「会則」に注目しました。会所には、十一面観音立像2体が祀られ、女性のみが参加する「観音講」の法要が毎月営まれ、また、秋には、西隣の井上神社で神社祭（9月14・15日）があるなど、「町」と神仏との深い関係が今日でもうかがえます。

女性だけの「観音講」
（平成23年9月、勝野一さん撮影）

「循環道路」開通（昭和11年）前の井上町会所（高田十郎『奈良井上町年代記抄』より）

自治会総会で「年代記の補記」を発議

「モノ語り調査」では、自治会の「会議記録帳」として昭和34年（1959）起と同39年（1964）起の2冊を確認しました。34年起には、『井上町町中年代記』の続編を編集する方針が決定されました。同年1月25日の定時新年総会で、吉川タツノ会長が「年代記の補記」を発議し、同年2月5日の会合の記録には「年代記々載は昭和13年（1938）2月16日まで、その後満21年間滞りおる事とて完全なる記載は出来兼ねると思ふが、全役員集会することは困難につき、正副会長ら4人に一任することが決定」とあります。その後、「年代記作製の為の受任者」の会合も開かれたことも記載されています。町記録の作成の参考にしたのでしょうか、『奈良井上町年代記抄』を編纂した民俗学者高田十郎（1881〜195

2）の顔写真（昭和11年〔1936〕4月撮影）も見つかりました。

「なつめ会」は昭和22年（1947）6月に発足。名前は、町会所の敷地にあるナツメの木にちなんだもので、ナツメの実は神社祭で神前に供えられます。なぜか、同会の会議記録帳の後半には、同16年（1941）から翌17年（1942）の町の「常会」の会議録が36頁にわたって綴じられていました。その内容は例えば、同16年3月8日、「下意上達の意味において」炭の価格や家庭用針の配給に関し住民から意見があるので「其の筋」に申し出るなどです。

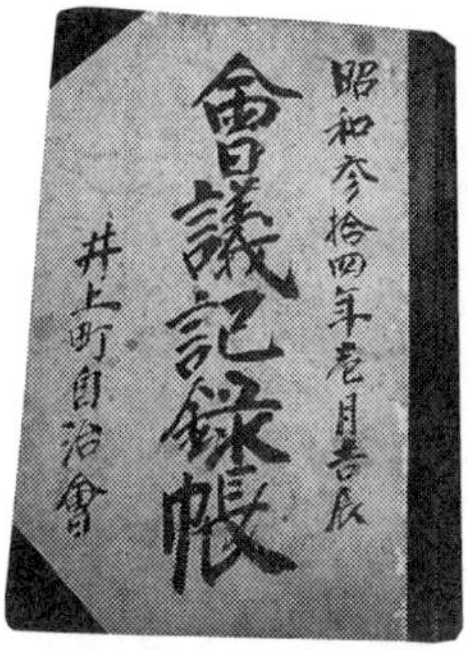

井上町自治会「会議記録帳」（昭和34年起）表紙

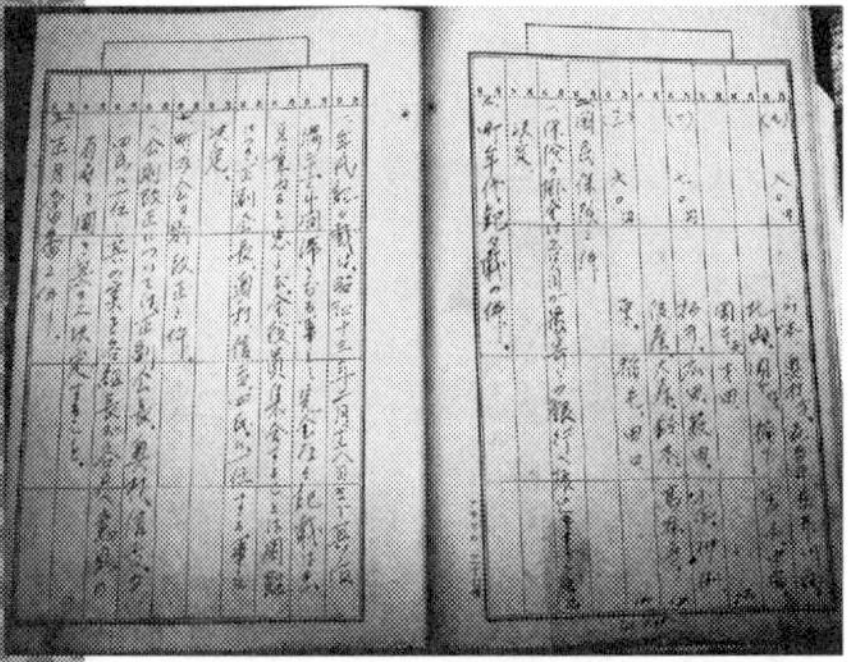
井上町自治会「会議記録帳」（昭和34年1月）の記述。『井上町町中年代記』の補記を決定した記録

戦後もあった「慶事の際に自治会に寄付」

自治会の会則は、昭和35年（1960）と同39年（1964）ごろ（正確な年月日不明）の2つがありました。自治会の収入源について、同35年の会則には、結婚、出産、転入、町内の不動産取得の場合、自治会が「相当の寄付金を受けることを得る」（第12条）とあり、同39年ごろの会則にも、町の収入として「町内への転入の時家賃の10％」「町内の土地購入や建物を建て転入する時はその価格の1％」とあります。奈良奉行所の与力玉井定時らが作成した延宝8年（1680）の『庁中漫録』にある「町中自分之定」には、奈良町各町には、慶事の際には祝儀を町に出す、家を売買すると価格の10分の1を町に納める「式法」がある、と記述されており、江戸時代の伝統が戦後まで受け継がれていたようです。

（神野武美）

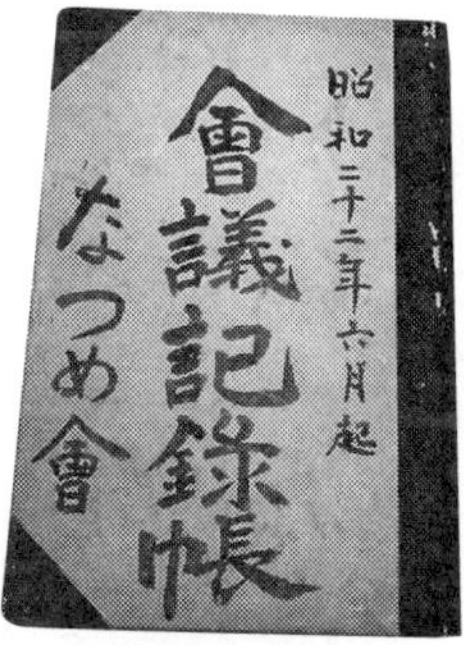

なつめ会昭和22年起の「会議記録帳」表紙

〈2-7〉

『十三ヶ寺』と肘塚村

都市奈良を支える最も身近な農村

江戸時代の肘塚では、上街道に沿った肘塚町、椚《くぬぎ》町、竹花《たけはな》町は奈良町の町方に属しましたが、後背に広がる田畠は肘塚村として区別されました。上街道沿いの街並みのすぐ裏手には田畠やため池が広がり、町家と農地が隣り合わせになっていました。まさに都市奈良を支える、最も身近な農村の1つだったのです。

肘塚村は石高にして230石余です。京終村が1147石余、紀寺村が1188石余、木辻村でも382石余であったのに比べると、あまり大きい村ではありません。しかし、

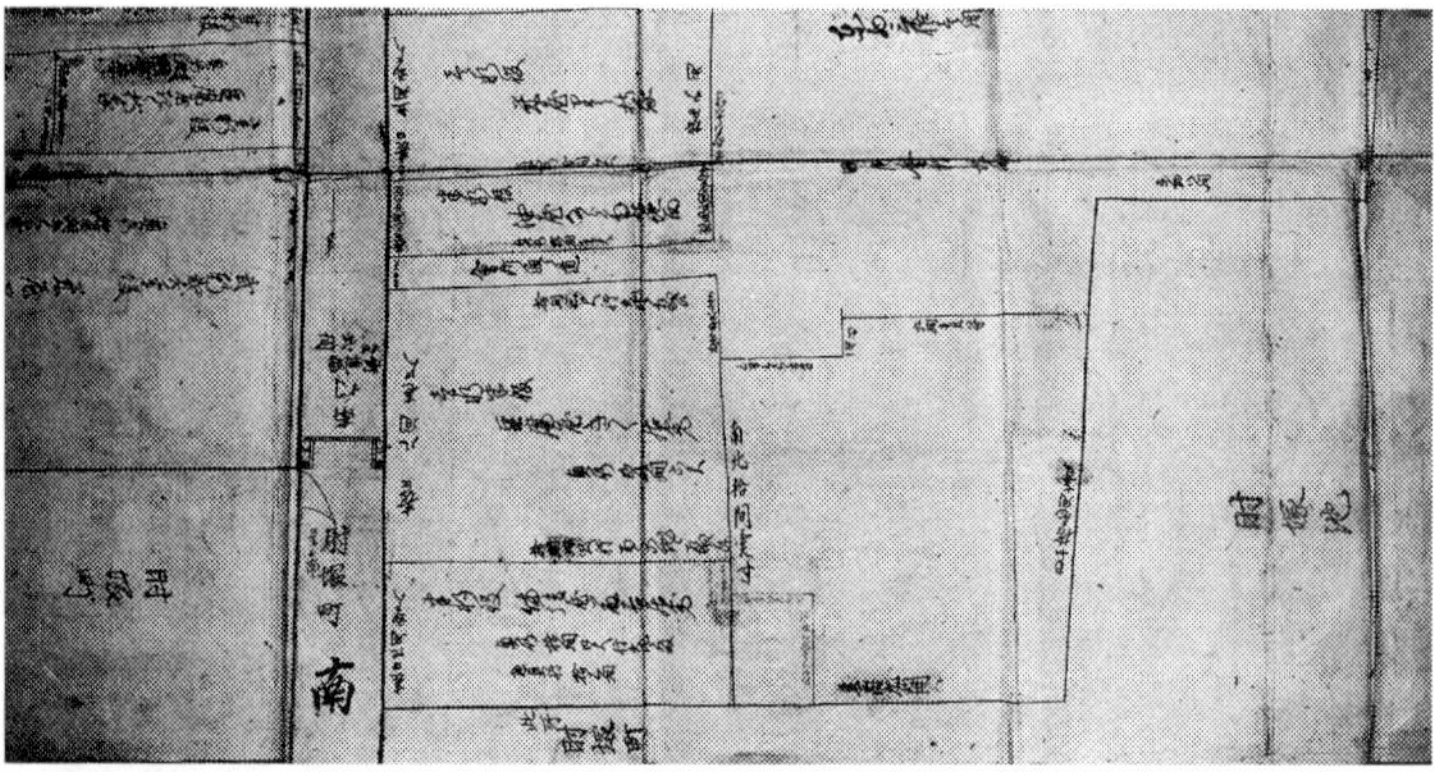

中辻町・肘塚町の後背にある「肘塚池」（もみや池）
（「中辻町惣絵図」〔奈良市史料保存館所蔵〕より）

その立地も関わって独特の役割を果たしてきました。

「十三ヶ寺」とは？

江戸時代の肘塚村には、「十三ヶ寺」の寺領が設定されました。「十三ヶ寺」とは、東大寺真言院、福智院、伝香寺、元興寺、新薬師寺、正覚寺、十輪院、璉城寺、白毫寺、安養寺、元興寺極楽院、不空院、円證寺（現在は生駒市に移転）のことで、いずれも奈良およびその近郊にあった朱印寺院（徳川将軍の朱印状によって寺領が認められた寺院）です。

大和の寺院に対しては、慶長7年（1602）8月5日または6日付の徳川家康判物・朱印状で寺領が充て行われました。

実際にこれらの判物・朱印状が出されたのは、家康が慶長8年（16

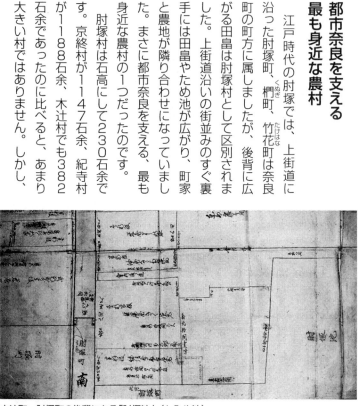

03）に征夷大将軍となり、豊臣氏の影響下にあった畿内近国に対しても権限を強めていた翌9年（1604）のことで、年月日を遡るかたちで出されたようです（林2012）。

「十三ヶ寺」の各寺院に肘塚村を含む寺領が認められたのもこのときです。多くの寺院では豊臣秀長の時代に寺領を没収されてから荒廃しており、徳川氏の時代になって寺領を得ることは、寺院を復興させ、江戸時代における寺院の新しいあり方を確立していくうえで不可欠のことでした。肘塚村は諸寺の重要な経済基盤となったのです。

後で詳しく見るように、「十三ヶ寺」は年預を定めて肘塚村の寺領を、年預（各寺院が1年交代で務めた責任者）のもとで管理し、年貢収取などを共同で行っていました。また、

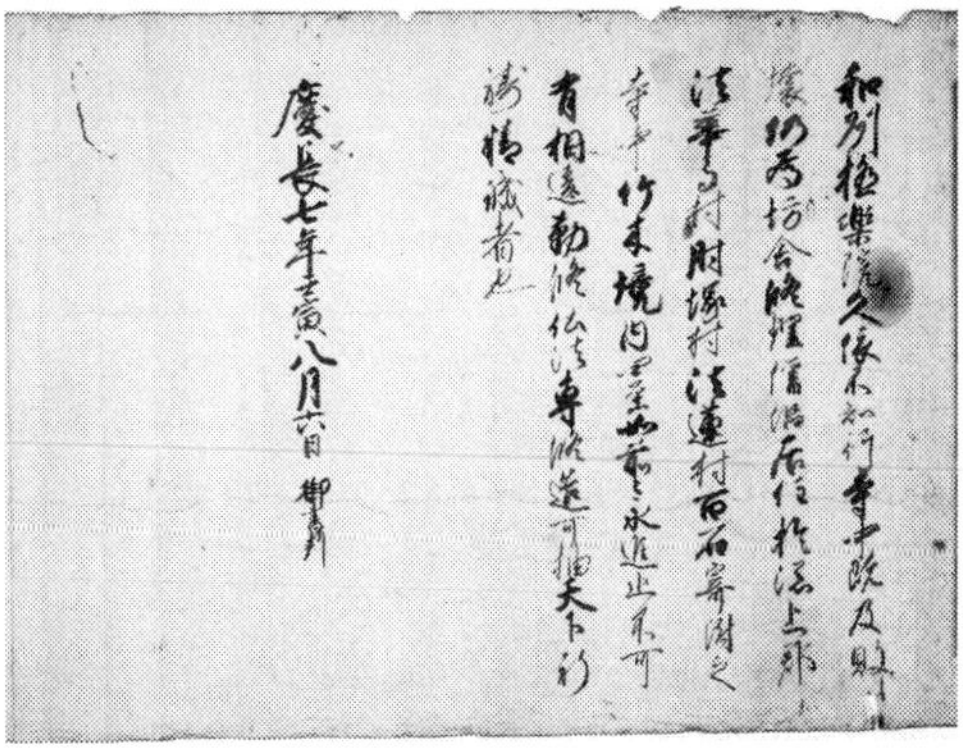
徳川家康判物写（真言律宗元興寺所蔵）

奈良奉行溝口信勝《みぞぐちのぶかつ》（在任1670～1681）の頃、奈良奉行所の触れの伝達システムが定められると、この「十三ヶ寺」は触伝達の単位にもなりました（大宮2009）。寺院領主のまとまりである「十三ヶ寺」は様々な機能を有していたのです。

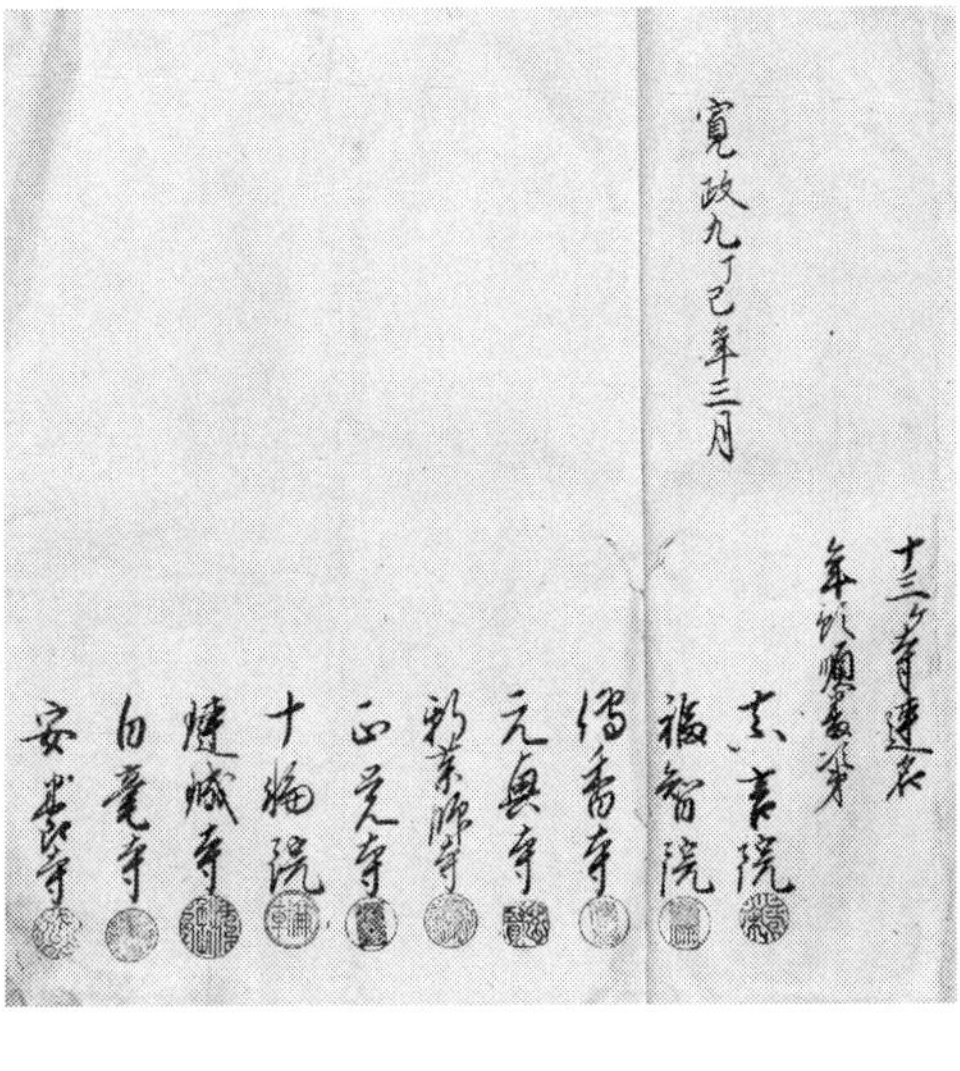
「拾三箇寺年預制約帳」より署判部分（一部）（十輪院所蔵）

江戸幕府の寺院統制と肘塚村

肘塚村に設定された「十三ヶ寺」の寺領の様子を詳しく見てみましょう。

元興寺極楽院は、100石の朱印

地が認められていましたが、そのうちの32石余が肘塚村、65石余が法華寺村、2石余が法蓮村に設定されました。また璉城寺は20石の朱印地のうち6石余りが肘塚村、13石余が法華寺村に設定されています。他の8ヶ寺も、寺領は肘塚村と法華寺村に分けて設定されました。法華寺村には「十三ヶ寺」以外の寺領もあり、領主が錯綜しています。

　それにしても、1つの寺院の領地を、肘塚村か法華寺村の片方のみに集めてしまったほうが効率的に思えます。それぞれの寺領をあえて複数の村に分けていたのはなぜでしょうか。

　それは、「宗教王国」（永島1963）とも表現される状況だった中世の奈良のあり方が念頭にあったのかもしれません。江戸幕府は、地域社会の諸勢力と結びついて武士を圧倒する一大社会勢力となっていた中世の寺院のあり方を警戒して、特定の寺院と村が密着する状況を避けたかったものと考えられます。

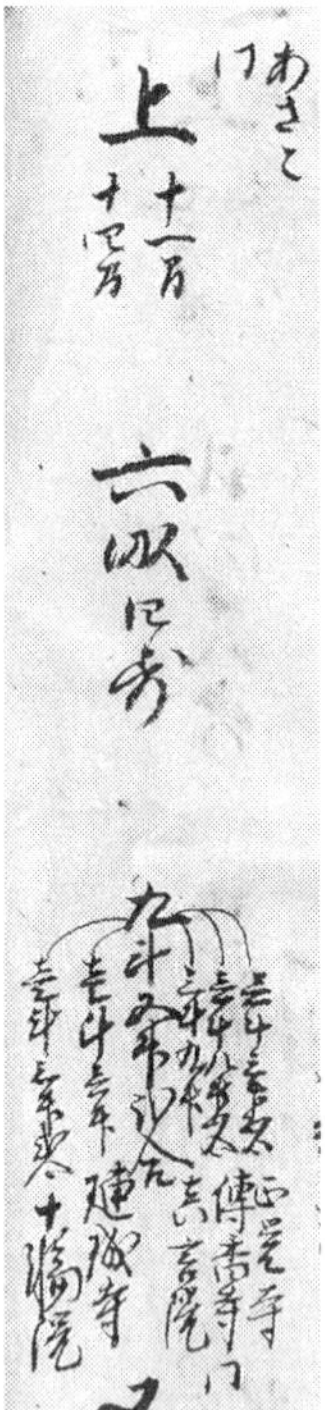
大和国添上郡内甲斐塚村御検地帳之写（十輪院所蔵）より

　肘塚村内の各寺領は、各寺院に認められていた朱印地の合計石高に対応して、元興寺極楽院・東大寺真言院・新薬師寺・伝香寺がそれぞれ約32石、十輪院・円證寺・白毫寺・元興寺はそれぞれ約16石、福智院と安養寺は9石余、璉城寺、正覚寺、不空院は6石余と、あくまでも機械的に設定されていました。

　さらに、村内の田畠は、空間的に各寺院に分割するのではなく、一筆の田畠からの年貢を細かく各寺に分配していました。例えば肘塚村内の字「あさこ」にあった6畝4歩の田から上がる9斗5升2合は、正覚寺が1斗3升5合、伝香寺が1斗8升5合、真言院が3斗9升、璉城寺が1斗1升、十輪院が2斗3升2合と細かく配分されました（右写真、「大和国添上郡内甲斐塚村御検地帳之写」）。これも、特定の寺院と農民との密着を防ぐためにわざと煩雑にしていたのでしょう。江戸時代の肘塚村と「十三ヶ寺」のシステマティックな関係からは江戸幕府による周到な寺院統制策、そして中世までとは異なる寺院と地域の関係が象徴的にうかがえます。

元興寺の火災と肘塚村

安政6年（1859）2月、「十三ヶ寺」の1つ元興寺で火災が発生し、江戸時代に奈良の代表的な観光名所としても知られた五重大塔などが炎上しました。このとき、高らかと燃え上がる五重大塔に気づいた近隣の住民や僧侶らが駆け付けて仏像や宝物を救出していますが、そのなかに肘塚村の嘉吉と善右衛門もいました。嘉吉は本堂に入って仏像を1、2体救出して、芝突抜町へ運び出したと言います。善右衛門は五重大塔が燃え上がるのを目の当たりにし、元興寺の本寺だった東大寺に火事の一報を知らせに走りました。東大寺に着いたときには茶碗で3～4杯も水を飲みほしたと言います（『安政六年元興寺焼亡記録』華厳宗元興寺文書）。

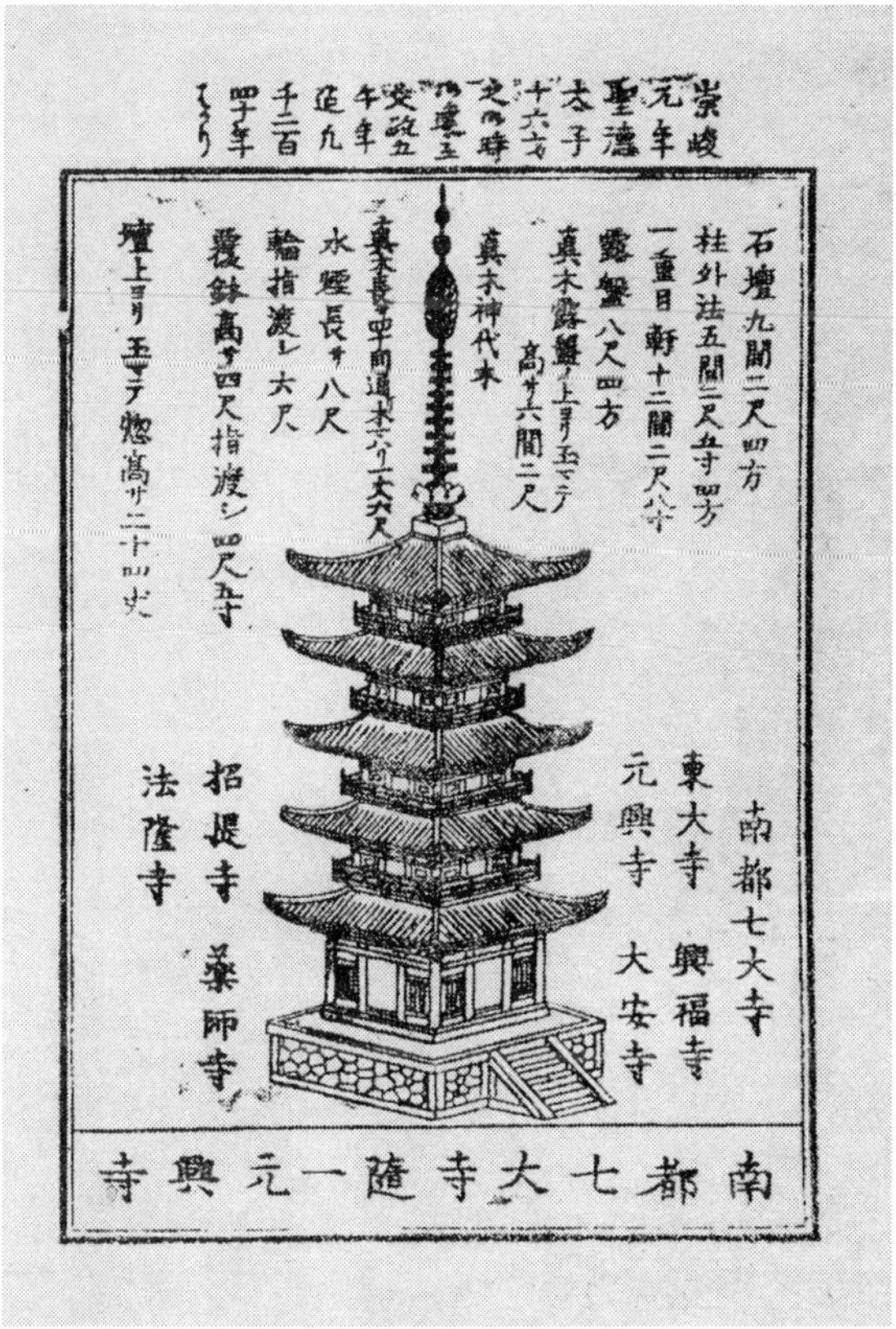

五重大塔図（華厳宗元興寺所蔵）

火事の後始末では、同じ元興寺領だった法華寺村とともに、肘塚村からはしばらくは毎日のように手伝いの人足が出されました。窮地に陥った都市領主は身近な農村によって支えられ続けていたのでした。

（服部光真）

〈2-8〉

「奈良廻り八ヶ村」京終村と興福寺領紀寺村

江戸時代の京終と紀寺は、肘塚と同様に奈良町の南方にあって、都市と農村の境界に位置し、都市と農村の2つの面がありました。しかし、その支配体制は「十三ヶ寺」領であった肘塚とは異なるものがありました。

京終村

江戸時代の京終村は幕府領になり奈良奉行の支配を受けました。奈良町周辺の幕府領の村々を「奈良廻《まわ》り八ヶ村」といいます。江戸時代の京終村そのものは奈良町の南方に広がる田畑からなっており、耕作者の住む百姓屋敷は京終町、京終地方西側《じかたにしがわ》町《ちょう》、京終地方東側町として、奈良町に含まれていました。こうした分け方は京終だけでなく油坂《あぶらさか》や芝辻《しばつじ》など他の奈良町周辺部でも行われています。

京終村では農業用水を溜池や能登川から得ていましたが、不足することもありました。そうした場合、氏神の御霊神社《ごりょうじんじゃ》（薬師堂町）に雨乞いをしていました（『奈良奉行所町代日記』寛文10年8月5日条など）。しかし、

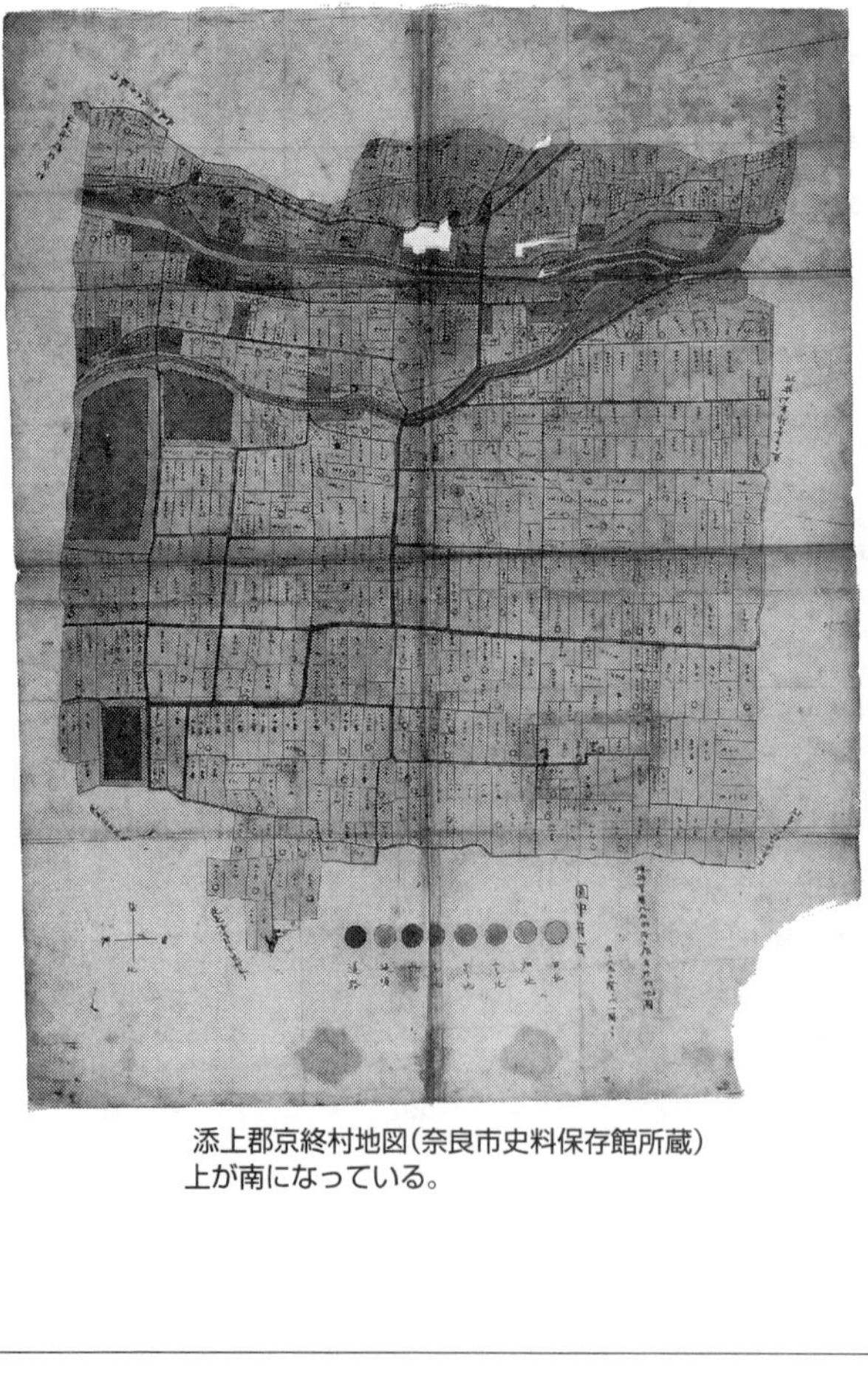

添上郡京終村地図（奈良市史料保存館所蔵）
上が南になっている。

水をめぐって近くの村と争いになることもありました。

慶長18年(1613)~19年ごろ、京終村と高畑村の間で水争いが起きました。高畑村は訴状で、京終村の百姓が高畑村の百姓を殺したことへの報復と、京終村が慣行を無視して水を引くことの差し止めを求めています(『本光国師日記』慶長19年6月12日条)。この水争いに関わり、北野天神に祈ったところ京終村の主張が認められたために天神を祀ったのが京終天神社(現飛鳥神社)の始まりとの伝承が『奈良坊目拙解《ならぼうもくせっかい》』に記されています。この水争いが京終村にとって重大な出来事として伝えられたのでしょう。『奈良曝《ならざらし》』にも同様の伝承が記されていますが、こちらでは鹿《ろく》野園《やおん》村との水争いに勝つため富士権現を勧請したとされています(4−2)。

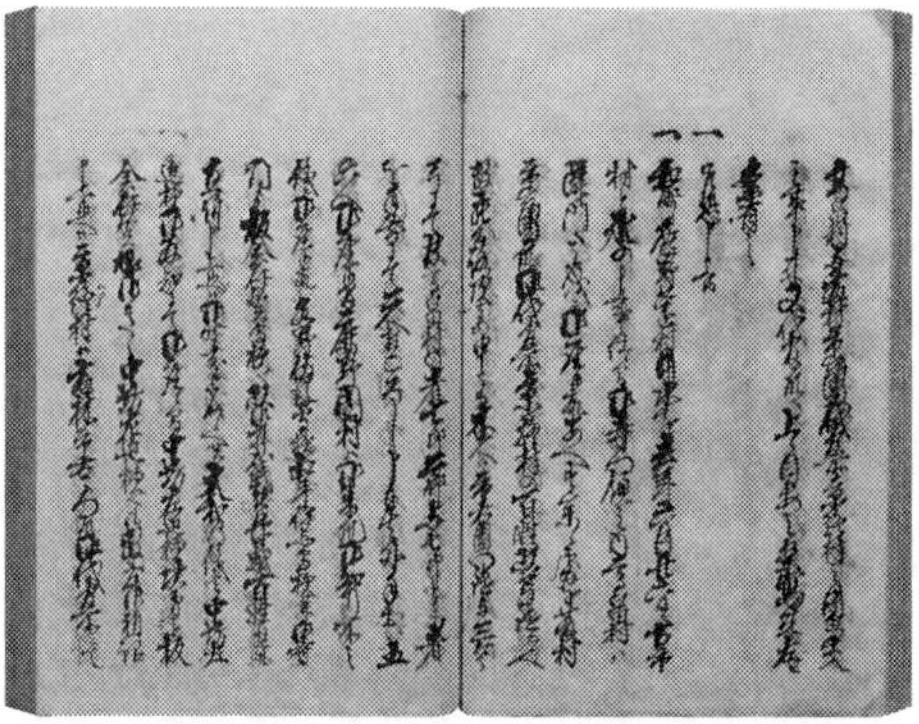
高畑村の訴状(『本光国師日記』慶長19年6月12日条、国立公文書館所蔵写本)

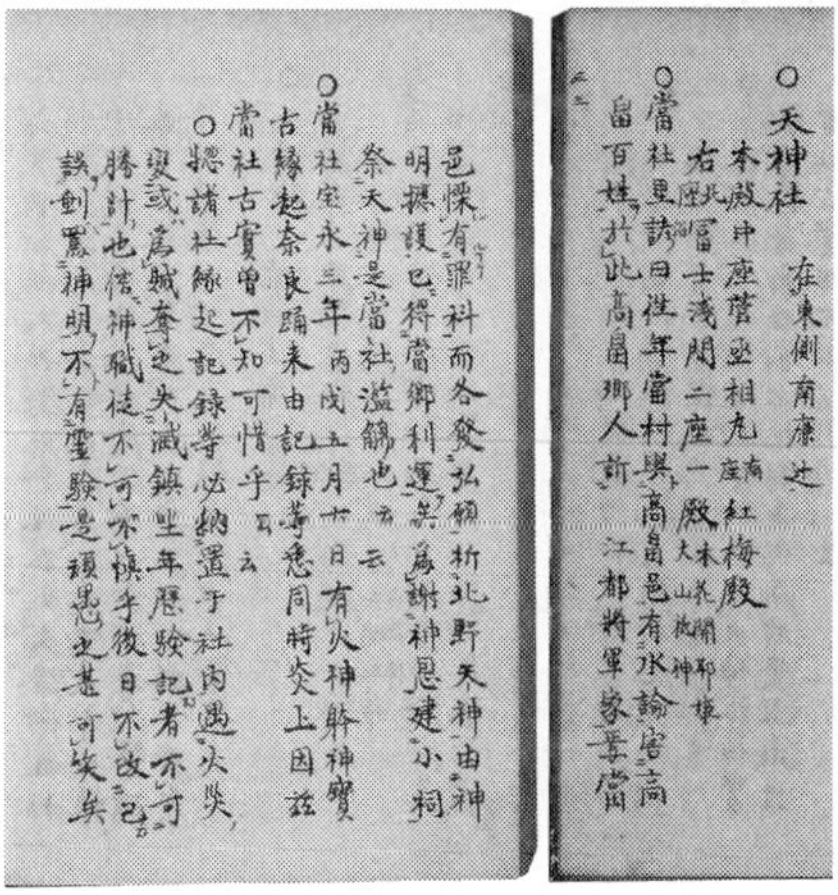
『奈良坊目拙解』第1(奈良県立図書情報館所蔵)より天神社

紀寺村

江戸時代の紀寺もまた都市・農村の両面を持ち合わせながら、その歴史的展開は、肘塚とも京終とも異なる特徴を持っていました。

文禄4年(1595)、豊臣秀吉は興福寺に1万5000石余の領地を寄進しました(『春日大社文書』923号)。その中に「木寺村《きでらむら》」1188石7斗3升が含まれています。以後、江戸時代を通じて紀寺村は興福寺領としてその支配を受けました。一方で百姓屋敷のある紀寺町は奈良町に属して幕府領になっていました。

ところが、紀寺村の中には草小路《くさこうじ》町《ちょう》、中通町《なかどおりちょう》、田中町《たなかちょう》、七軒町《しちけんちょう》などの町がありました（『奈良坊目拙解』第6・第7、『一乗院門跡入道真敬親王日記』貞享元年11月22日条）。

これらの町は紀寺村組などと呼ばれ、奈良町と町続きでありながら編入されることなく、興福寺領のまま明治に至ります。興福寺ではこれらの町々の家に家地子《やじし》いう宅地税を課していました。

さて、これらの町々はどうして興福寺領になったのでしょうか。これらの町について、『奈良坊目拙解』には、もともと田地だったところに民家が建ち、町が出来たとあります。

一例として田中町の場合、江戸時代初めの慶長・元和年間（1596~1624）には人家がなく田地が広がっていましたが、寛永年間（1624~1644）に民家が建ち、田地の中に出来たことから田中町の名になりました。興福寺領の紀寺村の田地に町が出来たので興福寺領のまま残されていたのです。

江戸時代初めごろの紀寺では、町場に隣接する田地に人家が建てられる光景があちこちで見られたことでしょう。こうした動きは紀寺に限ったことでなく、木辻や三条、油坂など奈良町周辺部では江戸時代のはじめに町場の拡大が起きています。奈良町全体の拡大の動きの中に紀寺もあったのです。

（酒井雅規）

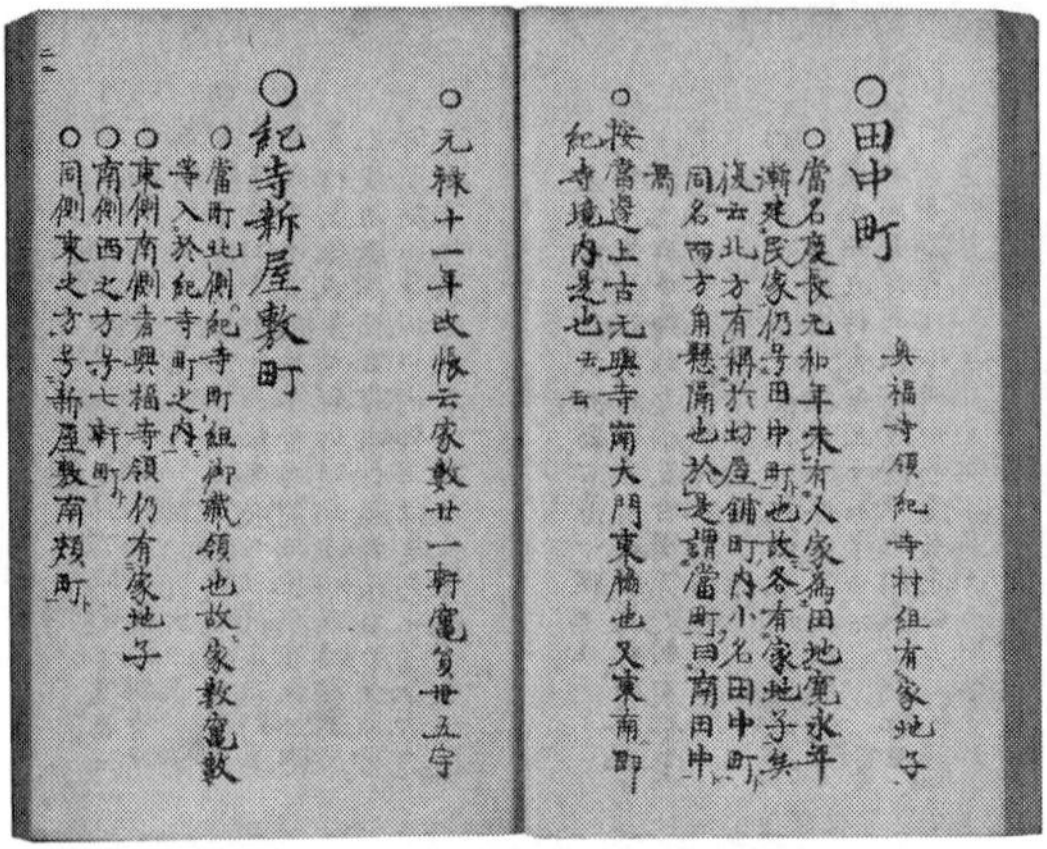
○田中町　興福寺領紀寺村組有家地子
○當名慶長元和年未有人家爲田地寛永年
漸建民家仍号田中町也故各有家地子矣
後出北方有構於坊屋鋪町内小名田中町
同名而才角懸隔也於是謂當町曰南田中
焉
○按當邊上古元興寺南大門東脇也又東南即
紀寺境内是也云云
○元禄十一年改帳云家數廿一軒竈數廿五字
○紀寺新屋敷町
○當町北側紀寺町組御織領也故家數竈數
寺入於紀寺町之内
○東側南側者興福寺領仍有家地子
○南側西之方号七軒町
○同側東之方号新屋敷南類町

『奈良坊目拙解』第6（奈良県立図書情報館所蔵）より田中町

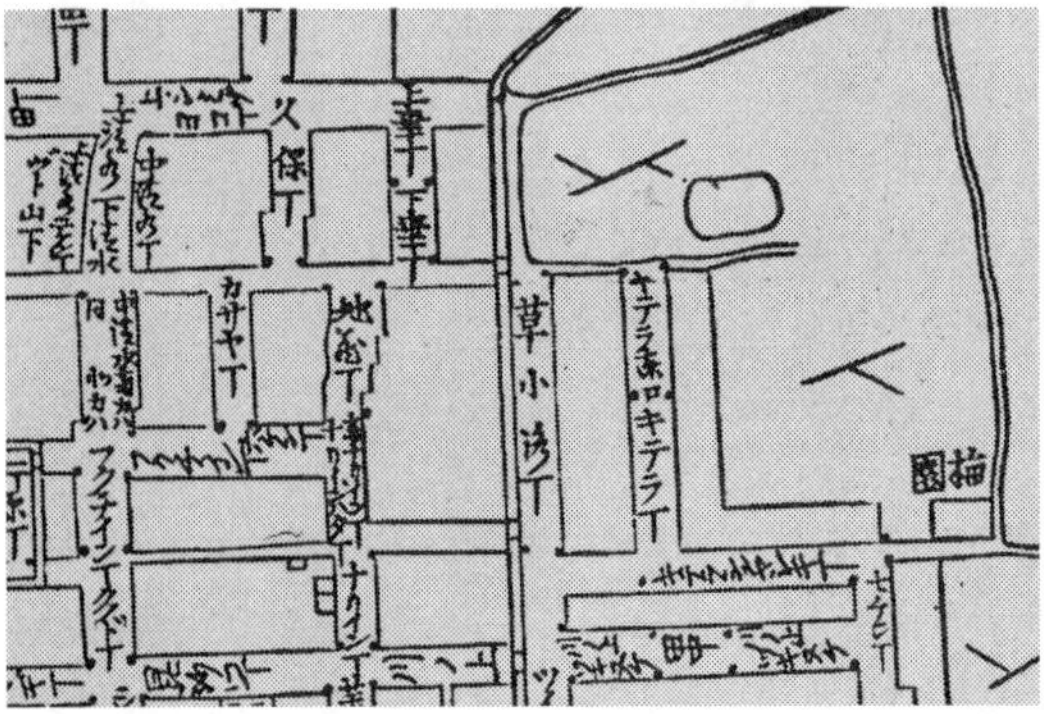

明治初年の紀寺付近
（「大和国奈良細見図」〔奈良県立図書情報館所蔵〕より）

第3章 少し昔の暮らしと産業（近代）

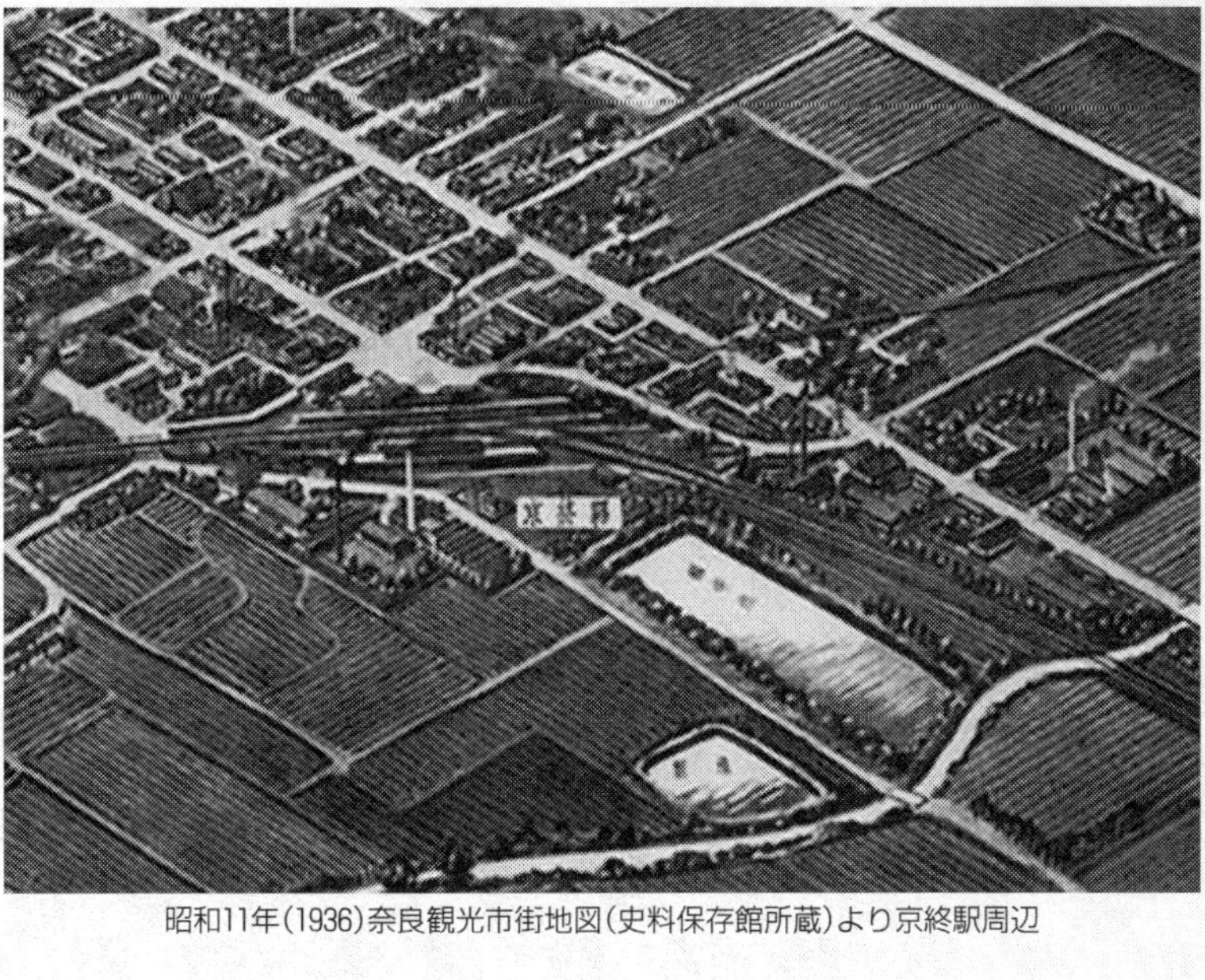

昭和11年（1936）奈良観光市街地図（史料保存館所蔵）より京終駅周辺

〈3-1〉

奈良の『勝手口』だった京終駅

JR桜井（万葉まほろば）線の沿革

明治23年（1890）12月、大阪鉄道が王寺～奈良間を開業し、奈良に初めて汽車が走りました。一方、奈良鉄道は、京都～奈良間を順次開業し、同29年（1896）4月18日には木津～奈良間が開通して京都～奈良間が全通し、同31年（1898）5月11日には桜井～京終間を開業させ、翌32年（1899）2月11日には奈良～京終間が仮連絡線による営業を始め、同年10月14日には奈良～京終間も正式に開業しました。

これで奈良と桜井が結ばれ、明治26年（1893）開業の大阪鉄道の高田～桜井間とつながり、京都から奈良、桜井、高田、王寺を経て大阪に直結されました。県南部では、南和鉄道（現和歌山線）が同29年（1896）に高田～五条間で開業し、同31年（1898）に紀和鉄道により和歌山県の橋本とつながり、京終駅の開業により奈良県内の現JR線はほぼ完成しました。

奈良鉄道は関西鉄道に譲渡され、さらに鉄道国有化法（明治38年公布）により明治40年（1907）10月1日に国鉄になりました。昭和5年（1930）10月の時刻表によれば、当時京終駅には上下合わせて28本が停車しました。しかし、同59年（1984）10月、桜井線に列車集中制御装置（CTC）が導入されたのに伴い無人駅となり、同62年（1987）4月1日には、国鉄分割民営化によりJR西日本の駅として貨物の取扱いも中止になりました。

120年前の竣工当時からモダンな洋風木造駅舎

京終駅舎は、木造瓦葺き平屋建ての寄棟造屋根の建物です。明治31年（1898）4月に竣工しました。建築上の京終駅舎の特色は天井裏の小屋組です。明治期に取り入れられた西洋の建築技術の洋小屋は、小さな部材でも大きなスパンを持たせることができ、組立て作業も割合単純化しやすいので、当時の木造駅舎に多く採用されました。京終駅舎と類似している図面が、所轄官庁の逓信《ていしん》省《しょう》発行の『鉄道工事設計参考図面停車場之部』という標準設計資料の四等及び五等停車場の図面にあります。

京終駅舎は、屋根瓦が葺き替えられたり、外壁の板張りも張り替えられたり、たびたび改修されました。待合室と駅務室（現「京終駅舎カフェハテノミドリ」）を隔てる「く」の字形の間仕切り壁は後に付け替えられたようです。「く」の字の形は昭和5年（1930）の鉄道省工務局『小停車場本屋標準図』にも描かれています。地元の古老の証言では、昭和4、5年頃に改修・増築があり、昭和初期に休憩室が増築され、待合室と駅務室を隔てる間仕切り壁の改修がされたようです。駅舎は、平成30年度（2018年度）に改修され、開業当時は無かった脱衣・浴室、休憩室が取り払われました。しかし、「コ」の字に配置された待合室のベンチの柱脚の装飾、窓を上下に開閉する木製の窓枠は、改修工事で復元され、竣工当時の洋風木造駅舎のモダンさを彷彿とさせます。

開業当時の京終駅舎（左）と奈良鉄道株式会社社屋。
（明治36年（1903）刊行の『奈良鉄道案内』〔宇治市歴史資料館所蔵〕の口絵より）

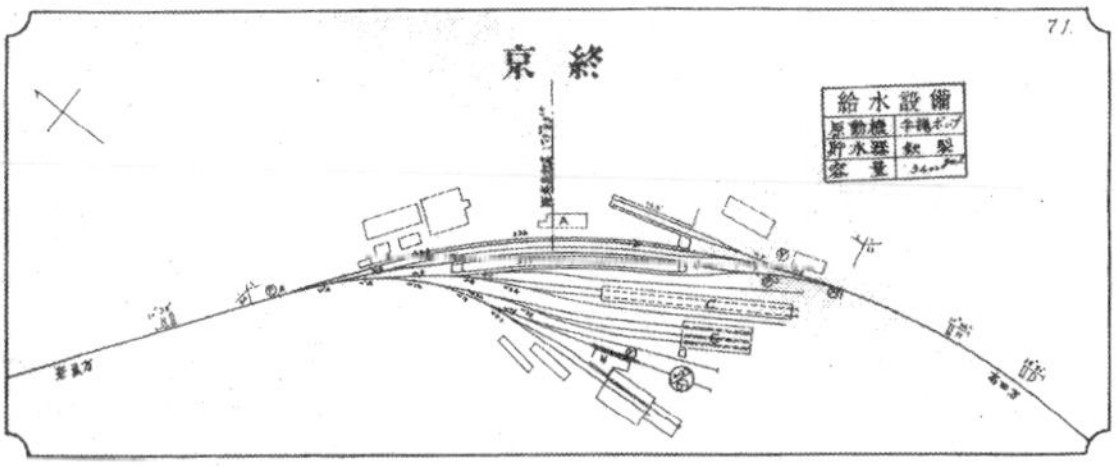

京終停車場の平面図
（西部鉄道管理局運転課製版『明治四三年一月現在　管内各停車場平面図（関西版）』鉄道史資料保存会（復刻）昭和53年より）

山間部と市街地をつなぐ奈良安全索道

京終駅のもう1つの主役は、大正8年（1919）10月開業の「奈良安全索道」です。空中ケーブルで主に貨物を運んだ索道は、奈良県では主に県南部の鉱山などがある山間部と市街地をつないで開設されました。大和高原と奈良市街地を結ぶ奈良安全索道の京終駅はＪＲ現駅舎の東側、現在は住宅が数軒建っている付近にありました。第1期工事は、京終駅から天満駅までの8㎞、第2期（大正10年（1921）12月竣工）は天満駅から針駅まで6.1㎞、第3期（同11年（1922）11月竣工）は針駅から小倉駅までの1.7㎞で計16・8㎞で最終的に6駅になりました。貨物専用で人の乗合は原則禁止で、自転車ほどの速度で重さ約150kgまでの荷物を運べましたが、急病人の搬送などで時々人も乗ったようです。

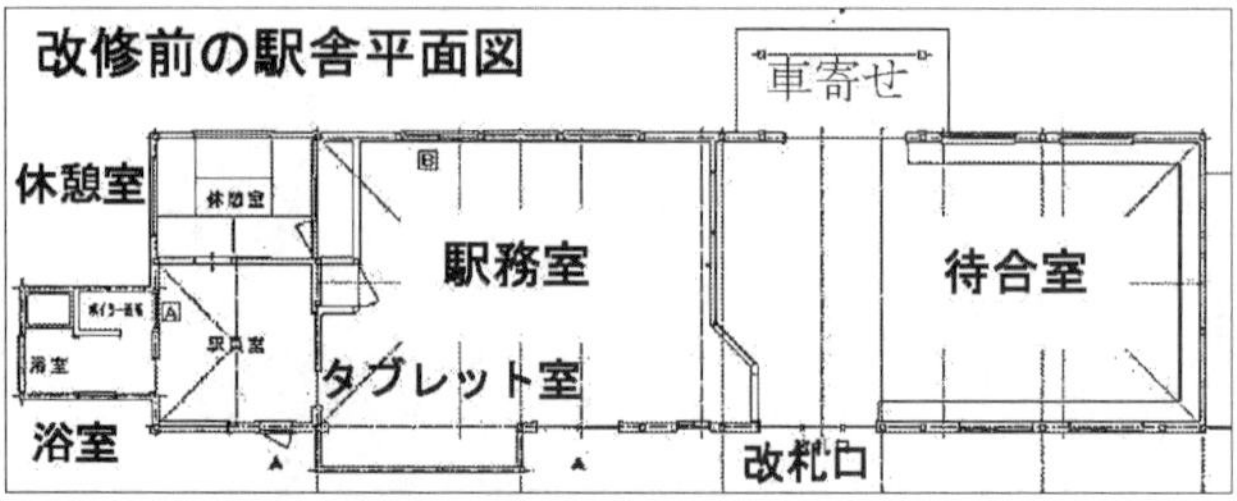

改修前の京終駅舎平面図（菅原他 2013より）

京終駅近くの奈良安全索道＝昭和25年（1950）頃
（写真提供：奈良市史料保存館）

京終駅に運ばれたのは、大和高原の冬季の寒さを利用した天然の凍豆腐、木材、薪炭、米など。逆に大和高原へは、大豆、にがり、石炭、肥料、日用雑貨などでした。凍豆腐生産は、最盛期には百数十戸が製造していましたが、人工冷凍法が開発されて衰退し、自動車も普及したため、索道の取扱荷物量も減少。末期には奈良倉庫運輸と社名を変更し、索道は昭和27年（1952）に廃止されました。

市街地に向かう買い物客でにぎわう

鉄道開業前の京終駅周辺は農村地帯でしたが、開業後は宿屋、うどん屋、お菓子屋、運送店などが店を開き、大正8年（1919）には、駅北西側の南京終町の「中街道」と呼ばれた道沿いに奈良青果市場が開設され、魚市場も併設されました。卸問屋が軒を連ね、早朝から仕入れに来た小売商や料理人らでにぎわいました。材木店も駅周辺に数軒が立地し、沢山の原木や材木が積み上げられていました。京終駅は、奈良駅よりも貨物の扱い量が多く、駅員も約30人いて、駅北側に官舎が7、8棟並んでいました。

県中南部から買い物に来る人は、京終駅で降りて京終の市場で食料品を買い、餅飯殿《もちいどの》商店街などで衣料品を買って帰るという人も多く、京終駅は、物流の拠点であるとともに奈良の「勝手口」でした。しかし、卸売市場機能も昭和52年（1977）5月に大和郡山市に開設された県中央卸売市場に移り、京終地区は活気を失いました。

（神野武美）

【コラム】

コミュニティ駅長の誕生

無人駅になっていたJR京終駅にJR西日本初の「コミュニティ駅長」が誕生しました。初代は肘塚椚町自治会長の丸山清文さんです。

平成31年（2019）2月にあった駅舎復元完成式典でJR西日本と奈良市から委嘱され、制服と制帽が貸与されました。駅に来た人に道案内し、駅の歴史を紹介する任期2年（再任され、令和3年現在2期目）のボランティア駅長です。

丸山さんは元消防士。自治会長だけではなく、「鉄ちゃん」かつ「スーパーボランティア」です。平成30年（2018）2月に奈良県立大学で開催されたシンポジウム「鉄道資源の再活用と新たなまちづくりの可能性」では、かつて桜井線を走った御召列車のヘッドマーク（レプリカ）のコレクションを披露しました。

一方、災害が起きると現地に駆けつけ、同年6月18日に発生した大阪北部地震では「地震でズレたピアノや水屋（大きな食器棚）を動かす」といった活動をされました。

（神野武美）

コミュニティ駅長　丸山清文さん

〈3-2〉

京終駅周辺を駆け抜けた路線バス

奈良市内での乗合バスの運行は、帝国自動車商会が大正13年（1924）に国鉄奈良・柳生間を、同14年（1925）に大阪電気鉄道（今の近畿日本鉄道）が奈良・春日神社間にバスを走らせたのが最初です。

京終駅前には、同15年（1926）2月、磯城郡や高市郡でバス事業を展開してきた共和自動車が天理（丹波市）・京終駅間9.2㎞で運行を開始し、昭和2年（1927）に桜井市の三輪まで伸びました。

奈良交通の前身の奈良自動車は、昭和4年（1929）1月20日に設立（本店・紀寺町）され、路線を伸ばします。京終駅には、中川音次郎の中街道乗合自動車が同6年（1931）3月1日に、京終駅から横田（現大和郡山市）まで6.6㎞の運行を開始しましたが、その年の10月2日、京終・横田・田原本間の路線を奈良自動車に譲渡しています。

青バスと銀バスが奈良市内を駆け巡る

バス路線はそれまで都市間を結ぶ路線が中心でしたが、奈良市街自動車は、後に市長となる石原善三郎が昭和2年（1927）に設立した本格的な市内バスでした。同3年（1928）1月1日から国鉄奈良駅と春日大社二之鳥居前間で運行を開始し、車両をグリーンに塗装したため「青バス」と呼ばれていました。定員は10人で女子車掌が乗務し、全線乗ると15銭。業績も好調で大仏・紀寺間なども運行しました。「青バスの奈良御案内」というリーフレットには「紀寺」バス停は旧練兵場、今の市立奈良病院の北側付近で、予定

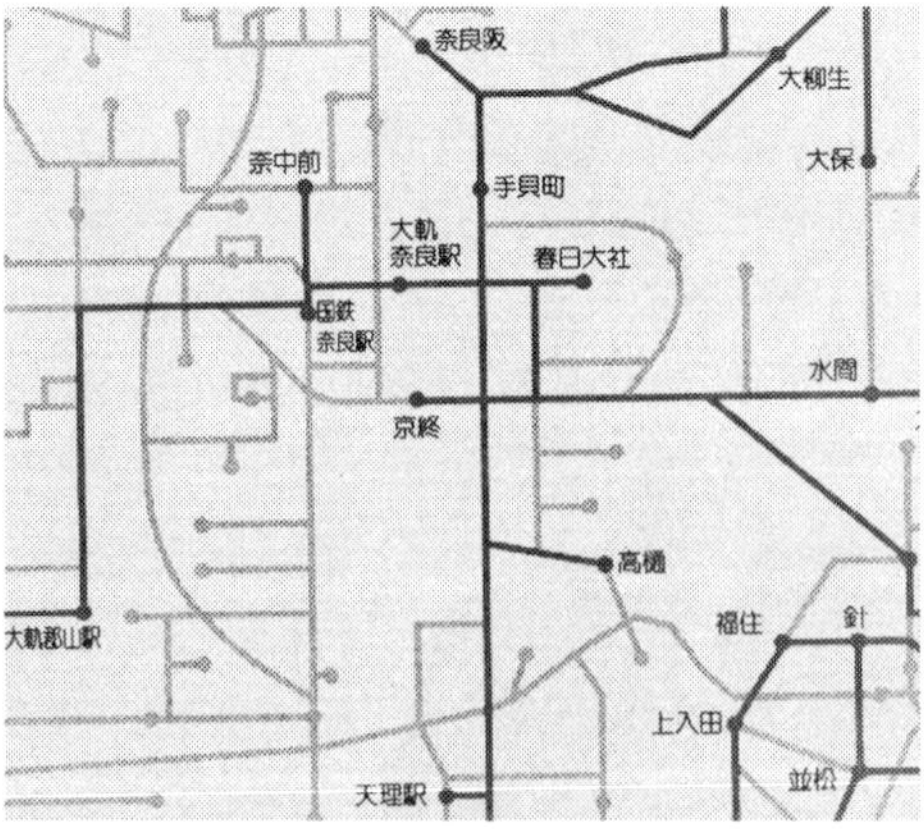

昭和3年頃の奈良自動車路線図
（奈良交通株式会社1994より）

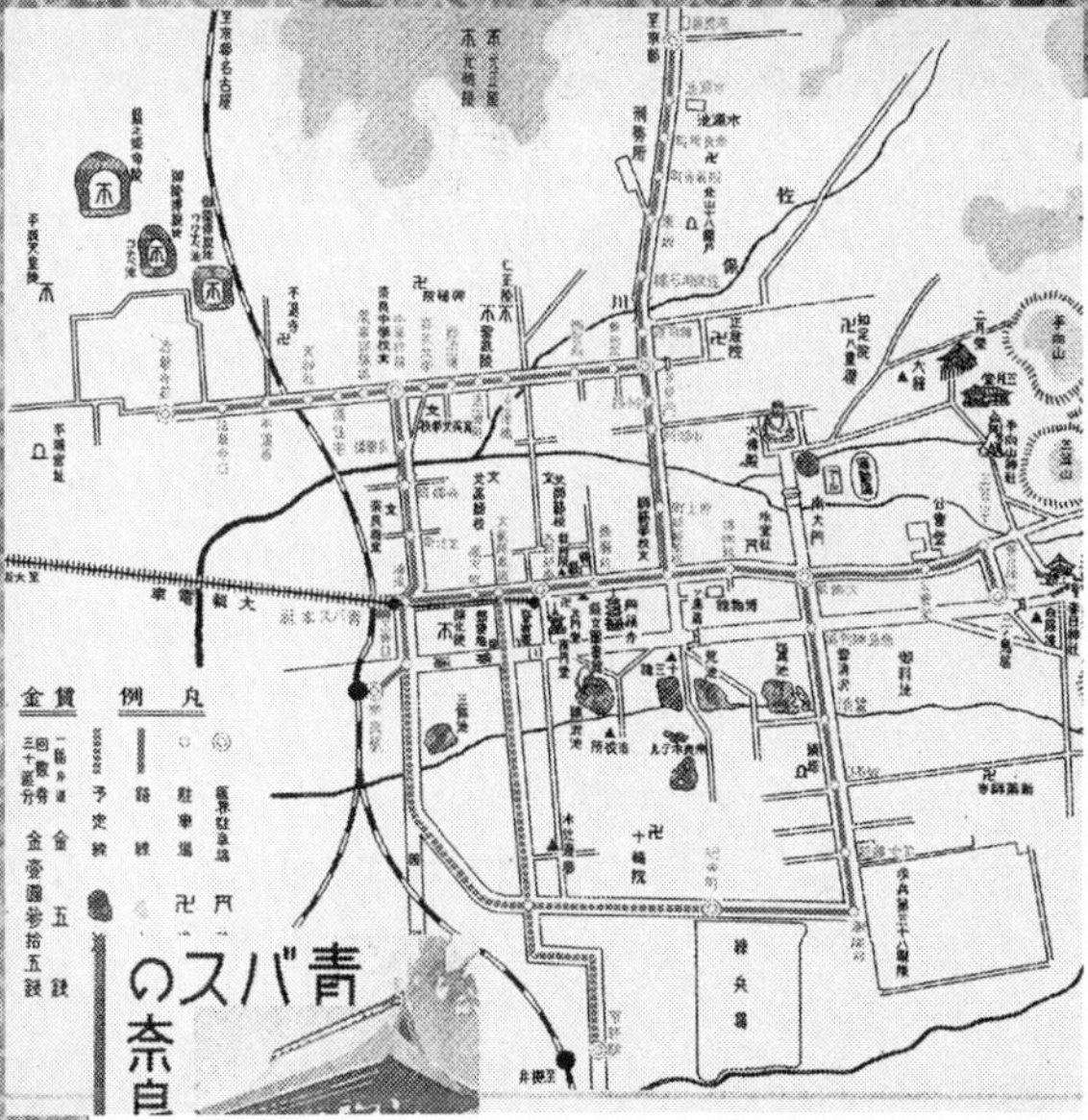

奈良市街自動車（青バス）の路線図
（奈良交通株式会社1994より）

線として、今の「市内循環」や京終駅前までの路線が描かれています。

「銀バス」と呼ばれた奈良自動車は昭和11年（1936）11月に、計11・1㎞の路線のある青バスを買収。さらに同13年（1938）2月、国鉄奈良駅から北京終町まで1.6㎞の運行を始めました。この路線は、「循環道路」の開通と深くかかわります。当時、大仏前から高畑町までの「東大路」は早く整備されていましたが、奈良連隊（現奈良教育大学や奈良女子大付属中等教育学校周辺）から西に貫通する道路はありませんでした。用地買収などに手間取り、ようやく京終・肘塚地区の北を東西に通る道路は同11年（1936）11月末に竣工。「南大路」と名付けられました。

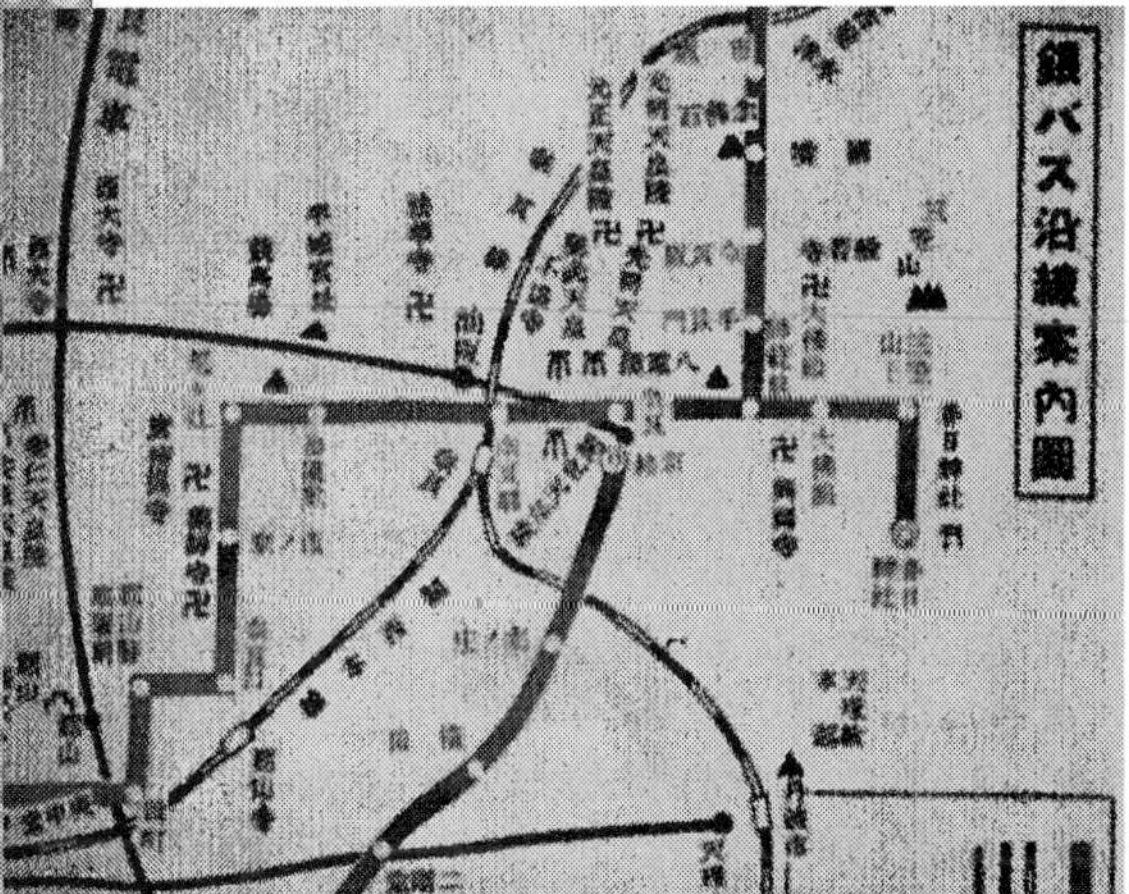

奈良自動車（銀バス）の沿線案内図。「中街道」のバス路線が描かれ、昭和6年以後と思われる（同上）

国道や県道の新設で京終駅前を通らなくなる

奈良市内を通る幹線道路は、昭和前期まで整備されず、バスも古代史に出てくるような狭い道を通っていました。例えば、京終駅から南に延びる「中街道」は、大正時代に測量した国土地理院の地図をみると、南京終地区に広がる水田の中を曲がりくねって南に向かっていました。しかし、旧国道24号（現県道木津横田線）が開通すると、昭和15年（1940）5月に、バス路線も大森町から田原本町まで国道24号経由に付替えとなり、「中街道」経由はなくなりました。

奈良自動車は昭和10年代、県内のバスを次々と統合し、営業路線は県中部以北のほぼ全域に及びました。同16年（1941）10月の「奈良名勝案内図」には今の市内循環バスと同じ路線にバスが通っています。同18年（1943）7月に奈良交通と改称しました。奈良市から天理市方面に向かう国道169号は戦後もしばらく存在せず、路線バスは、肘塚町から狭い「上街道」（上ツ道）を南下していました。共和自動車の京終・天理・桜井駅間（20・8㎞）は同7年（1932）、丹波市町（現天理市）に本店を置く足達自動車に譲渡され、さらに同17年（1942）に奈良自動車に譲渡されました。国道169号（当時は県道奈良天理線）が天理市まで通じたのは同32年（1957）3月。バス路線は同年10月20日、上街道経由から県道経由に付替えられ、京終駅を通る路線バスはすべてなくなりました。

戦時中から戦後まで木炭車が走っていた

話は戦前に戻ります。日中戦争が激しくなると「代燃車」の時代が訪れました。石油の消費が規制され、奈良自動車は昭和13年（1938）に木炭バス7両の運行を開始。同16年（1941）12月に太平洋戦争に突入すると液体燃料の配給は全面停止となり、燃料不足に加え、車両10両が国に徴発され、さらに従業員も召集され、バス路線は次々と休止となりました。木炭の配給も必要な量の3、4割しか確保できず、山間部で買い付けたり、雑木が生えた山を買い取り木炭を生産したりしました。終戦時の運行可能な車両は72両だけ。定員16～20人の収容力を確保するために座席の半分を撤去したり

昭和14年当時の木炭バス
（奈良交通株式会社1963より）

しました。木炭バスは戦後も走り、同22年（１９４７）にようやくガソリン車の新車が割り当てられ、次第に路線も復活し、市内循環バスが運行を再開したのは同25年（１９５０）５月のことです。

当時を知る人によると、バスは上街道の路面に張り出た椚《くぬぎ》神社を迂回し、北京終町の交差点から南へ、京終駅前から東に向きを変えてから上街道を南に向かっていたと話します。

南京終町に奈良交通の総合営業所があった

奈良交通は昭和32年（１９５７）４月、ＪＲ奈良駅近くの三条川崎町にあった奈良工場を南京終町１丁目に新築移転しました。現在ザ・ビッグエクストラ大安寺店のある場所です。平城寮という社員寮が新築され、同39年（１９６４）６月には奈良総合営業所の全施設が完成し、奈良市内３営業所を廃止再編成し、ここに奈良第一、第二営業所を開設。既設の車両整備工場、貸切営業所、社員寮等を一体化した、近畿のバス業界初の近代的な総合施設が発足しました。しかし、営業所は平成10年（１９９８）２月、大和郡山市白土《しらつち》町に移転しました。

奈良交通の元観光バスのガイドで京終に住む秋本治子さんは昭和37年（１９６２）入社。最初１年間は、出身地の三重県島ヶ原村（現伊賀市）から国鉄関西線の汽車で油阪の本社に通い、翌年から同43年（１９６８）まで５年間、社員寮で暮らしました。女子寮２棟ができた後、男子寮も建ちました。寮の周囲は「何もない」ので、市中心部へ買い物に行くため「大安寺」からよくバスに乗りました。たまたま、それが新宮発近鉄奈良駅行きの特急バスの車掌が寮の同期生だったことがあり、「あんた何しているの」と言い合ったことを覚えているそうです。

（神野武美）

【取材協力】秋本治子さん

奈良総合営業所の全景
（奈良交通株式会社1994より）

【コラム】

京終駅のいま

ＪＲ京終駅は明治31年（１８９８）建築の木造駅舎です。

奈良市ではＪＲ京終駅を奈良町観光の新たな拠点「奈良町の南の玄関口」とするため、平成29年（２０１７）から改修工事がスタート。明治時代の駅の姿に復元された京終駅には新たにカフェ、コミュニティスペースが整備され、同31年（２０１９）２月23日に京終駅舎カフェ　ハテノミドリがオープンしました。

この京終駅舎の運営を担い地域に根ざした活動をされている特定非営利活動法人　京終（ＮＰＯ　ＫＹＯＢＡＴＥ）の理事長、萩原敏明さんにお話をお聞きしました。

『KYOBATE THINKING ～結び音～』のようす

――『特定非営利活動法人　京終（ＮＰＯ　ＫＹＯＢＡＴＥ）』を立ち上げられたきっかけを教えて下さい。

ＪＲから奈良市に「京終の駅舎を利活用されませんか」というお話があり、関係自治会長さんや地元の有志の方々が平成28年（２０１６）11月に『京終駅周辺まちづくり協議会』を設立されました。その後、同29年（２０１７）６月にＮＰＯ法人創設メンバーである私と岡井大祐くん、藤岡俊平くんが参加させてもらったのがきっかけでした。

３人で駅舎の運営をどうするか話しているうちに、地域の受け皿として公平性も透明性もあるＮＰＯ法人を作ろうということになり、平成29年（２０１７）12月に設立し、「まちづくり」「ひとづくり」「歴史・文化継承」の３つの軸から活動をはじめました。

――ハテノミドリについて。なぜ駅舎でカフェを営まれることになったのか、その経緯を教えてください。

平成30年（２０１８）５月に、京終地区のことを考える機会とすると共に私達のまちづくりのビジョンを共有しながら、目にわかる形で見せて行く『ＫＹＯＢＡＴＥ　ＴＨＩＮ

KING～2日間のオープン商店街～』を開催しました。

次に『KYOBATE THING～結び音～』というイベントを開催しました。これは、京終にそっと寄添うような音のあるまちづくりの取組みです。

これらをきっかけに駅舎をカフェと物販、定期的にイベントをする空間として運営することになりました。

――NPO KYOBATE、そしてハテノミドリがこれから目指すことは何でしょうか。

平成31年（2019）11月に『京終こども祭り』を開催したのですが、京終広場に「これだけ子どもがいたのか」というくらい地域の子どもや大人が集まり大変な賑わいで、子ども達にとって良い思い出になったと思います。

私達は次の子ども達の世代に向けて、京終を好きになる人が増えて欲しいと願っています。ハテノミドリをその拠点として、地域のことを大切に想う仲間の輪を広げていき、京終のために一緒に汗をかいていきたいと思っています。

（岩田麻智紅）

【取材協力・写真提供】
特定非営利活動法人　京終（NPO KYOBATE）理事長　萩原敏明さん

京終こども祭りでにぎわう駅前の広場

特定非営利活動法人　**京終（NPO KYOBATE）**
京終周辺地区に特化したNPO法人
京終周辺地区の未来を見据えた「まちづくり」「ひとづくり」「歴史・文化継承」を軸に活動を進めています。
〔理 事 長〕 萩原敏明　〔副理事長〕 岡井大祐
〔専務理事〕 藤岡俊平
HP：http://kyobate.org/

京終駅舎カフェ　ハテノミドリ
〒630-8141 奈良県奈良市南京終町　JR京終駅舎内
営業時間／ 11:00 ～ 18:00 (L.O.17:40)
定休日／毎週火、水曜日
一滴一滴の水が京終で青葉を育み、見渡す限りの（果てのない）緑に変わっていくようにと願いを込めています。

ハテノミドリ内装

〈3-3〉

京終市場の始まり

京終市場は、西木辻で八百屋を営んでいた八尾太兵衛さんが大正８年（１９１９）に奈良青果市場①を設立したことに始まります。当初の市場は、京終駅踏切の北側で中街道に沿った田んぼの中に建てられました。市場の壁には太兵衛さんの「〇に太が入った屋号」が表示されています。

市場はその後、経営者が代わり、通称「ヒシイチ」と呼ばれ、構内には大型冷蔵庫が設けられていました。青果の荷受けは早朝から深夜に及ぶため、宿直事務所が置かれ、昭和52年（１９７７）の大和郡山市への移転まで盛況が続きます。

創業時の奈良青果市場（大正８年頃）
（写真提供：八尾正子さん）

京終市場は奈良の台所

市場の賑わいは周辺に人の流れを作り、新たな店を呼び込みます。昭和23年（１９４８）には踏切近くに大和青果市場②、そして、商店街の中程の交差点北側には京終青果卸売市場③が開設され、同34年（１９５９）にはその西側に奈良県魚株式会社④の設立へと続きます。

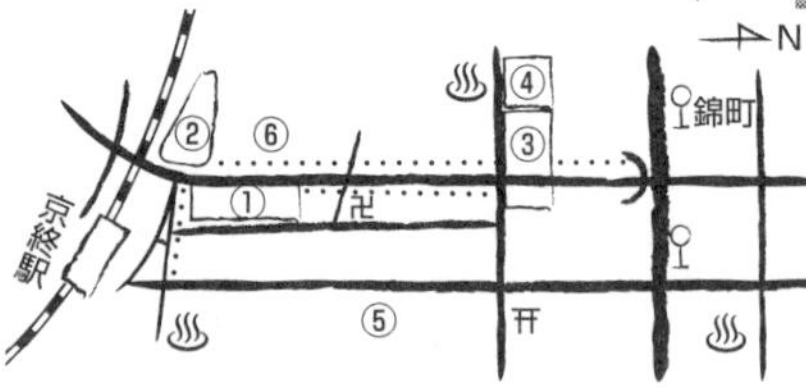

京終市場（昭和40年頃）

このようにして次々と市場が集まり、市場の間には店が並びました。こうして、京終駅から、踏切、そして綿町まで約１００店舗が並ぶ大きな京終市場となったのです。そして、綿町交差点には「京終市場」の北入口を示すアーチが架かっていました。

昭和43年（１９６８）の奈良市の調査によると、京終地区の４つの市場のおそうざいや果物の売上げは、

「ヒシイチ」時代の奈良青果市場
（写真提供：奈良市史料保存館）

奈良市全体の80%以上を占め、奈良市の台所として賑わっていました。

　午前中に競りが終わって青果が引き取られると、市場は子ども達の遊び場となります。近くに住む少年たちは、昭和31年（1956）頃、市場にできた広場で野球を楽しんでいたそうです。

　市場では、競りに使われる青果用の竹篭が必要となります。奈良青果市場の前には市場の注文に応じて篭を作り続けた中西竹細工店⑥が今もお店を開いています。また、青果市場や魚市場で必要とされた大量の氷は、京終駅と飛鳥神社の間にある龍紋氷室⑤の巨大なレンガ倉庫で作られていました。なお、このレンガ倉庫は今も現役で、井上本店の醤油蔵として醤油の生産が続けられています。

京終青果卸売市場

　京終市場の中程には京終青果卸売市場がありました。市場の大屋根と「京終卸売市場」の看板が残っています。この市場は、上中為次郎が中心となり大東《おおひがし》重吉、八尾太兵衛、中田仙次郎が組合を作って創業しました。

京終市場の移転

　京終市場は大いに賑わっていましたが、車社会への対応のため、昭和52年（1977）に新設された奈良県中央卸売市場に移転し、その跡は住宅地や駐車場に生まれ変わっています。

（安西俊樹）

【取材協力】八尾正子さん・駒二三男さん・中田福之助さん

京終町の青果市場
（写真提供：奈良市・樹林舎）

京終青果卸売市場

午後の市場は三角ベースの野球場に
（写真提供：駒二三男さん）

京終市場の綿町交差点入口
（写真提供：奈良市・樹林舎）

〈3-4〉

京終駅周辺の製材所

戦後の復興期から高度経済成長期は木材の受容が高まった時代でした。京終駅周辺には南都木材（北京終町）、材辰（肘塚町）、上嶋産業（南京終町）、鹿野材木店（紀寺町）、松田製材（肘塚町）などの大きな製材所や材木店がありました。

京終駅に近い下出商会には大正末期頃の南都木材の写真が残されていました（左上写真）。中央の車輪は巨大な木材を製材する糸のこ盤です。

北京終本町の南都木材
（写真提供：下出商会）

材辰

材辰の初代は明日香村の出身で、明治後期に市内の下清水町で創業しました。昭和初期に添上郡農会のあった京終駅前の現在地に移転し、吉田勝彦社長で3代目です。

かつては木曽で伐採した木材を貨車で京終駅まで運んでいたそうです。天理教会本部、法隆寺、元興寺や、姫路城などの巨大な建造物の造立・修理に使われる大量の木材の納入を担いました。昭和56年（1981）の薬師寺西塔の建立の際には、棟梁の西岡常一氏と仕事をともにしたそうです。

現在倉庫のある場所には、奈良女子師範学校から移築されていた大きな建物がありました。昭和31年（1956）に起きた済美小学校の火災の後には、済美幼稚園の仮校舎としてこの建物が供されました。地域の名士でもあったことを示すエピソードです。

時代と共に外材が増えましたが、材辰は文化財建造物などに用いられる銘木・良木にこだわり続けました。今でも工場には製材用の大きな機械が残され、木材加工業が盛んであった往時を偲ばせます。

材辰の“糸のこ盤”

鹿野材木店

鹿野材木店は紀寺町交差点の北側にあります。3代目の社長、鹿野武さんよりお店の歴史を伺いました。

昭和初期までは田原や柳生の山から木目が混んだ強い木を切り出し、荷車で運んだそうです。その後は鉄道で運び、京終駅の引き込み線が利用されました。

戦後までは図面を引き、材木を買い、家を建てるのは大工さんでした。しかし、戦後の住宅ブームの頃には、材木を買うのは工務店に変わりました。そして、安い木材（米松：ベイマツ）が大量に輸入されると、多くの材木屋は採算が取れず、やむなく銘木専門店への転業や、廃業となりました。

昭和4年（1929）に高畑に志賀直哉邸が建てられた際、その材木の一部は地元の鹿野材木店から納められたそうです。こうした奈良の歴史的な建造物にも鹿野材木店の木材は生き続けているのです。

上嶋産業株式会社

初代社長の上嶋松次郎さんは人づきあいが大変上手でした。大工さんより新築情報を聞くと直ぐに材木の営業に走ったそうです。松次郎さんの手腕で事業は成功し、さらに高度成長の波に乗って、保有する土地を増やしました。そして、仲間の大工さんに頼み借家を建て、その家を賃貸し、増築から改装まで大工さんとともに事業を拡張しました。

ところが、材木商売は仕入から販売まで何年もかかるので大きな資本が必要となります。さらに、過当競争の時代となりました。そこで、2代目の現社長、上嶋正吉さんは材木事業から不動産事業に転換することで事業の存続を図りました。昭和の貿易の自由化は、小規模な材木店の事業の大転換の時代でもありました。

（安西俊樹）

京終駅前にある材辰

紀寺町の鹿野材木店

上嶋産業の駐車場
（元は製材所）

〈3-5〉

年間200万張！京終駅周辺は日本一の蚊帳産地

昭和40年代までは、程よく粗い織り目の蚊帳は日本の夏には欠かせない生活必需品でした。

昭和30年（1955）頃には、旧奈良市街から京終駅周辺までの間に数多くの蚊帳工場が建てられ、全国シェア80％、年間200万張の生産がありました。

「奈良蚊帳」の技術史

蚊帳の生地は、粗い織りでありながら部屋全体を覆う広さが必要なので、最初は縦横ともに強い麻糸を使う必要がありました。

しかし、『奈良麻布蚊帳同業組合沿革及び業務便覧』によると、明治2年（1869）、田中町に住む上久保コトさんが、麻糸が不足したため経糸に安価な木綿を使ってみました。これが「片麻蚊帳」の始まりとされています。そして、同5年（1872）頃には、川之上突抜町の中尾宗平、杉本甚七、石田宗三郎が片麻蚊帳地を製品として出荷しました。

明治10年（1877）頃になると、細くて強い木綿糸が量産され、小西町の勝村直助がこれを用いて「綿蚊帳」を織り始めました。綿糸の採用で蚊帳生地の価格が約20分の1にもなったのです。これを機に工場が拡張され、蚊帳の生産は一挙に増えました。

また、伝統的な蚊帳生産では染色・乾燥工程が天日干しのため、品質が

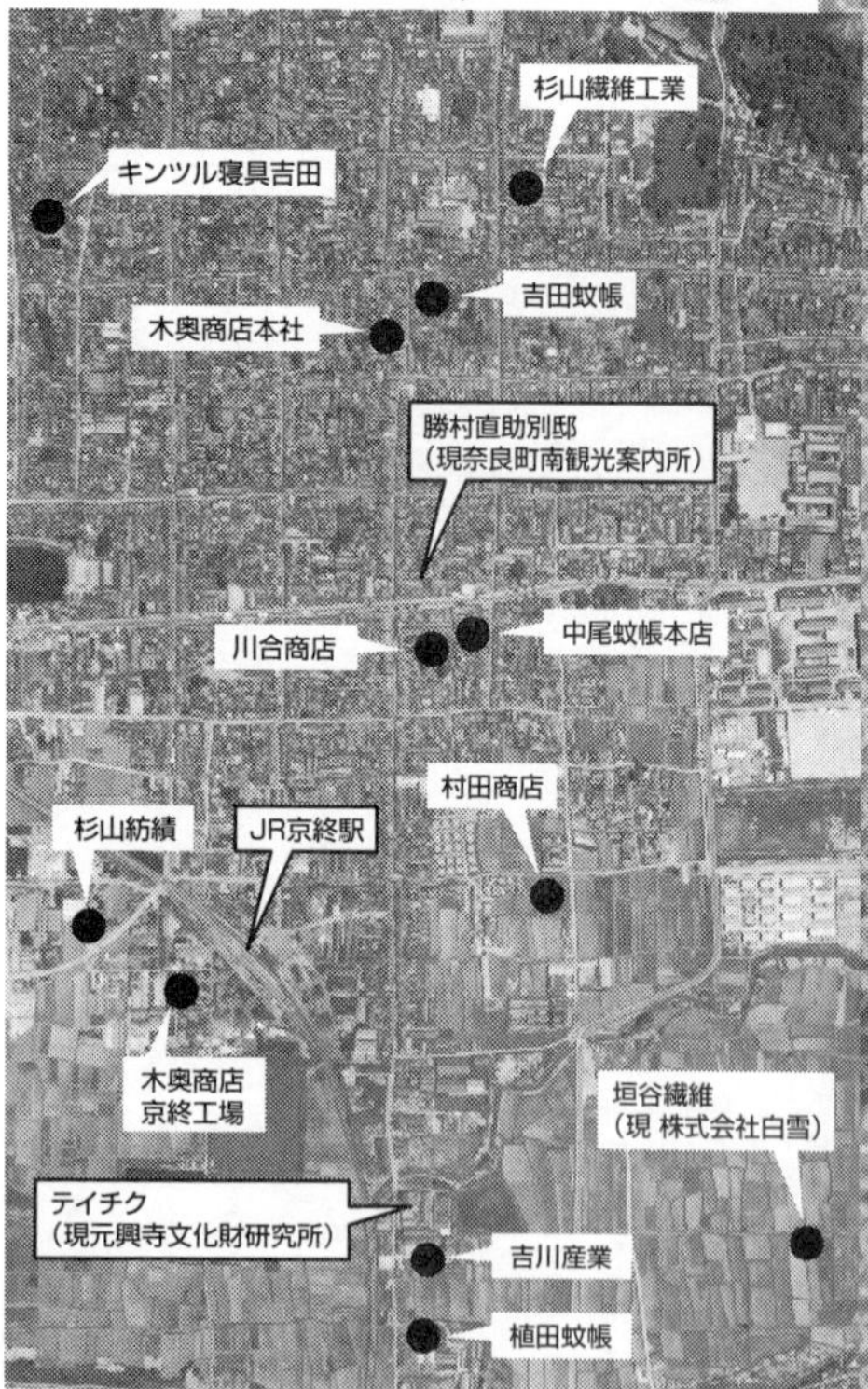

京終駅周辺に集積した奈良蚊帳工場群の地図に加筆（昭和36年頃、出典：国土地理院「地図・空中写真閲覧サービス」空中写真（1961）MKK613 桜井より京終付近を抜粋）

天候の影響を受けていました。そこで、勝村直助、田畑孝七は、この工程の機械化に取り組み、ついに蒸気力を応用した機械の開発に成功しました。このようにして、「奈良蚊帳」は片麻蚊帳から綿蚊帳へ、更には乾燥工程の機械化に成功したのです。

障子紙・襖地・蚊帳
バランス経営の木奥商店

木奥商店は、明治28年（1895）に木奥由松が南城戸町で「厚子《あつし》」（厚い木綿生地）を仕立てたのが始まりです。

技術に堪能な由松は、店の作業場を使って蚊帳の縁地、襖地などの研究を重ねました。その頃急成長をしていた蚊帳産業にも着手しました。

3代目社長、木奥良彦さんによると「蚊帳は夏の季節商品なので春から夏にかけては蚊帳を生産し、それ以外の季節には襖地や障子紙を作るという2本の事業を軸として展開してきた」といいます。その後さらに事業を拡大し、昭和12年（1937）には田畑の広がる南京終町4丁目に広い工場を建て、襖や蚊帳の生地を加工する自動機を設置しました。そこでは200人程の人が働いていました。さらに京終駅の引き込み線横にレンガ造りの倉庫を建て、大量の商品を貨車で出荷していました。京終駅を製品の流通拠点と考えてのことでした。

事業の多角化と変遷

木奥商店の発展は由松から続く技術開発力にあります。由松は大正2年（1913）には、マニラ麻と綿

奈良蚊帳年表

明治以前	柳生の邑地地区で両麻蚊帳が生産されていた。香坂惣七等は奈良市南魚屋町で蚊帳地問屋を営む
明治2年(1869)	田中町に住むの上久保コトが、片麻蚊帳を創出
明治5年(1872)	川之上突抜町の3商人（中尾宗平、杉本甚七、石田宗三）が片麻蚊帳の製造販売を開始
明治10年(1877)	小西町の山城屋直七（勝村直助の養父）が綿蚊帳生産を開始（綿蚊帳元祖）石田宗三郎、田中喜八も綿蚊帳の製織を開始
明治10年代	奈良晒の老舗、杉山嘉平が蚊帳地と木綿事業開始
明治24年(1891)	品質向上を目指し奈良蚊帳工業組合(24名)を結成
明治28年(1895)	木奥由松が南城戸町で木綿織物の仕立屋を創業。その後、紙と繊維を貼り合わせた襖紙生産に着手
明治31年(1898)	勝村直助が粗布乾燥機を導入し染色乾燥を機械化
明治41年(1908)	植田巳之吉が蚊帳卸問屋を開業
明治40年(1907)	蚊帳地生産が50万疋となる
大正1年(1912)	紀寺町の中尾猶治郎がミシン縫い開始
大正2年(1913)	杉山嘉平が奈良染布株式会社を設立し蚊帳を量産
大正2年(1913)	木奥商店は麻織物の襖地「紗織襖地」の開発に成功。襖地が奈良特産品となる。木奥商店は奈良織物会社を設立し蚊帳製縫を機械化
大正4年(1915)	杉山合資会社の設立（後の杉山紡績株）
昭和10年(1935)	蚊帳の縫製に動力ミシンが普及する
昭和11年(1936)	木奥商店が工場を南京終町四丁目に移転
昭和18年(1943)	植田蚊帳が中辻町に工場を移転し全行程を内製化
昭和29年(1954)	植田蚊帳は蚊帳生地の製織、染色、縫製を一貫生産
昭和31年(1956)	垣谷繊維（現白雪）が紀寺町で蚊帳事業を創業
昭和38年(1963)	全国蚊帳生産が過去最高の250万張となり、奈良蚊帳は市場占有率80%で生産高全国一

（奈良麻布蚊帳同業組合1924、吉田2009などにより作成）

糸の襖地織機を開発します。この「紗織襖地」は、破れにくく、しかもコストを押さえることができたので、木奥商店の主力製品となり、改良を重ねながら30年に渡るロングヒット商品となりました。また、同14年（1925）には2枚の紙の間に多くの糸を入れて貼り合わせる糸入り襖地や糸入り障子紙を作る機械を発明し特許を取得しました。この商品は奈良の名産品となり、県知事表彰を受けています。

その後、木奥商店の課税額は、昭和14年度（1939年度）の奈良市民の中で10位であったと記録されています。それは、襖や蚊帳の売上げが事業の支柱となっていたことを物語っています。

このように木奥商店の襖地・障子紙・蚊帳事業への貢献は、奈良の技術・産業史の中でも格別な存在だったといえましょう。

蚊帳からカーテンへ事業シフト 植田蚊帳

植田巳之吉は、明治41年（1908）に十輪院町で蚊帳卸問屋を開業し、染め上がった生地を購入して裁断・縫製し売りに出ていました。現社長の植田和彦さんは、巳之吉から数えて6代目です。

昭和15年（1940）頃は九州の炭鉱向けの生産が好調で、作ったものは全部売れるという時代でした。そこで、同18年（1943）には肘塚町に広い土地を求め、蚊帳の一貫生産工場を建て、同29年（1954）には染色機を導入し全工程を機械化しました。

蚊帳は昭和30年代の終わり頃までは絶好調でしたが、同39年（1964）に東京オリンピックが終わると、網戸や蚊取り線香の普及により蚊帳の注文がほとんどなくなりました。そこで、植田蚊帳では全ての機械をカーテン編み機に入れ替え、ネット販売や大手カーテンメーカーに納品するよう事業を転換しました。

しかし、蚊帳は薬品アレルギーやエアコンの冷えで困るなど、健康志向の人や、風情を楽しむ人にとっては必需品です。需要は減少傾向にありますが、伝統産業を守り伝えていくために、今も作り続けています。

蚊帳生地から「白雪ふきん」

蚊帳生地を裁断する際にできる八ギレを重ね折りにして自家用のふきんとして使ってみると、思いのほか使い勝手が良く、知り合いの方にプレゼントすると大変好評でした。そこで商品として製造販売したのが「白雪ふきん」（南紀寺町の株式会社白雪）の始まりです。「白雪ふきん」という名前は、雪のような白さを長く保つという商品の特性を表したものです。

素材は、吸水性に優れ、しなやかでにおいが付きにくいレーヨン、耐久性や強度に優れた麻、そして、糸切れや毛羽立ちの少ない良質の綿が上手く組み込まれています。

現在、「白雪」ブランドの製品は知名度が高まり、布巾、ハンカチ、タオルからバッグに至るまで、さまざまな商品として全国で販売されています。

「奈良町南観光案内所」

最後に奈良蚊帳の歴史を感じられる観光スポットをご紹介します。市内循環の田中町バス停から町家とレストランの複合施設が見えています。

この辺りは、片麻蚊帳の発祥の地であり、「奈良町南観光案内所」は、大正初期に蚊帳製造業を営む商家のご家族が住まわれた邸宅を利活用した施設です。大正の風情を味わえる建物の中には、蚊帳生地に囲まれた「図書閲覧コーナー」があります。その中で奈良ゆかりの書物を開くひとときは、訪れる人々を穏やかな気持ちにさせてくれます。（安西俊樹）

木奥商店京終工場
襖紙の反りをのばすための水引の機械
（写真提供：木奥惠三さん）

植田蚊帳 工場の巨大なカーテン編み機
奈良市南肘塚町111
電話：0742-26-5151

「白雪ふきん」
株式会社白雪
奈良市南紀寺町5-85
電話：0742-22-6956

奈良町南観光案内所の蚊帳生地カーテン
奈良市井上町11番地
電話：0742-94-3500

〈3-6〉

受け継がれてきた伝統工芸の世界 奈良漆器

奈良は漆工芸発祥の地

日本における漆工芸は仏教と共に伝えられ、天平文化の頃に花開きました。

正倉院には世界に誇りうる当時の漆工芸品の宝物が数多く収められており、奈良は日本の漆工芸の発祥の地と言われています。

平城京から出土した漆紙文書

昭和45年（1970）に平城京跡から『漆紙文書』が発見されました。

この『漆紙文書』とは、漆容器の「ふた紙」として再利用された際に漆が付着したことで、地中でも腐らずに残存した古代文書のことです。

これによって、漆器が奈良時代から奈良でつくられていた（漆職人がいて漆工房もあったであろう）ことが分かり、1300年後の現在も漆塗りの作業において奈良時代と同様の方法を用いていることに、奈良における漆工芸の歴史の長さと伝統の重みを感じることができます。

奈良漆器（樽井禧酔さん作品）

西木辻瓦町に工房を構える塗師樽井《たるい》禧《き》酔《すい》さん

奈良市西木辻町に、奈良の伝統工芸の技を引き継いでこられた塗師・樽井禧酔さんがいます。樽井さんは28歳で唐招提寺の国宝・講堂の仕事に携わって以来、薬師寺、春日大社など数々の神社仏閣の再建・復興に貢献されてきました。

樽井さんによると、伝統的な奈良漆器の技法は「厚貝《あつがい》螺鈿《らでん》堅地《かたじ》蠟色《ろいろ》塗《ぬり》」という本堅地《ほんかたじ》・総布張り・蠟色（呂色）塗り・厚貝螺鈿を基盤にした、天平時代から受け継がれている最高水準のものだと言います。

なかでも、夜光貝、アワビ貝、蝶貝などの貝類を模様の形に切り檜木地に貼りつけ漆で埋めて研ぎ上げることで模様を浮かび上がらせる「螺鈿技法」は、日本漆工芸界にあって奈良の独壇場であり奈良漆器の最大の特色とも言えるでしょう。

現在、この伝統的な奈良漆器の作家は樽井さんを含め6名しかいません。

樽井禧酔さん
塗師。昭和18年（1943）奈良県生まれ。昭和41年（1966）から父・樽井直之氏に師事。奈良漆器協会会員　春日大塗師預職。

良質な漆はいったん固まったら、よほどのことがない限り300年は保つ堅牢《けんろう》さを持っています。

樽井さんは「何百年も残る物を自分は作っている。偽物はつくられへん」とおっしゃっています。

樽井さんの手掛ける本真物《ほんまもん》は、数百年もの年月を経て、奈良漆器の名品として受け継がれていくことでしょう。

（岩田麻智紅）

【取材協力】樽井禧酔さん

能面

能面の歴史と種類

日本の伝統芸能「能」で使用される能面は、伎楽面や舞楽面などの影響を受けながら能楽の成立とともに室町時代に完成したと言われています。

翁《おきな》・尉《じょう》・鬼神・女面・男面・怨霊など基本型が約60種類あり細かく分けると200種類以上あります。

井上町に工房を構える能面師 丸尾《まるお》万次郎《まんじろう》さん

奈良市井上町に、奈良の伝統工芸の技を受け継いでこられた能面師・丸尾万次郎さんがいます。

丸尾さんは能面つくりに心惹か

蘭陵王（丸尾万次郎さん作品）
（写真提供：丸尾万次郎さん）

れ、師匠を持つことなく、30歳から能面師として面打ちをはじめ約50年。「奈良には社寺等に古い面がたくさん残されているので、古い資料を目にすることが出来るし、工芸技術が受け継がれているので、独学でやって行くのに奈良という土地は恵まれていた」と言い、独学で試行錯誤を重ねながら技術を研鑽し、技を高めてこられました。

今までに春日若宮のおん祭での蘭陵王、納曽利、貴徳の舞楽面や、當麻寺の練供養会式の菩薩面といった、伝統芸能に使用される多数の能面や舞楽面、菩薩面をつくってきました。

能面の素晴らしさを知ってもらうために、昭和57年（１９８２）より自宅工房で能面教室「万美夢面館」を開いています。中将姫《ちゅうじょうひめ》ゆかりのお寺として知られている高林寺の向かいにその工房はあり、當麻寺の菩薩面（平成新菩薩面と呼ばれる）をつくった時は「ゆかりのお寺が向かいにあって縁がある」と當麻寺の関係者のみなさんに大変喜ばれたそうです。

丸尾さんは「能面つくりを生業とはしていません。生業は教室で、作品を商品とは思っていません」と言います。

奥様も「能面つくりで生計を立てようと思ったら、出来るものが卑しくなると思うんです」とのお話でした。お2人の言葉に、「面」と真摯に向き合うご夫妻の信念が感じられました。

丸尾さんが魂を込めて打たれた面

は400年から500年は形を保つものです。

何百年先の後世まで受け継がれ、その時代の人々の心を打つことでしょう。

（岩田麻智紅）

【取材協力】丸尾万次郎さん

丸尾万次郎さん
能面師。昭和14年（1939）奈良県生まれ。
春日有職檜物師職預
ホームページ　丸尾万次郎の世界
http://www4.kcn.ne.jp/~maruo-m/index.html

朱墨

朱墨や印朱を唯一製造販売する店

瓦堂町の木下《きのした》照《しょう》僊堂《せんどう》は国内で唯一、朱墨や印朱（朱肉）など水銀朱製品の製造と直接販売をしています。

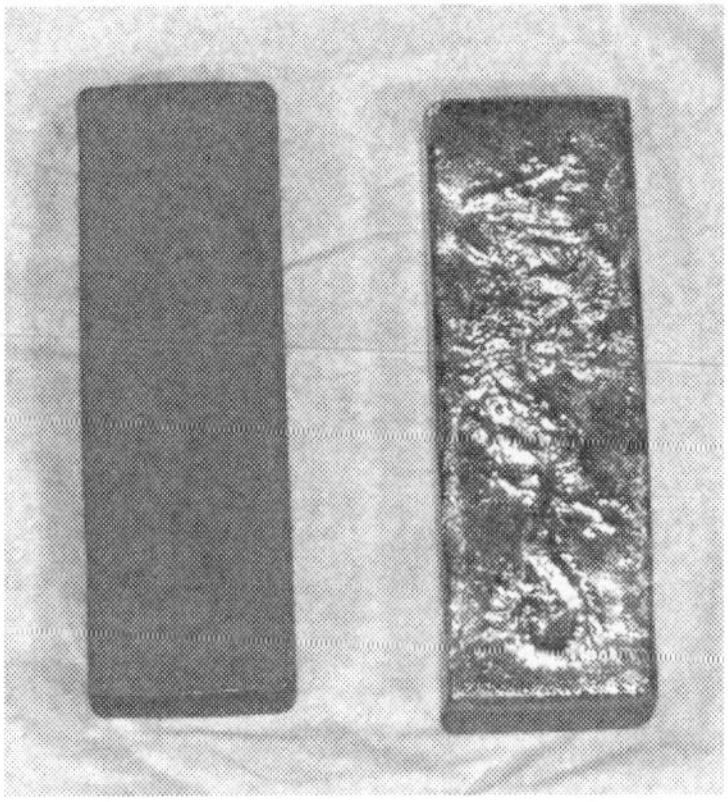

創業は明治5年（1872）。黒い印章のみ許されていた一般庶民が朱印を使えるようになった年です。

水銀朱は、極寒期に水銀と硫黄の化合物「硫化第2水銀」に膠《にかわ》と香料を混ぜて手で練り、枠に入れて乾燥させてつくります。昔は吉野や宇陀で産する「辰砂《しんしゃ》」が原料でした。

（神野武美）

【取材協力】木下和子さん

木下照僊堂　外観

〈3-7〉

京終・肘塚地区発の近代産業

国鉄桜井線（現ＪＲ桜井〔万葉まほろば〕線）の西側一帯はかつて、広大な水田地帯でした。桜井線開通10年後の大正7年（1918）に奈良青果市場が設立されると、旧市街にあった伝統産業の奈良晒、麻繊維から派生した蚊帳などの工場が南京終や南肘塚に徐々に移転していきました。また、昭和前期から戦後にかけて、化学メーカーの積水化学工業、レコード会社のテイチク（現テイチクエンタテインメント）、繊維会社のアングル、北辰電機製作所などの近代産業

国鉄桜井線東側にあったテイチク本社工場の空中写真（テイチク株式会社史編集委員会1986より）

が進出しました。

『奈良の近代史年表』によると、昭和4年（1929）11月に奈良レース会社が南京終町に設立とあります。この会社は、平成13年（2001）にナテック株式会社と名称変更し、今は西九条《さいくじょう》町にあります。同社によると、当初は創業者の自宅での個人経営だったようです。同社ホームページの沿革には、昭和17年（1942）11月に故神山道雄社長が出資金19万5千円で奈良県唯一のレース製造会社を創業。同31年（1956）にレースの編立から製品までの一貫生産体制を整え、同44年（1969）にレース製造を中止、染色整理部門を拡充したとあ

ります。合成繊維の染色法を開発するなど染色メーカーとして発展し、同49年（1974）に本社工場を西九条工業団地に移しました。

田端義夫はギターを抱えテイチクに通った

テイチクは昭和9年（1934）、それまでの合資会社を改組し帝国蓄音器株式会社として設立されました。餅飯殿町出身の南口《なんこう》重太郎を社長に大阪に本店、井上町に支店を置き、同11年（1936）に本社工場を南肘塚に移しました。現在、元興寺文化財研究所総合文化財センターがある所です。作曲家の古賀政男を重役にして破竹の勢いで発展し、最新設備を備えた工場を新築し、テープ製造にも乗り出し、専属契約をしていた有名歌手は、石原裕次郎、三波春夫、八代亜紀など枚挙に暇がありません。

元興寺町の「砂糖傳」の増尾正子さんは、「私の若い頃（大正15年（1926）生まれ）に田端義夫さんがギターをかかえて家の前を通られた」「テイチクの社長さんが氷砂糖を買いに来てくださった」と書いています（増尾2008）。「砂糖傳」もテイチクも上街道沿いです。

テイチクのレコード盤「浪花節大衆盤」
（萩原正弘さん所蔵）

しかし、本社は平成11年（1999）に東京に移転し、社名もテイチクエンタテインメントに変更され、DVDを生産していた奈良事業部も廃止されました。その生産はパナソニック傘下の近畿ゼネラル・サービス（現：パナソニックAVCディスクサービス）に譲渡され、同社が同23年（2011）に岡山県に移転するまで操業を続けました。

テイチク創業者南口重太郎の肖像画
（テイチク株式会社史編集委員会1986より）

南京終町内で工場を移転したアングル

アングル奈良工場
（アングル100周年記念事業プロジェクト1994より）

アングルは明治27年（1894）に大阪で創業したメリヤス製造販売業・山発商店が前身で戦時中に名前を山発工業に変えています。大阪の本社や工場は戦災に遭いましたが、昭和21年（1947）に大阪府柏原市の柏原工場、次いで南京終町にあったメリヤス工場を買収して奈良工場を設置しました。奈良工場は当初、京終駅の西側にありましたが、同28年（1953）にアサメリー（麻のような風合いの綿100%の高級肌着）を開発して発展し、同53年（1978）に新工場を福寺池跡の埋め立て地に完成させました。しかし、平成15年（2003）、従業員は柏原の本社工場に転籍して奈良工場は廃止。その後、富士紡の100%子会社になり、令和2年（2020）10月、フジボウアパレルに吸収合併され、126年間の歴史を閉じました。しかし、アングルの商標は存続するそうです。

積水化学工業、発祥の地

大手化学メーカーの積水化学工業は、南京終が発祥の地です。戦前の財閥の日窒《にっちつ》コンツェルンのプラスチック部門を母体に昭和22年（1947）に積水産業として創業し、翌23年（1948）1月に奈良工場を開設し、日本初のプラスチック自動射出成形事業を始めて、社名を積水化学工業に改めました。桜井線のすぐ南、現在のおかたに病院の辺りです。当初はカーボン加工をしていたためか、当時を知る住民は「真っ黒な工場だった」と言います。同32年

（１９５７）に平城宮跡の南に工場を展開。平成30年（２０１８）まで操業しましたが、朱雀門の正面に当たるため、奈良県が敷地を買収し、今後は平城宮跡歴史公園になる予定です。

南京終町にあった工場は昭和34年（１９５９）に積水スポンジ工業となり、同44年（１９６９）に積水化成品工業に社名を変更。ここも、奈良市の道路建設のために土地が収用され、工場は平成７年（１９９５）に廃止され、今は昭和41年（１９６６）に設置された工場と研究所が天理市にあります。

南京終地区には、蚊帳など奈良の伝統産業から発展した木奥商店の糸入り襖紙の工場、奈良晒の名門企業の杉山紡織のほかに、戦時の工場疎開で昭和18年（１９４３）設置の北辰電機製作所奈良工場などがありました。

宅地化が進み 工場は徐々に撤退

この地域は、住宅地化が進み、多くの工場が撤退、または廃業しました。京終駅のすぐ南にあった北辰電機製作所も今はマンションが建っています。操業中の有力企業は、筆ペンで知られる文具メーカー呉竹、コンクリート製品製造草竹コンクリート工業、蚊帳からカーテンに業種転換した植田蚊帳（南肘塚町）などです。

積水化学工業奈良工場の煙突。手前は国鉄桜井線の線路
（写真提供：積水化学工業）

呉竹は明治35年（１９０２）創業の製墨業から発展し、昭和43年（１９６８）に南京終町７丁目にペン工場を設置し、新社屋を平成４年（１９９２）に建てて本社を大宮町から移しました。草竹コンクリートは昭和23年（１９４８）に創業（当初は草竹工業所）、同30年（１９５５）に南京終町に京終工場を設置し、同43年（１９６８）にここを本社工場とし、その後も工場を拡張しています。

（神野武美）

【取材協力】ナテック株式会社

〈3-8〉

福寺池、新池 ため池の水利と養魚

在りし日の福寺池。池畔には「箱ぶね」
（写真提供：萩原正弘さん〔昭和44年年3月26日撮影〕）

雨の少ない奈良盆地には、古代から数多くのため池が造られました。

京終・肘塚地区にも、かつて「もみや池」「あみだ池（京終池）」「福寺池」「新池」「長池」といった農業用ため池があり、南京終地区の広大な水田地帯を潤していました。

福寺池、新池、長池は、昭和45年（1970）頃に埋め立てられ、現在は住宅地や事業所地になっています。京終地蔵院の前にあった「あみだ池（京終池）」は戦前から埋め立てが進められました。地元住民の幼い頃の記憶では、ゴミで埋め立てられていたそうですが、すぐ近くに製材所があり、貯木池として使われていたという証言もあります。

水利権を管理する「京終村番水」

福寺池などの水利は能登川をさかのぼり、京終村、肘塚村、紀寺村、高畑村、白毫寺村の順に水利の優先権があり、「京終村番水」という組織が管理しています。最下流の京終村になぜ優先権があるのかが不思議です。こうしたため池の多くは埋め立てられましたが、「番水」を管理する担当者がいなくなったため、平成12年(2000)5月、次世代のためにと、水利関係者が上流部を含む「能登川堰《せき》」などの現地を確認したことがありました。

農業用水路の1つは、紀寺町の春日自動車学校やその西側にあるマンションの脇を通り、サイフォンでJR桜井(万葉まほろば)線の下を潜って福寺池に注がれる仕組みでした。

近世の京終村は、「奈良廻り八ヶ村」の1つとして奈良奉行所の統治下にありました。住まいは奈良町の一部である京終町にありながら、農地は京終村です。行政区画としては、明治22年(1889)4月に奈良町(同31年〔1898〕市制施行)の一部になりました。

「京終村」は、今も30軒近くで構成され、任意団体として存続しています。傘下に農家組合もありますが、実際に農業しているのは6、7軒です。農家組合などの集会所2ヶ所と、京終地蔵院と墓地を管理してきました。京終村総代を務めてきた萩原家には、明治21年(1888)年8月起の「大和国添上郡京終村土地

「京終村番水」を平成12年5月7日、能登川上流部で確認(写真提供:萩原正弘さん)

明治21年(1888)土地台帳
(京終村有文書)

台帳」が3冊残され、福寺池の埋立て時まで利用されていました。

ある種の「土地登記簿」で、農地の売買や宅地への変更などを記録して土地所有者を特定し、村の費用を徴収するために使われてきました。水路や道路の補修といった工事は「村民」が行い、各人に人夫賃が支払われました。萩原家に遺る昭和28年（1953）の「人足帳」に「2月12日福寺池樋詰」という記録があります。1月に水を抜いてジャコトリ（雑魚取り）した後、樋門を閉める作業です。

「村費」は、用水の利用度や田畑の面積をもとに徴収されました。西隣の大安寺村の人が南京終地区の農地を保有するケースもあり、それらからの徴収分も含めて「京終村」の財政を支えました。昭和43年（1968）ごろの「村費割掛帳」も遺されていますが、その2年後の同45年（1970）に福寺池などが埋め立てられ、農地がほとんど消えました。また、村費の徴収や労務提供は一部を残し、ほとんど行われなくなりました。

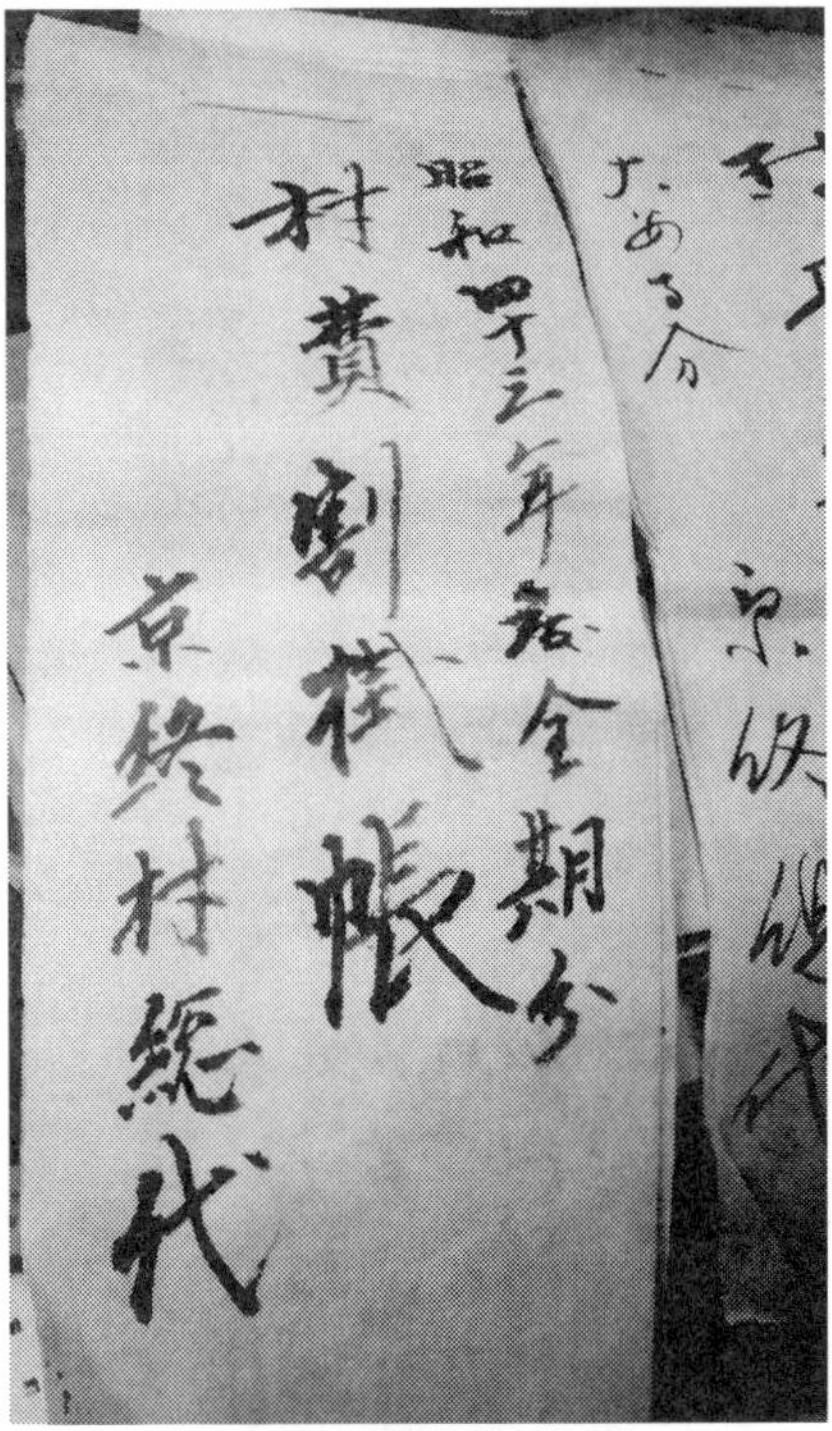

昭和43年度「村費割掛帳」
（京終村有文書）

厳冬期のジャコトリの思い出

北京終町の萩原酒店4代目萩原正弘さんの祖父徳松（1900～1968）は、福寺池、新池、もみや池で、コイ、フナ、ウナギ、モロコ、エビなどの淡水魚を育てる養魚業もしていました。桜井線沿いの最も大きな福寺池は奈良市が所有し、「京終村」が水利権を持っていました。厳冬期の1月には、3日間かけて20人以上の農家に手伝ってもらい、池の水を抜いてジャコトリを行い、京都から「酸素カー」で乗り付けた業者に漁獲を引き取ってもらっていました。埋め立て直前の昭和44年（1969）1月24日の売り上げが「よろず覚帳」に記録されていますが、稚魚、餌代、人件費などで利益はほとんどありませんでした。

　堤防で囲われていた肘塚町の「もみや池」は、現在埋め立てられ、集会所や住宅が建っています。かつての池の端には今も多数の石仏が祀られています。昭和11年（1936）生まれの萩原正弘さんは子どもの頃に祖父に連れられ、この池で四角い箱船に乗り、生糸を取ったあとのカイコの蛹の餌を撒いている途中で池に落ち、引き上げてもらって命拾いしたのを覚えているそうです。ため池の箱船が転覆して子どもが亡くなることも度々あったそうです。福寺池の西側の新池は個人所有で、ヒシが繁茂し、丸い木製のたらい船に乗った人が食用に採取していました。

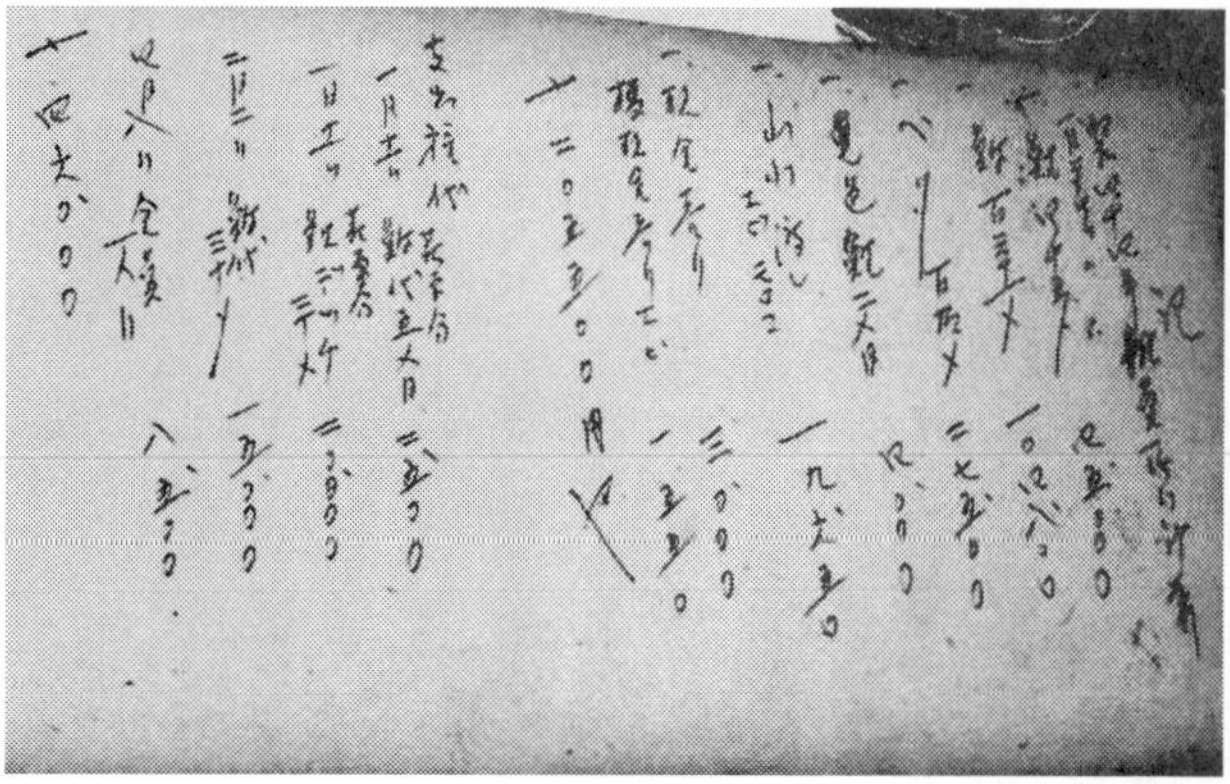

昭和44年（1969）「よろず覚帳」（萩原正弘氏所蔵）行事などとともにジャコトリの収支も記載される

　萩原家では、徳松の死後（昭和43年（1968））養魚業を止め、道具類の大半は廃棄しましたが、記録として多くの写真を撮っていました。例えば、「樋《ひ》の簀《す》」。先端部に竹籠状のものを付けた大きなマッチ棒状の道具で、ため池の水を抜く際に樋門（排水口）に突き刺し、水は竹籠から抜けるが、魚は逃がさないためのものです。このほか、魚籠《びく》、モンドリ、ウナギ採り棒などの写真のほか、一部は実物も遺されています。

（神野武美）

【取材協力】萩原正弘さん

樋の簀　昭和62年7月に廃棄される前に撮影。
（写真提供：萩原正弘さん）

〈3-9〉

変わりゆく南京終 水田地帯から工場・住宅街へ

一面に水田が広がりため池が点在していた南京終町一帯は、太平洋戦争の終結前後から工場の立地が始まり、昭和31年（1956）3月に奈良県陸運事務所が開所すると、モータリゼーションの影響もあって、西側にある旧国道24号（現県道木津・横田線）寄りの地区を中心に自動車の販売業や整備業、関係団体などが次々と開業しました。同32年（1957）2月には、奈良トヨペットが設立され、4月には奈良交通奈良工場が設置されます。いまはトヨタ系、日産系、ダイハツなどの販売ディーラーの店舗が軒を連ねています。

空中写真で見る変貌ぶり

国土地理院の昭和36年（1961）と同63年（1988）の空中写真でその変貌を見ます。ここには掲載しませんでしたが同21年（1946）の米軍撮影の空中写真では、西端の南北に長い長池の東側は水田地帯で、墨の原料をつくる油煙工場が目立つほか、京終駅南側に多少の工場や民家があるくらいでした。同36

昭和36年の南京終地区の空中写真
（国土地理院「地図・空中写真閲覧サービス」より）

年の空中写真では、長池の東に東西に延びる道路沿いに自動車関連の事業所群が見てとれます。

南京終の変貌はこの後著しくなり、長池、福寺池、新池といったため池は姿を消し、旧国道沿いに日本住宅公団桂木団地（576戸）の中層住宅群が昭和42年（1967）に完成し、同63年（1988）の空中写真では、住宅や工場が地域一帯を覆い、農地は点在するだけですっかり都市化されている様が見て取れます。

「京終村」の道路計画で市街地整備

南京終一帯の土地は、伝統的な自治組織の「京終村」が集会所や墓地、水利権を管理し、農家組合もその傘下です。「村」は、農家などから村費を徴集し、水路や道路の補修工事に参加した人には人夫賃を支払いました（3−7）。

しかし、高度経済成長に伴う都市化の波も南京終に及ぶと、京終村総代だった萩原正一さん（1911〜1985）はこの地域の「開発の遅れ」を感じます。長男で萩原酒店店主の正弘さんによると、昭和40年（1965）頃から、正一さんは「きちんと道路を整備すれば、都市機能が向上し、みんな豊かになれる」と、この地域の都市計画を地主や小作人に提案し、説得して承諾を得ました。それが可能だったのは「京終村」として土地の状況をきめ細かく把握していたことにあります。

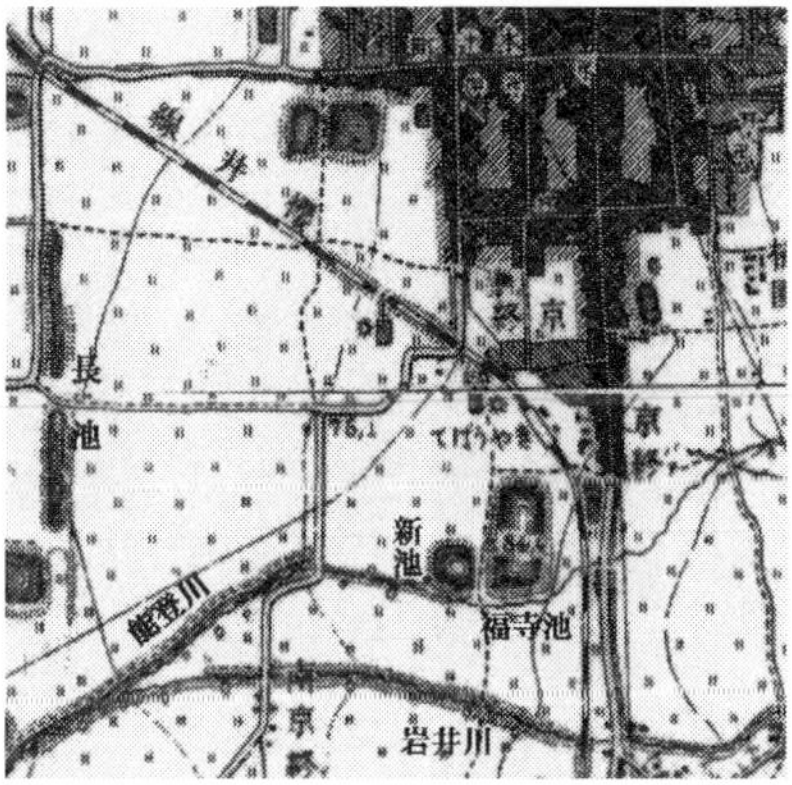

旧国道（現県道木津・横田線）が開通する前の南京終付近の陸地測量部地図（大正11年〔1922〕頃）

昭和63年（右同）

使い込まれてボロボロになった
「奈良市南京終町全図」
（昭和36年5月、奈良市水道局宅地造成課作成）
点線は道路計画
（写真提供：萩原正弘さん）

使い込まれてボロボロになった「奈良市南京終町全図」が萩原家に遺っています。昭和36年（1961）に奈良市水道局宅地造成課が作成した地籍図で、道路計画が赤い点線で描き込まれています。開発資金は農業系金融機関から借金し、福寺池の水利権や養魚権を奈良市に返上して得た補償費や土地改良事業の補助金で賄いました。福寺池や新池は、近鉄奈良線の地下化工事の残土などで埋め立てられ、整備された街路のある市街地に変貌しました。

南京終踏切の廃止反対運動

この地域で平成17年（2005）10月、JR桜井（万葉まほろば）線南京終踏切の廃止問題が持ち上がりました。当初、「やすらぎの道」をJR桜井線に陸橋をかけて南側に延伸する計画がありましたが、それを平面交差の踏切にするという計画に変更され、約100m奈良駅寄りにある南京終踏切を廃止するという話が持ち上がりました。代わりに歩行者と自転車用に長さ32mのスロープを線路両側に付けた跨線橋を作る計画も示されましたが、萩原正弘さんらは「永年利用してきた住民には不便極まりない」と、「南京終踏切を守る会」を結成。2ヶ月半で5388人の反対署名を集めてJR西日本と市に提出しました。結局、踏切は残り、「やすらぎの道」は線路の下を通るアンダーパスに計画変更され、現在、工事が進んでいます。

（神野武美）

【取材協力】萩原正弘さん

JR桜井線の線路の下を通すアンダーパス工事。
「やすらぎの道」が南へ伸びる。

筆ぺん・ハイテク技術で躍進 株式会社 呉竹

奈良市南京終町にある㈱呉竹のペン工場

筆ぺんで有名な「呉竹」は、ＪＲ京終駅から南５００ｍ、岩井川と能登川に挟まれた地に、本社（管理部門・開発部門・墨の製造部門・国内及び海外営業部門）、その西側にはペン工場（サインペン、マーカー類の製造部門、化粧品製造部門、物流部門）があります。

呉竹は明治35年（１９０２）の創業ですが、若々しい発想力と抜群の技術開発力があります。

昭和33年（１９５８）には墨を磨る時間を節約できる書道用液「墨滴」を開発し、日本中の小学校で使われています。そして、同38年（１９６３）には筆記具の革命と言われるサインペンを開発し、海外進出も果たしました。その後、市場の需要に応えるため、同43年（１９６８）にペン工場を新築。同48年（１９７３）には、冠婚葬祭には欠かせない「筆ぺん」を世に送り出すと、これまた大ヒットします。

本社で作られている伝統的な墨の製造

平成４年（１９９２）には本社を現在地に移転し、数百年先にも使える墨を目指して丁寧に手作りを続けています。一方「墨滴」は、独自の開発技術により、高品質な商品を機械生産しています。

また「筆ぺん」は千通りもの製造技術を持ち、化粧品のアイライナーを含む多種多様なペンとして進化しました。そして、「墨滴」の開発で培われたカーボン分散技術は、融雪剤や導電性塗料などの商品に結実しています。このように呉竹は、墨作りの技術を中核としながら近代的なハイテク産業に成長し、実績が評価され、平成30年（２０１８）『１００年経営大賞』（日刊工業新聞社）、同31年（２０１９）『グッドカンパニー大賞「特別賞」』（中小企業研究センター）を受賞しています。

（安西俊樹）

【コラム】

元興寺文化財研究所
総合文化財センター

戦後、元興寺の禅室・本堂の解体修理工事や境内発掘調査で、約10万点におよぶ「中世庶民信仰資料」が発見されました。当時例を見なかったこれらの資料群の性格究明・保存を目的として設立された調査室が、元興寺文化財研究所の前身です。昭和36年（1961）には国内で初めてアクリル樹脂による出土木製品の保存処理を実施するなどの実績を重ね、同42年（1967）に民間唯一の総合的な文化財研究機関として法人化されました。以来半世紀余りにわたって、指定文化財から身近な民俗資料まで、全国各地の文化財の調査研究・保存修復・科学分析を手がけ、現在ではX線CT撮影装置など最新機器の導入による新たな分析技術・保存処理技術の開発やデジタルレプリカの制作にも力を入れています。

テイチクの工場を引き継いだ総合文化財センター

　平成28年（2016）、複数の施設に分かれていた機能を統合し、新たに奈良市南肘塚町に総合文化財センターを開設しました。この新施設は、各種文化財の調査・修復・保存処理・科学分析を一手に担う「文化財の総合病院」であり、合わせて文化財保護の普及のために設備見学会や各種講座なども催しています。

　この地はテイチク本社工場のあった場所であり、現在も当時の建物の一部を引き継いでいます。センター内のサマヤ館には、テイチク工場として昭和45年（1970）に竣工した当時の棟札が今も掛けられています。全国に向けて文化が創造、発信されたこの地で、研究所はこれからも文化財を見出し、守ることを通して、学問・文化の発展に寄与したいと考えています。

（塚本敏夫）

テイチク工場（当時）の棟札

【コラム】

元興寺文化財研究所で修復された萩原酒店看板

この看板は、ご高齢の方だと懐かしく思われるのではないでしょうか。萩原酒店（北京終町）に残された大日本麦酒株式会社のアサヒビールの看板です。大日本麦酒株式会社はアサヒビールを発売していた大阪麦酒などが合併して明治39年（1906）に設立され、昭和24年（1949）に朝日麦酒と日本麦酒に分割されました。この看板はその間に造られ萩原酒店の軒先に飾られたことになります。

看板は虫損や木部に腐りが発生している状態でした。腐りの激しい右側を下にして長らく直接地面に置かれていたようです。裏面は全面に虫損がありました。でも表面はそれほど劣化しておらず大切に扱われていたのだと思います。

保存修復は、全体のクリーニングを行い、腐朽している部分にアクリル樹脂を浸み込ませ固めます。今回は、看板の形状を重んじ、腐朽部分の端部は形状を復元するようにパテ状のエポキシ樹脂に顔料を入れたものを補填して、最後はアクリル絵の具で板の感じが出るように彩色しました。

かつてはありふれていた1枚の看板ですが、今となってはこれも地域の歴史を物語る重要な資料であり、立派な民俗文化財です。国宝・重文のような指定文化財だけではなく、こうした身近な文化財もまた、地域の遺産として大切に守っていきたいものです。

（雨森久晃）

修復された萩原酒店看板

修復前

修復後

〈3-10〉

米軍の滑走路とアート・スミス曲芸飛行

紀寺に進駐軍の滑走路があった

かつての陸軍歩兵第五十三連隊の練兵場は戦後、占領軍が進駐しキャンプ奈良C地区となり、滑走路が造成されて小型プロペラ機が飛び立ちました。現在の東紀寺町の住宅街の中を通る東西方向の直線道路付近です。昭和20年（1945）8月の終戦から、講和条約が発効し占領時代が終わった同27年（1952）以後も同33年（1958）までの6年間、奈良における米軍の駐留は続いていました。

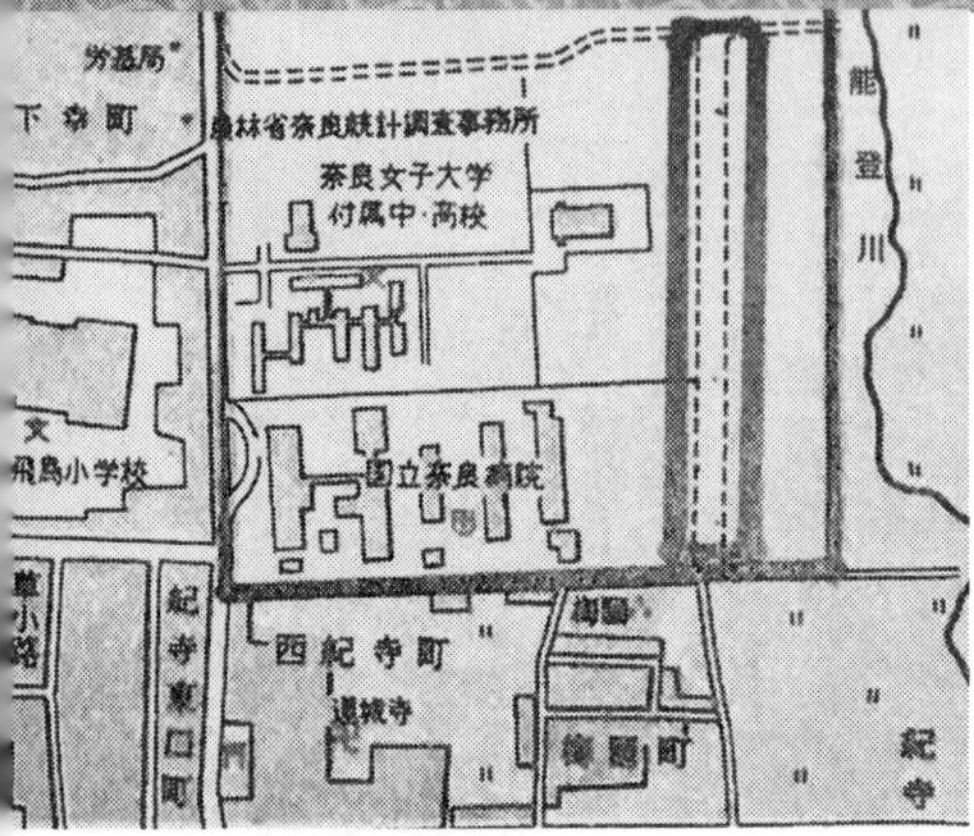

進駐軍滑走路の位置図
（国立奈良病院は現在、市立奈良病院）

奈良県教育委員会文化財保存課（当時）の佐藤敦子氏は『写真アルバム 奈良市の昭和』で進駐の様子を次のように伝えています。

「終戦後1ヶ月で、奈良に進駐軍がやってきた。9月24日には米軍第6軍76人が奈良ホテルに入り、その後2000人以上の米兵が進駐し、第三十八連隊跡地（現奈良教育大学）、西部国民勤労訓練所跡（現航空自衛隊奈良基地）、奈良ホテル、奈良公園の春日野グランドやプール、周辺の民家などが次々に接収された。高畑の志賀直哉邸も軍高官の住居になった。奈良ホテルは、米軍のレクリエーション施設として使用され、同25年（1950）の朝鮮戦争時には戦地からの帰休兵であふれたという（以下略）」（説田2015）。

練兵場跡は現在、市立奈良病院や奈良女子大附属中等教育学校、県営住宅、UR都市機構紀寺団地などになっています。実は、奈良における飛行機の歴史と縁が深い場所です。100年以上前の大正5年（1916）5月6～8日の3日間、この地でアメリカ人のアート・スミスによる曲乗り飛行が4回繰り広げられま

愛機を披露する曲乗り飛行家アート・スミス
（奈良大学図書館所蔵、北村信昭コレクション）

西庄久和奈良市長（当時）の令嬢より
花束を受けるアート・スミス（同上）

した。練兵場内に楕円形の柵を設け、多くの観衆はそれを囲んでその妙技を見物し感嘆の声を発しました。宙返り用に製作されたスミスの複葉機はわずかな滑走で離陸。グッと急上昇して舞い上がり、着陸は、はっと息を呑ませる風情で急降下し、無事着陸したと伝えられています。

これに刺激された町の発明家、左門米造（1873～1944）は翌年、奈良公園で、機体後方にプロペラがついた自作の複葉機で公開飛行実験を行い、機体を2mほど浮揚させました。

進駐軍の滑走路は、長さ約400m、幅約50m。能登川に沿うように西向きにつくられました。小型プロペラ機で大阪や京都方面のキャンプとの連絡に使っていたようです。京都の大久保キャンプ（現陸上自衛隊大久保駐屯地）方面へ向かう飛行機は西に向かって離陸し、春日中学校の上空で機首を北に向けて飛んでいったそうです。

とくに昭和30年（1955）前後は連日、米軍キャンプの撤収のための大型ヘリコプター十数機が1度に飛び立ち、春日中学校付近で北に向きを変えて飛んだため、木造校舎の窓ガラスを振動させ、飛び去るまで授業ができませんでした。

奈良C地区の米軍施設の建物は、基礎や腰の部分は煉瓦造りで紅ガラ塗り、壁は白色、柱などは濃緑色でした。腰には黒く建物ナンバーが打たれ、キャンプを囲むフェンスや塀は緑色で、春日山を借景に異国情緒あふれた眺めだったそうです。

（高橋正男・新村恵勇）

滑走路があった東紀寺町3丁目
付近の直線道路

〈3-11〉

中辻町に小学校と養老院があった

町の中心を南北に「上街道」が通る中辻町に、かつて教育や福祉の施設がありました。江戸時代の「紀州屋敷」跡に、明治の初めから中盤まで中辻小学校があり、その移転後には「奈良養老院」が創設されていたのです。

旧紀州屋敷長屋門（提供：神戸映画資料館）

昭和の終わり頃までは、紀州屋敷の立派な長屋門が残っていました。大森町に住んでいた玉井好子さんは、平成元年（1989）4月発行の『奈良町のわたし』「うたかたと消えた長屋門」（昭和62年〔1987〕8月に執筆）で、長屋門と紀州屋敷跡の広々と整地された敷地の様子を書いています。玉井さん思い出の長屋門は「両側に長屋のついた上半分は白壁に武者窓、腰から下は海鼠壁づくり。分厚い扉に打ちつけられた黒い鉄の鋲」という堂々たるもの。幼かった頃に目撃したのは、門前で裃姿の武士と奴姿の仲間たちがやり

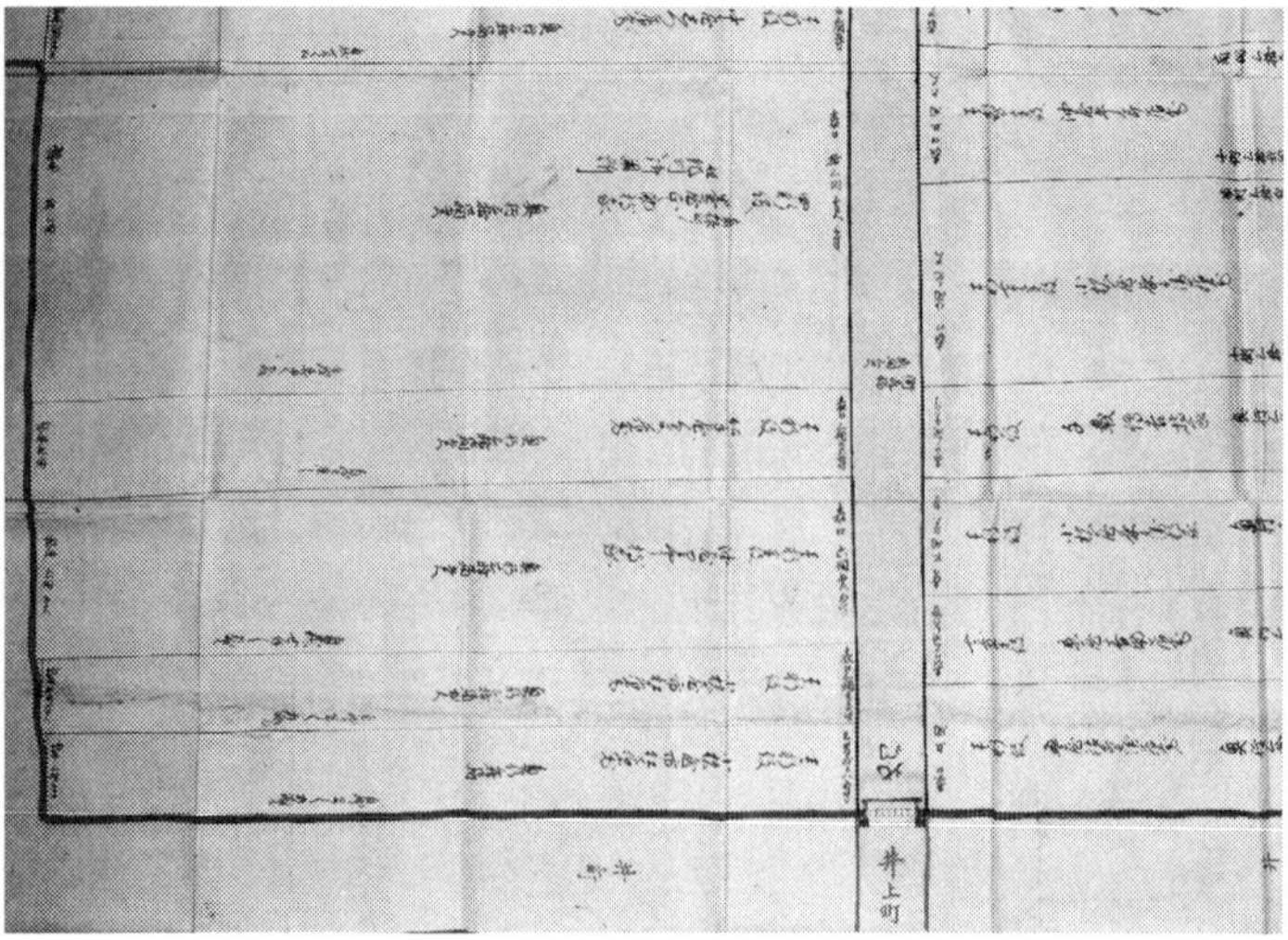

中辻町惣絵図（明治2年〔1869〕、奈良市史料保存館所蔵）
左上の広い敷地は「角振町墨屋正之介持家　但　紀州御用所奥行三四間5尺」と書かれている。

あう「活動写真」の撮影場面でした。

「紀州屋敷」とは、江戸時代の和歌山藩が奈良町から御用金を調達するための出張所「紀州御用所」のことです。明治2年（1869）の「中辻町惣絵図」には、北の井上町との境界から南へ5軒目で、屋敷の幅は「13間1尺3寸（約24ｍ）」もありました。

長屋門は、市内循環道路と「上街道」の交差点南東のマンション「ローレルコート奈良」の少し南にあったようです。交差点付近の児童公園には、長屋門の写真付きの「中辻町　紀州屋敷跡　由来」と書かれたパネル板が立っています。

「紀州屋敷」に設立された中辻小学校

明治6年（1873）に鳴川町の徳融寺に開かれた魁化舎が、同8年（1875）5月に移転し、旧紀州屋敷を校舎とし校名も「三小区小学校」に改められました（済美小学校1993）。現在の奈良市立済美小学校です。

「中辻小学校」と名称を変えたのは同11年（1878）3月。『奈良市史通史四』によると、同15年（1882）の同小学校の就学児童数は男191人、女176人の計367人。当時は授業料が必要だったせいか、通学区域の学齢児童数はそれぞれ408人、432人なので、不就学児童が多かったようです。それでも就学児童数は少しずつ増え、同20年（1887）に中辻尋常小学校に改称。児童数も同29年（1896）には436人に増えたため、同33年（1900）3月に陰陽町に新築移転し、済美尋常小学校となりました。

この間の明治22年（1889）に町制が施行されて奈良町が成立し、同31年（1898）には奈良市が成立しています。小学校の移転や学区再編も繰り返されました。奈良観光の立役者、谷井友三郎（1901～79）は、子どもの頃は北京終町に住み、同40年（1907）に陰陽町にあった済美尋常小学校に入学しました。ところが、4年に進級する同43年（1910）に学区の編成替えがあり、済美尋常小学校が廃止され、紀寺町の第二小学校（現飛鳥小学校）に通うことになりました。大正5年（1916）4月、今の済美小学校の前身となる第四尋常小学校が西木辻町に設立され、以後、中辻町、肘塚町、北京終町などJR桜井（万葉まほろば）線以北の子供たちは、今の済美小学校に通うようになりました。桜井線以南の子供たちは、第2次大戦後の人口増加で昭和57年（1982）に分離した済美南小学校に通っています。

また、『奈良市史　通史四』によると、明治43年（1910）ごろ、北京終町に大和女学校という私立学校があり、同44年度『市勢要覧』に生徒数50人と記載されています。

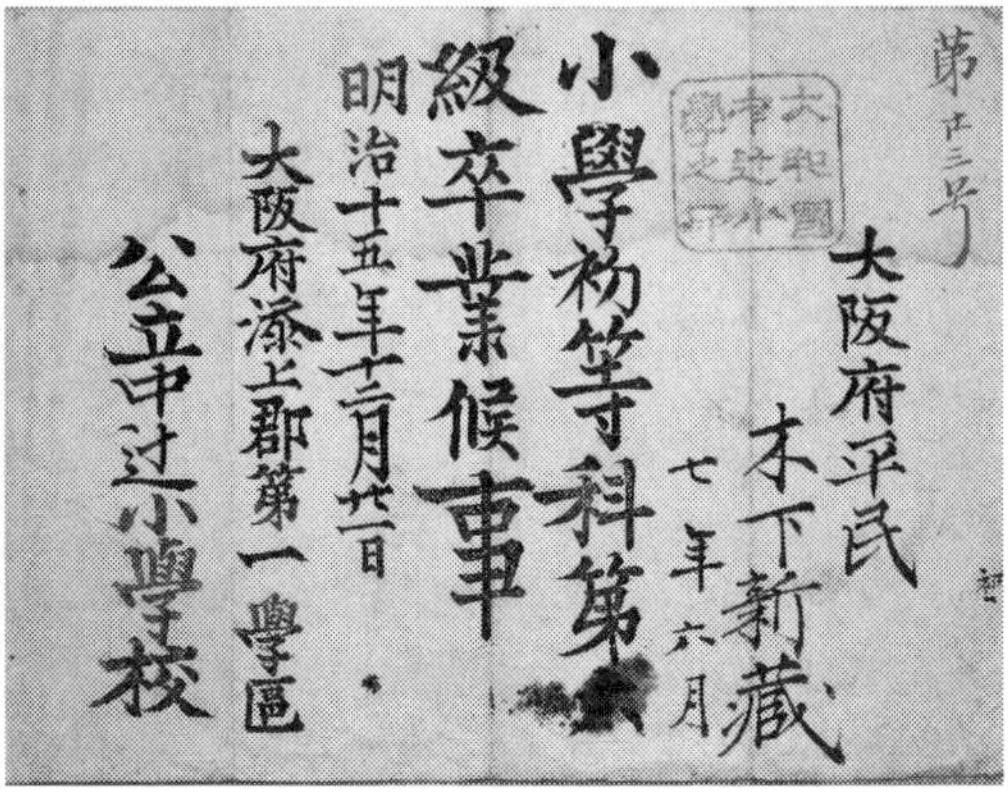
第六三号
大阪府平民　木下新蔵
七年六月
小學初等科第六級卒業候事
明治十五年十二月廿日
大阪府添上郡第一學區
公立中辻小學校

中辻小学校初等科六級卒業（進級）証（明治15年〔1882〕、奈良市史料保存館所蔵）

明治期に設立された奈良養老院

奈良養老院は明治39年（1906）5月に中井勝次郎が設立しました。昭和41年（1966）のゼンリン住宅地図にも「紀州屋敷」に相当する広大な土地に「中井」の名字が見えます。『社会福祉人名資料事典』では、「慈善事業時代の施設とその人々」として「奈良養老院（養老・育児・免囚）」を「院主独力にて設立運営し、老幼を問わず救済の必要のあるものを収容保護した。大正7年（1918）3月末収容者24名、資産10，486円、収支2，104円」と紹介され（中部社会事業短期大学1955）、奈良県の7つの施設のうち、ここが資産額のトップとなっています。

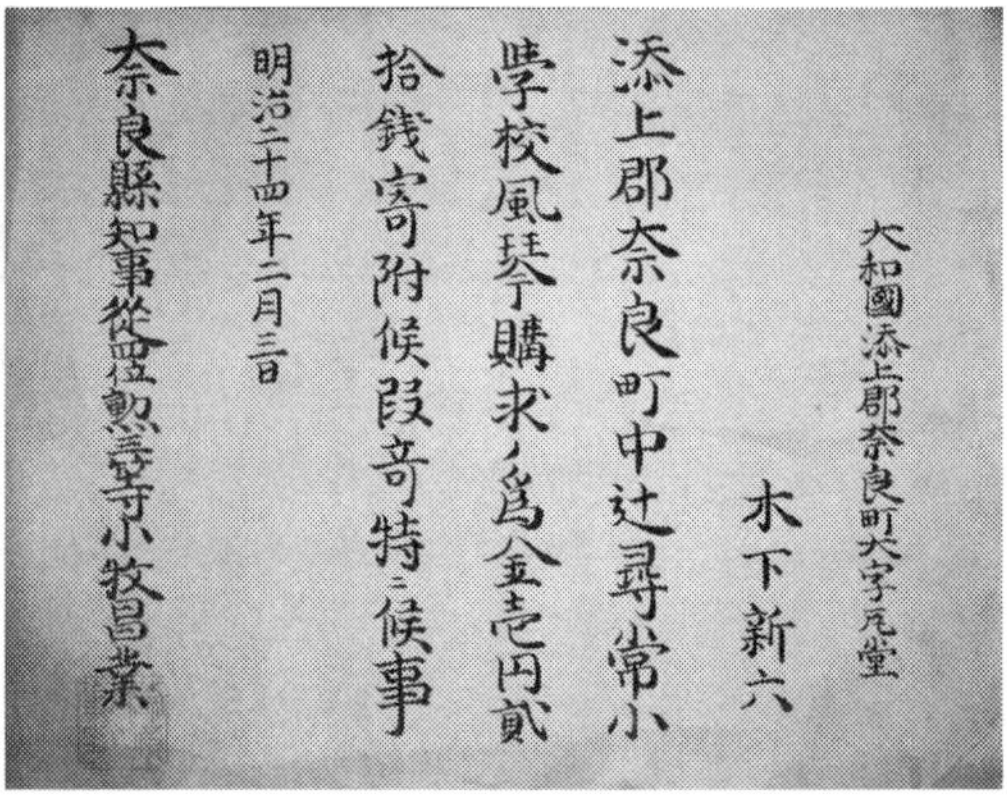
大和國添上郡奈良町大字元堂
木下新六
添上郡奈良町中辻尋常小
學校風琴購求ノ爲金壱円貳
拾銭寄附候段奇特ニ候事
明治二十四年二月三日
奈良縣知事従四位勲四等小牧昌業

中辻小学校の風琴（オルガン）購入費寄付への奈良県知事感謝状（明治24年〔1891〕、同上）

大正9年（1920）刊行の大原社会問題研究所編『日本社会事業年鑑』には、全国24施設の養老事業団体の1つとして記載されています。

同14年（1925）の同研究所編『全国社会事業一覧　大正十三年十二月現在調』から養老院を選び出すと、奈良養老院は全国で11番目の設立でしたが、岡本多喜子氏によれば、これを最後に「消息不明」（内務省社会局『社会事業統計要覧』には昭和4年〔1929〕末に廃止）とされています（岡本2011）。

県内第1号の公的老人ホーム「奈良市養老舎」

「奈良市養老舎」は昭和7年（1932）、紀寺町の現在の奈良市立看護専門学校の場所に県内第1号の公的老人ホームとして設置されました。古市町の社会福祉法人奈良市和楽園の前身です。元奈良市長で実業家の木本源吉が土地を寄贈し、民生児童委員の前身である方面委員の奈良市部会委員が奔走して、市民の浄財を募り計約3500円の寄付金を集め、昭和恐慌下での生活困窮の高齢者を収容する施設として建設されました。このため、現在まで多くの民生児童委員が理事や理事長に就任しています。

昭和22年（1947）に、生活保護法による保護施設として認可を受け、規模を順次拡大し、同29年に「奈良市和楽園」に名称を変更し、同38年に養護老人ホームの認可を受けました。平成10年（1998）に古市町に移転して特別養護老人ホームやケアハウス、居宅介護支援事業所なども併設しています。

（神野武美）

昭和10年（1935）当時の奈良市養老舎と奈良市部会委員
（奈良市和楽園75周年記念誌制作委員会2007より）

〈3-12〉

食と生活文化
『銭湯の町』京終界隈

　奈良町を歩くと、銭湯の煙突がそこかしこに天高くそびえている様子が目に入ります。哀愁とともに屹立するその姿はどこか懐かしさも覚えさせ、時に幻想的に奈良町の風情ある景観の一部をかたちづくっています。銭湯の煙突はまさに現代の奈良町のシンボルの一つといえるでしょう。

　実は銭湯の歴史にとって、この地域は重要な位置を占めます。鎌倉時代後期には現在の紀寺町にあった「南市」(2−3)に、西大寺二世長老の信空《しんくう》によって「銭湯」が設けられました。これは元興寺修理料をまかなうために南北朝時代にかけて運営されたもので、現在知られている限りでは文献最古の「銭湯」の事例とされています(荻野1985)。最初期の「銭湯」はまさにこの地域で営まれていたのです。

　歴史的にも奈良の市民に愛されてきた銭湯は、昭和期には奈良市内で30軒以上を数えたそうです。しかし、昭和50年代以降は減り続け、10年前には10軒、最近は5軒になっています。その背景には、少しずつ世の中が豊かになり風呂付きの戸建て住宅が増えたこと、経営者の高齢化などが影響しているようです。

　このように厳しい環境にもかかわらず京終界隈には60年以上営業を続けている銭湯が3軒あり、今では「銭湯の町」として若者にも人気のホットスポットとなっています。

朝日温泉

広い駐車場・多種風呂・ランドリー

「朝日温泉」は京終駅から徒歩7分。21台分もの駐車場があるので遠くからのお客様にも人気があります。

朝日温泉　駐車場

昭和36年（1961）に先代の社長が広い道路に面した銭湯を購入して営業を始めました。

昭和34年（1959）には皇太子のご成婚でテレビが普及を始め、同39年（1964）には東京オリンピック開催という高度成長時代の創業でした。

銭湯には、客寄せのために早くからテレビを置いていました。大人も子供も、テレビの娯楽番組を見るために銭湯にやって来たそうです。

朝日温泉看板

ところが、京終商店街が賑やかになると、銭湯の周りで路上駐車が増え、近所から苦情が出るようになりました。そこで、道路側に駐車場、裏に新築の銭湯を建てました。こうして、奈良では最初の駐車場のある銭湯になりました。

それを機に、温泉効果のある高濃度の炭酸水を使うとともに、電気風呂、超音波風呂、気泡風呂、水風呂と多くの浴槽を楽しめるようになりました。極めつけは、ミストサウナ。銭湯でありながらリッチな気分を満喫できるのです。

オイルショックと銭湯

創業当時の燃料は、主に製材所の廃材、木っ端やおがくずを使用していました。上嶋産業、南都木材など、京終駅の周りには製材所、材木店がたくさんあったので燃料の入手には困らなかったようです。しかし、製材所が減ったため段々と重油を使うようになります。重油の値段が下がると、材木と重油の両方が使えるボイラーに切り替えました。ところが昭和48年（1973）頃から始まったオイルショックの時は重油の値段が高騰したので、再び材木の調達に走り回ったそうです。その後、燃料は重油だけになり、材木を使っていた頃よりも維持管理が随分楽になったそうです。

朝日温泉のご主人、山崎美隆さんに京終に銭湯が多い理由をお伺いすると、「昔からの色町、西木辻が近くにあったからでしょうね。遊びに来たお客様が良く利用したようです。もちろん、京終駅周辺には京終商店街や工場がたくさんあって、長屋住まいということもあったでしょう。家に風呂があっても、夕方になると決まって風呂屋にやってきて汗を流す。そんな関西文化を愛する人も多く利用されていますよ」

朝日温泉では、さらにコインランドリーも併設していますので、入浴中に洗濯も仕上がると評判です。車で通うお客様が益々増えることでしょう。

朝日温泉 住奈良市京終地方東側町20 電0742(22)0532 営14時～24時 休第2・4水曜日 ア京終駅より徒歩5分 P21台 料大人440円、小学生160円、幼児80円(令和2年8月現在)

ほてい湯

「布袋湯」から「ほてい湯」に

ほてい湯の創業は、昭和38年（1963）です。京都西陣のサラリーマンだった先代は、脱サラして京終駅前にあった風呂屋を買い取りました。お客様を引き継ぎたかったので、「布袋湯」の屋号もそのまま使うことにしました。

お店は、JR京終駅前から北に行き東に入った細い道にあるので、駅前の道から見えるようにネオンサイン付きの「布袋湯」の看板と、「好きやねん　おふろ」という大きな看板を上げました。すると、お客様は「今、〝好きやねん〟という名前のお風呂屋さんに来ているねん」と、名前を間違って呼ぶようになりました。

そこで、平成22年（2010）頃からは子供から大人まで正しく読めるように、ひらがなの「ほてい湯」

近代的な設備のほてい湯外観

ほてい湯 住奈良市肘塚町7 電0742(22)0793 営14時～24時 休第2・4金曜日 ア京終駅より徒歩2分 P22台 料大人440円、小学生160円、幼児80円(令和2年8月現在)

にしたそうです。

インターネット時代のお客様

約10年前、ご子息が跡を継ぎ3代目の社長となり、新しいスタイルの銭湯として再スタートしました。若い世代のお客様にもお風呂に来てもらいたいと考え着いたのが、「話題作りと宣伝」でした。

まず、髪や肌にやさしい高純度軟水を使用し、水質に徹底的にこだわりました。さらに、「熱海の湯」、「下呂の湯」、「白浜の湯」など、日本の名湯を再現したのです。

以前に使っていた看板

このような努力を重ね、最近は若者の間でサウナ人気が高まり、サウナ検索サイト「サウナイキタイ」で調べて、「ほてい湯」を目指し旅する若者グループが増えてきているそうです。「ほてい湯」のサウナはネット検索で上位にランキングされるようになりました。

花園新温泉

昭和レトロの趣のある銭湯

入口の暖簾をくぐり、男女別の引き戸を開けると直ぐに番台があります。

ここは、典型的な昭和の銭湯なのです。体重計の単位は「貫」(1貫＝3.75kg)。32貫までの目盛りに、昭和の時代を感じます。女湯にはカラオケセットが置かれ、夕方5時まではお客様に開放されています。風呂屋で一杯飲みながらカラオケが出来て、昭和レトロ満載なのです。ここでは時々、若者主催の合コンや歌垣などのイベントが開かれています。

「花園新温泉」の番台に今も毎日のように座る生田弘子さんに、創業の頃についてお伺いしました。

生田さんのご主人は石川県出身で、大きな農家の次男坊でした。学校を卒業すると直ぐに、京都の風呂屋に奉公に出ます。そこで修行を積み、その年季が明けると、親戚から資金を調達して花園町に開業していた「大吉湯」を買い取ります。創業は昭和34年(1959)でした。好きな酒も我慢し、休みも返上してよく働くご主人でした。そこへ嫁いできたのが、幼い頃から遊び友達だった現女将の弘子さんでした。入口の大きな暖簾、中央の番台には弘子さんと看板娘の正美さんが迎えてくれます。

弘子さんは、赤ちゃん連れの人がやって来るとお母さんにゆっくりお風呂に入らせてあげるため、子守を引き受けたりしていました。それが評判となり、お手伝いさんが何人も必要になるほど多くのお客さんがやって来るようになったそうです。そして、新しく今の銭湯を建てることになったので、花園町の町名をいただき、「花園新温泉」と名付けて再スタートしました。

花園新温泉外観

「つらら石」が証明
本物のミネラル温泉

ご自慢の設備は、天然のミネラル原鉱石（薬石）を使った温泉です。天井付近の窓を見上げると、何本もの細長いミネラルの白い柱がまるで冬の軒下の「つらら」のように伸びています。この「つらら」は、創業以来60年間、少しずつ伸び、長いものは32㎝にもなっています。

花園新温泉にあるつらら石

元興寺、花園新温泉は観光コース

「花園新温泉」は奈良町の中にあり、昼前から開いている貴重な銭湯です。夜行バスで奈良に着いたら、まずは宿に荷物を下ろして奈良町の散策、そして銭湯を巡るコースはお客様に人気です。

花園新温泉 住奈良市花園町13 電0742(24)0319 営11時30分～23時30分 休毎週火曜日 ア京終駅より徒歩7分 P5台 料大人440円、小学生160円、幼児80円(令和2年8月現在)

酒屋で立ち飲みできる町

「角《かく》打《う》ち」ができる酒屋

酒屋で買ったお酒を店内で飲むことを、「角打ち」といいます。

萩原酒店（北京終町）、倉本酒店（瓦堂町）、永井商店（南京終町）では、酒屋の価格で気軽に飲めるので、仕事帰りの常連さんが多く、ときには、銭湯帰りのお客様も利用されます。どの店の店主も物知りで、話が止まらない。

京終界隈は、今も酒屋で立ち飲みが出来るという貴重な風情を伝えています。

萩原酒店
〒630-8322
奈良市北京終町28
電話：0742-26-2323

萩原酒店で盛り上がる常連さんたち

本場奈良漬製造元　奈良屋本店

全国展開する奈良屋本店

3代目の増田幸彦社長に、美味しい奈良漬け作りの秘訣は？　とお尋ねしたら、「〝味よし、色よし、歯ごたえ良し〟の奈良漬けは、1年に4回以上の漬け込みと、冷蔵管理」とのこと。

奈良市内で唯一のJAS認定工場（京終工場）で、清酒粕のみを使うという実直さが人気となり、奈良屋本店の奈良漬けは、全国の三越やスーパーマーケットで販売中です。

（安西俊樹）

奈良屋本店
〒630-8306 奈良市紀寺町1060
電話：0742-22-4163
写真はホームページより

〈3-13〉

大衆文化 中井座と谷井友三郎

芝居小屋から映画館へ

北京終町の北隣の瓦堂町にはかつて、芝居小屋の「中井座」がありました。『奈良市史　通史4』によると、前身は明治32年（1899）にできた「玉井座」。ただ、この場所にはさらに遡り、江戸時代から芝居小屋がありました（4－3）。『奈良の近代史年表』には、中井座としては同42年（1909）9月1日に「舞台開き」したとあります。

「中井座」があった場所は、市内循環道路から北へ餅飯殿商店街の方向に数軒目の東側です。大正14年（1925）生まれの増尾正子さんの著作『奈良の昔話』には、幼い頃の思い出として「櫓《やぐら》造りの古めかしい芝居小屋が昭和の始め頃まであった」と

映画興行をしている中井座のにぎわい。「帝キネ」は大正9年（1920）から昭和6年（1931）まであった大阪の映画会社（提供：神戸映画資料館）

あり、場内には桟敷席や花道があったそうです(増尾2009)。

『奈良市史　通史四』によると、中井座は、明治末から大正にかけて「芝居をやったり映画をやったりで、時には『活動写真混合芝居』も上演されて人気を呼んだ」と記されています。白樺派の文豪、志賀直哉も幸町に住んだ頃に中井座に足を運びました。大正15年(1926)1月18日の志賀の日記に「夜武者(武者小路実篤)と散歩、中井座に『オペラ座の怪人』を見る」とあります。この頃、1年間ほど武者小路も奈良の水門町に住んでいました。高畑町の尾花座(現ホテル尾花)が同9年(1920)に活動写真(無声映画)の常設館になったころ、中井座も映画館に姿を変え、戦時中まであったようです。

「奈良遷都千二百五十年祭」

奈良の大衆文化で忘れてはならない人物が、北京終町で生まれた谷井友三郎(1901~79)です。谷井興業を創立し、奈良市では尾花座と双璧となる映画館や劇場を経営しただけではなく、奈良市観光協会長、市議会議員、県議会議員を務めました。例えば、年末恒例の「春日若宮おん祭」の時代行列は戦後、GHQが禁止したため昭和20年(1945)は開催できませんでした。そこで、友三郎はGHQと交渉して翌同21年から3年間私財を投じて復活させました。

また、市観光協会長として昭和35年(1960)の「奈良遷都千二百五十年祭」では、奈良時代7代の天皇に、長谷川一夫などの映画スターが扮し、行列をなす一大絵巻を実現させました。さらに、奈良の社寺の伝統行事に観光の要素を加え華やかなものにしたのも友三郎の功績です。例えば、率川神社の奉祝会長として、「三枝祭り」を同28年(1953)6月から、「ゆりまつり」と呼ぶようにして、7人の乙女が渡御をする美しい祭りにしました。

亡くなった2年後の昭和56年(1981)、『谷井友三郎伝』という560頁に及ぶ伝記が刊行されました(木村・安彦1981)。戦後の奈良観光の「立役者」だったからです。この伝記には、友三郎の「奈良は先祖から偉大な遺産を与えられており、その報恩事業として社寺や伝統行事を大事に継承し一般国民に知ってもらうべきだ」という思いが語られています。

京終生まれの根っからの芝居好き

谷井友三郎は、藤井勇吉の第7子として、現在は登録有形文化財の吉岡家住宅（3－14）の場所で生まれました。同住宅は、友三郎の兄が昭和10年（1935）に自宅として建てたもので、売りに出ていたものを平成22年（2010）に吉岡家が取得したものです。

父勇吉は、縁日や祭礼での露店の場割《つちわ》りや見世物の興行をする香具師の元締めでした。子どもの頃の遊び場は、飛鳥神社（当時は紅梅殿社、京終天神社と呼ばれた）の境内でした。バイ（ベーゴマ）やメンコが強く、近くにあったあみだ池（京終池）では、年に1度水を抜く際に池に入って巧みに鯉をつかみ取りするなど、遊びにかけては誰にもひけをとりませんでした。「ひいろ」という東西屋（チンドン屋）が京終にあり、根っからの芝居好きだった友三郎は幼い頃、チンドン屋の旗持ちをしたことがありました。

谷井友三郎と弟の鈴木福松が京終天神社（現・飛鳥神社）に獅子頭1対と猿田彦面を寄付
（写真提供：萩原正弘さん）

奈良市議会議長当時の谷井友三郎

17歳で結婚して谷井家の婿養子になり、墨などの露天商を経て、日本各地で開かれた内国博覧会に「『奈良館』をつくって郷土大和の観光の発展に尽くしたい」と考えました。昭和4年（1929）のソウルの「朝鮮博覧会」で初めて「奈良館」をつくり、大仏をかたどった正門を建て、その後も各地の博覧会で、工夫やアイデアを凝らした展示をつくりました。同8年（1933）3月からは「奈良市制35周年記念観光産業博覧会」を市観光協会主催で開催し、約35万人を集めましたが、同年4月26日に洪水が発生。売店や小屋が床上浸水して大損害が発生し、谷井友三郎はその損失の半分を補償しました。

「観光大和歴史館」の失敗から映画館経営へ

昭和15年（１９４０）の神武天皇即位紀元２６００年では、橿原神宮で予定された「建国博覧会」が戦時経済統制の強化で開催できなくなりました。その準備をしていた友三郎は、県知事から「奈良市内に大和の歴史を紹介する所を作っては」と勧められ、同14年（１９３９）秋、「観光大和歴史館」を建てました。八咫烏、聖徳太子、光明皇后、大仏殿炎上、楠木正行など14景を具えた歴史パノラマでしたが、戦争の激化に伴い観光客が減って失敗。しかし、「戦地の出征兵士の姿を見たいという家族が多い」という時流に乗り、20日余りの突貫工事で同17年（１９４２）年に「ニュース映画館」を開館し、その後「奈良映画劇場」に改名して大いに利益を上げました。

吉岡家住宅には、上棟式に飾る祝いの木札「幣串」４本が遺されています。１本目は兄藤井駒治郎の自宅のものですが、２本目は、「観光大和歴史館」（昭和14年〔１９３９〕７月上棟）、３本目は「友楽座」（同21年〔１９４６〕８月同）、４本目は「奈良映画劇場」（同24年〔１９４９〕７月同）です。

吉岡家に保存されている上棟式の幣串

友楽座の「柿落《こけら》し」の舞台開きは、日本舞踊の藤間亀三郎の特別公演と、エンタツ・アチャコ主演の東宝映画「これは失礼」が上映されました。しかし、映画が斜陽化し、「シネマデプト友楽」と名前を変えて営業を続けたものの、平成22年（２０１０）年に閉館しました。

（神野武美）

友楽座上棟式
（写真提供：谷井民子さん・奈良県立図書情報館「奈良の今昔写真WEB」）

〈3-14〉

町家の保存と活用

奈良町の町並みや景観の重要な要素の1つとして町家（町屋）が挙げられます。

町家は人々が生活する建物である民家の一種で、歴史的な都市や集落において、道路に面して建つ都市型の職住一体型の住宅の総称です。そのため、歴史的な都市であればどこにでも存在するとも言えるのですが、その形態や意匠は地域によってさまざまです。

奈良町の町家

奈良町の典型的な町家は、間口が狭く奥行きの長い短冊状の敷地に、通りに面して間口いっぱいに、切妻《きりづま》造《づくり》、平入《ひらいり》、木造つし2階建ての主屋を建て、その後方に中庭、渡り廊下、離れや蔵を設けます。「つし2階」というのは、正面から見た町家の2階部分の高さが低いものを指し、虫《む》籠《し》窓《こまど》と呼ばれる漆喰《しっくい》や土壁で塗り込められた格子窓が付き、両端に卯《う》建《だつ》が設けられます。「切妻造」は屋根形状のことで、屋根の頂部の棟から両側に葺き下ろす最もシンプルな形です。屋根の三角形になる部分を「妻」といい、入口が妻側にある場合を「妻入《つまいり》」、屋根が葺き下ろされた側にある場合を「平入」と表します。

内部の居室構成は、入口から背面まで通り抜けることができる通り土間に沿って、居室が1列3室、ないしは主屋の隣に落ち棟の座敷を設けて2列5室に並ぶものが多く、居室側の正面外観は出格子が付くのが一般的です。

しかし、奈良町を歩いてみるとつし2階でも虫籠窓がない町家、つし2階ではなく平屋の町家や2階建ての町家、間口が非常に広い大規模な町家など多種多様な町家があるのがわかります。よく観察してみると、

北京終町の間口の広い町家

奈良町の中でもエリアによって異なった特徴が見えてくるでしょう。

奈良町の南玄関
京終・紀寺周辺の町家

それでは、奈良町の南部京終・紀寺周辺の町家にはどのような特徴があるのでしょうか。このエリアは、奈良町の南部であって町場の外側に田畑が広がっていました。そのため、農家が多く居住し、かつては藁葺《わらぶき》屋根の農家住宅が分布していたようです。いつ頃から現在のような瓦葺の町並みになったのかはわかりませんが、明治、大正時代に建て替えられた事例があるので、その頃に新築する際は瓦葺で建てられたのでしょう。平成に入ってからもトタンで覆われた藁葺民家がかろうじて数棟残っていたようですが、平成の中頃にはそれももうなくなってしまいました。

かつてあった農家住宅は、通りに面して間口いっぱいに主屋が建てられるという点で農家住宅としてはやや特異ですが、そのほかは奈良盆地の農家住宅と同様の特徴を有していました。奥まで通り抜けられる土間に沿って設ける居室は1列3室ではなく、規模が小さいものは1列2室、

北京終町に建っていた藁葺民家（写真提供：奈良文化財研究所）

北京終町の町家に架かる煙り返しの大梁

大きいもので田の字型に4室に並びます。土間は農作業ができるように広くとられ、土間の一角に牛を入れておく「牛小屋」や機織りを行う「ハタベヤ」が設けられます。また、かまどの上部に煙返しの大梁《おおばり》と言われる梁が設けられるのも奈良盆地の農家住宅の特徴です。

現在このエリアにある町家は腰板張りに漆喰や土壁、居室部は出格子《でごうし》や平格子《ひらごうし》が付くため、一見すると奈良町の典型的な町家が多いように思われますが、よく見ると農家住宅が建っていたころの面影を残しています。全体的に間口が広いものが多く、広い土間には煙返しの大梁が架かるものや、大梁がかかっていた痕跡が残っているものがあります。居室は1列3室の場合もありますが、1列2室や田の字型など農家住宅と同様の間取りとなっていることもあります。なお、外観の意匠は先述したとおり一般的な町家と同じですが、奈良格子《ならごうし》と呼ばれる丸太の格子がつくものもしばしば見られます。

西紀寺町周辺の典型的な町家と奈良格子が付く町家

このように、奈良町周縁部である奈良町の南部では、瓦葺の町家であっても農家建築の要素が随所に見られるものがあるというのが特徴といえるでしょう。

田畑の宅地開発

奈良町周辺では明治末期から昭和期にかけて、個人が自身の所有する田畑を宅地開発し、長屋や、平屋の戸建てで貸家を建てることがありました。それらの貸家では、格子、腰壁、漆喰や土壁といった町家の外観意匠が用いられますが、特に戸建ての貸家の場合は、内部の間取りや屋根形状が一般的な町家と異なるものもあります。

奈良町の南部にもこのような貸家がいくつか残っています。明治42年（1909）、現在奈良教育大学がある場所に陸軍歩兵第53連隊が開設されたこともあり、特に、高畑町、紀寺町周辺は貸家の需要が高く、なかには将校向けに戸建ての貸家も建てられたようです。

紀寺町の貸家（紀寺の家）

町家の活用

ならまち観光の人気の高まりや古民家への関心の高まりから、近年では、京終・紀寺周辺で町家を活用した宿やゲストハウス、飲食店が増えてきています。

かつて奈良町の産業は商業や製造業で成り立っており、町家は職住一体型の住居兼店舗でした。しかし、サラリーマン家庭の増加とともに、多くの町家は住居としての側面のみが残っていきます。住居としてのみ使用されることで、町家の保存という問題が、居住者に伝統的な生活様式を続けるかどうかを問うことになり、「古くて、暗くて、寒くて、住みづらい」といったネガティブなイメージのもと、修理して使い続けるよりも取り壊して建て替えられ、多くの町家が失われてきました。

しかし、近年、宿や店舗として町家が利活用され、町家の保存が住民の住まいの場の保存という観点だけでなく、生業の1つの要素として捉えられるようになっています。新築の建物ではなく、古い町家であるということが、お店の特色の1つとなるようです。そういった店舗では、古いものを活かし、新しい要素も取り入れながら、快適な環境を整える様々な工夫がなされています。商業の場として利活用されることで、住人以外の人が町家に愛着を持つ機会が生まれ、利活用されればされるほど町家のファンが増えて保存へとつながる。そのような好循環が、生まれ始めているのではないでしょうか。

（田中梨絵）

【コラム】

登録有形文化財　吉岡家住宅のいま

吉岡家住宅　渡廊下

登録有形文化財 吉岡家住宅とは

奈良市北京終町にある吉岡家住宅は「京終」の名の通り奈良旧市街南端部に位置しています。

元は藤井家の所有だった昭和前期の町家を、平成22年（2010）に吉岡家が購入。翌23年（2011）から同24年（2012）にかけて改修工事を行い、同28年（2016）に主屋と渡廊下が国の登録有形文化財に選定されました。

建物の特徴

主屋…切妻造桟瓦葺《きりづまづくりさんがわらぶき》で、通りに南面する木造2階建の町家です。

正面外観は「つし2階（中2階）」の形式で、1階は細い格子戸《こうしど》や出格子《でごうし》を構え、「つし2階」は中央に大ぶりな虫籠窓《むしこまど》を設けた外観で、ガラス障子を多用した簡明な内部空間等が昭和前期の町家の特徴をよく示す建物です。

渡廊下…主屋の後方に続く、木造平屋建、切妻造桟瓦葺の建物です。

伝統的な町家の中庭空間を構成する建物で、中庭側は漆喰塗《しっくいぬり》の壁と板戸、ガラス窓、腰高ガラス障子による近代的で整った意匠でまとめられていて、昭和前期の奈良の町家の屋敷構えをよく伝えています。

保存と活用 ～焼き菓子京終やまぼうし～

現在の所有者である吉岡ご夫妻は、ご主人の大阪転勤がきっかけで京終の町家と巡り合い、さいたま市から転居して来られました。

建物を改修する際、趣味趣向を加えるのではなく、建てられた当時の姿に戻す自然な直し方にこだわり、なるべく手を加えず旧状を極めて良好に保存したことが、登録有形文化財として選ばれたポイントでもありました。

　吉岡ご夫妻は、初めて建物を見た時から「この建物を沢山の人に見てもらえる何か、温かいおもてなしのようなものができたら」と町家の活用を模索し、奥様手作りのヨーロッパの伝統焼き菓子と、こだわりの飲み物を提供するカフェ「焼き菓子　京終やまぼうし」を平成30年（2018）から月に2日間だけオープンされています。

カフェの内装
（ちゃぶ台は家屋から出て来たもの）

　カフェで使われているちゃぶ台や座卓、レトロな食器は元々この建物に残されていたものを使用されているそうです。

　「落ち着いた空間で過ごしたい人は多いと思う。月に2日でも子ども達が安心して遊べて、お年寄りもちゃんと見守っていけるような、京終の『点』になれたら嬉しい」と語る吉岡ご夫妻。その想いが込められている吉岡家住宅は、人々が集い語らい、思い思いの時間を過ごす憩いの場として、たくさんの人に愛されています。

（岩田麻智紅）

【取材協力・写真提供】
吉岡卓也さん・幸子さん夫妻

カフェで使われている
家屋から出てきたコップ

焼き菓子 京終やまぼうし
奈良市北京終町17（P無）
090-8084-5693
open11:00 ～ 18:00
月2日間オープン
※営業日はInstagram
yakigashi.kyobate.yamaboshi
か電話でご確認ください。

【コラム】 紀寺の家

大正の貸家を「奈良町宿・紀寺の家」に修復再生

紀寺東口町（紀寺町）にある「奈良町宿・紀寺の家」は、大正期に建てられた貸家5戸を修復再生した宿泊施設です。そのうちの1つ「縁側の町家」は登録有形文化財になっています（3－14）。

この貸家は約20年間も空き家でかなり傷んでいました。地元の建築家、藤岡龍介さんは、第1期工事として「縁側の町家」の修復を平成21年（2009）8月～22年3月に、第2期工事で路地を挟んで西側の2軒長屋2棟を同23年（2011）2月～9月に修復、いずれも現代生活に合うように改造し、同年10月末に宿泊施設としてオープンさせました。修復再生の費用は土地・建物の所有者が負担し、藤岡さんの長男俊平さんがそれを借りて経営しています。

特徴的な3つのタイプの町家群

「縁側の町家」は敷地の1番奥の東側にあり、間取りは、「田の字」型の農家住宅の要素を残した「喰い違い4間取り」です。玄関の間には「式台《しきだい》」があり、座敷には「違い棚《ちがいだな》」のある床の間と、縁側がついています。

西側の二軒長屋の小屋裏の棟木には、「大正13年（1924）4月6日上棟」と書かれた紙の棟札が括《くく》り付けられていました。2棟の二軒長屋のうち、道路に面した長屋2戸は、通り土間（トオリニワ）と居室3室が1列に並ぶ伝統的な町家で、通り土間が残されている部屋を「通り庭の町家」、通り土間部分をフロントに転用した部屋を「三間取りの町家」としました。

西側の奥にある二軒長屋は「角屋《つのや》の町家」と「前庭の町家」です。間取りはほぼ同じで、板塀に開いた戸口から入ると前庭があり、その横の突き出た建物部分は「角屋」と呼ばれ、当初土間にカマドと流しのある炊事場でした。前庭の奥は「式台」のある「玄関の間」になっています。「式台玄関」は江戸時代、武家や庄屋のみが許されましたが、近代になると規制が解かれ、軍人やサラリーマン層向けの貸家にもつくられました。

奈良町は銭湯が多く、銭湯に通うのが当たり前の生活でしたが、生活様式の変化に伴い後付けで風呂場が作られ、風呂場を付けた個所から建物が傷み始めたようです。

伝統構法を基本とした改修

藤岡龍介さんのねらいは、大正期の庶民の町家を再生し、暮らすように泊まることで「住まい」としての良さを多くの人に感じてもらうことです。改修の方針は、腐って強度を失った部材以外の使用可能な部材は極力利用し、新規に入れる材も古材をなるべく使う。伝統構法を基本とした改修をする。現代技術を取り入れて快適性を確保するが、建物の価値や魅力は殺さない。「限界耐力計算法」で耐震化を図るなどです。

「伝統構法」は、柱を土台に緊結しないで礎石上に立てる「石場建《いしばだ》て」を基本に、地震の揺れを建物自体が柔らかく受けとめる建築法です。昭和25年（1950）以前の木造建築の多くはこの建て方でした。その耐震性を測る方法が「限界耐力計算」です。土台近くの柱が腐っても、その部分を「金輪継《かなわつ》ぎ」（柱等の鉛直方向の継手）や「追掛《おっか》け大栓《だいせん》継《つ》ぎ」（梁や桁等の水平方向の継手）を施して新しい材に取り替えることで建物を永く使えるようにするのが特徴です。

改修は、いったん屋根瓦とその下地の土をおろして断熱材を入れ、土を使わない「空葺《からぶ》き」で屋根を葺き直し、おろした土は土壁の補修に使

改修前の「角屋の町家」は草に覆われボロボロだった（写真提供：藤岡龍介さん）

角屋のある長屋を再生した「前庭の町家」の外観（同前）

腐った部分の修復。「金輪継ぎ」で根継ぎを施し、土壁を作り直した（同前）

カマドと流しのある土間だった角屋を
ベッドルームに改造(同前)

いました。屋内は、北京終町の洗い屋「司」が、汚れやホコリなどをきれいに取り除き、道路沿いの増築部分は取り払って格子のある外観を復元しました。

「角屋」は土間に敷き瓦を張ってベッドルームに改造し、キッチンや浴室・洗面脱衣室は位置を変えました。長屋の小屋裏(天井裏)に無かった防火用の界壁《かいへき》を新設するなど、今の建築基準に適合するよう改造し、快適な現代生活が送れるように床暖房を取り入れました。

フロントに「町家・古民家暮らし準備室」

俊平さん夫妻とスタッフ3人の5人が運営を担い、宿泊代は、自家産米の「ひのひかり」を炊いた朝食付きで1人2万1000円から(2人以上)。「紀寺の家」が用意した吉野杉の表札をかけて「奈良の別宅」にしているリピーターもいます。

フロントは別名、「町家・古民家暮らし準備室」。売りに出されている町家物件を一緒に見に行くなどして奈良の町家に住みたい人のお手伝いをするという意味が込められています。俊平さんは「現在、売られている町家の多くは「中古物件」ではなく「土地」として売られているのが現実。確かに町家を改修して住むには、新築と同じくらいの費用がかかります。ただ、そういう選択肢もあることを住みたい人だけではなく、町家を所有する方にも知ってほしい」と話しています。(神野武美)

【取材協力】藤岡龍介さん・俊平さん

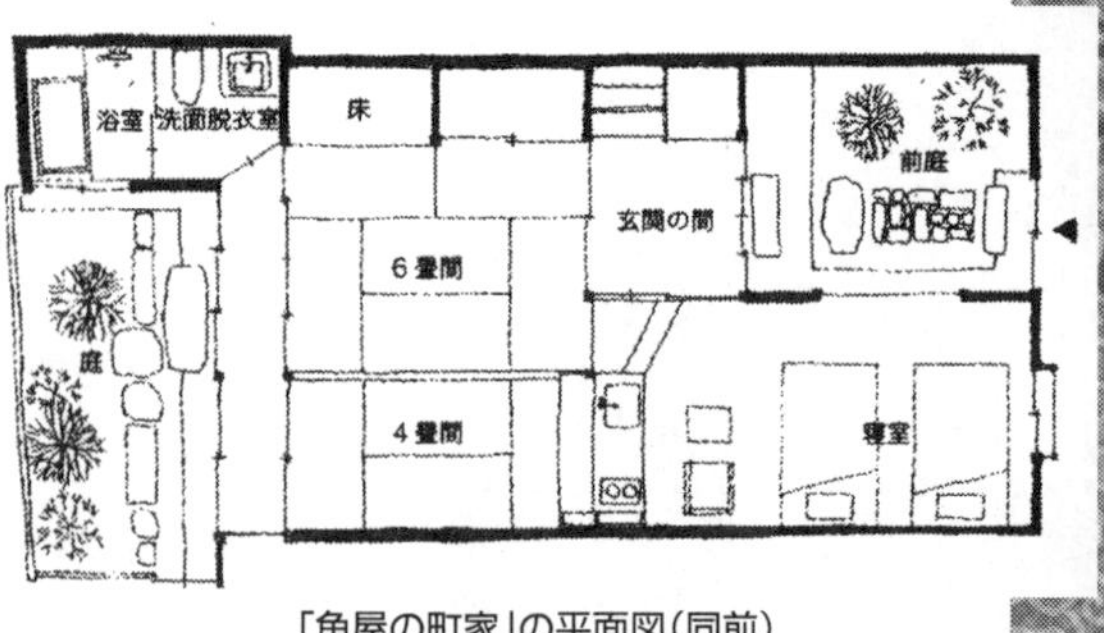

「角屋の町家」の平面図(同前)

第4章 寺社と信仰

当麻曼荼羅図（徳融寺所蔵）より勢至菩薩像

〈4-1〉

椚神社と肘塚の寺社

肘塚には現在寺院や大きな神社はありませんが、かつては大小含めて多くの寺社や堂庵が存在しました。歴史的文献などによってその跡をたどり、この地域で歴史的に形成されてきた信仰世界を探ってみましょう。

椚《くぬぎ》神社

上街道の路上、肘塚町と椚町の境界の辻の一角に「椚神社」と呼ばれる神木と祠があります。伝説によれば、春日明神が大柳生から奈良に来たときにここで休み、出発のときに杖を差して置いたのが芽を出したとも、弘法大師の杖そのものだとも伝えられていたと言います（奈良市史編集審議会１９６８）。

文献上、その存在は室町時代に遡ります。長禄2年（１４５８）5月、「御力者正市法師のこと」（犯人の隠匿か）に貝塚郷《かいのづか》が関与したとして、興福寺から軍勢を差し向けられかけました。しかし、貝塚郷民らは興福寺と交渉し、人夫役《にんぶやく》（労働課役）を勤めることを誓約して攻撃を回避することに成功しました（『大乗院寺社雑事記』）。11月になって、もともと貝塚郷は諸役が免除される特権を有しているとして、人夫役の免除を訴えます。そのときの貝塚郷の主張は、「カヰノツカノ郷の事は、神木《クノキ》を守るにより所役皆免の在所なり、寺門と云い、寺務方と云い、一切その役無きものなり」というものでした。

あくまでも貝塚郷民の主張ではありますが、「カヰノツカノ郷」では郷民らが「クノキ」と呼ばれる神木を守る代わりに、興福寺の寺門や別当からの課役が免除されていたといいます。この神木こそ、現在椚神社として祀られる神木の淵源でしょう。この主張は結局認められて、人夫役も免除されることになりまし

椚神社石祠

椚神社

た。興福寺にとってもこの神木が重要であったということは、春日信仰に関わる神木だったのかもしれません。いずれにせよ、神木は、領主に要求する郷民らの結集の拠り所であり、現実的に諸役免除を認めさせる根拠にもなったのです。

　江戸時代にはこの「欅《クノギ》」の大樹は奈良町の南口惣門の傍らにありました（『奈良坊目拙解』）。まさに江戸時代は上街道の奈良の南玄関口に位置するランドマークであったと考えられます。現在の石祠は、文政13年（1830）に「椚明神石堂」として設置されました。祠の内部には近年まで「欅大明神」遷座供養の祈祷札が納められていました。この祈祷札には大日如来の種子「バン」があり、冒頭に紹介した真言宗系の弘法大師の伝説や信仰との関連も想定されます。

　神木は昭和6年（1931）5月、風も無き日中に北北西に倒れてしまったため、当時の町内会長により苗木が植えられたのが生育し、現在に至っています（石祠扉墨書銘）。同52年（1977）12月に町住民らによって鳥居や玉垣が鉄製に改められ、今も椚町で大切に守られています。

（銘文）・奉鎮座欅大明神降臨影向天下法界

欅大明神遷座木札
（肘塚椚町自治会所蔵）

長福寺

　現在は廃絶しましたが、江戸時代には長福寺が確認できます。『奈良坊目拙解』によると、旧肘塚町の南限、おそらくは椚神社と同じ辻に所在したものとみられます。もと福寺《ふくでら》の本尊であったという十一面観音像が祀られていました（1－5）。草堂一宇というから規模はあまり大きくはありません。檀家を持つような寺院ではなく、辻に面した肘塚町の会所的な存在だったのでしょう。元亀3年（1572）に同じ場所に「堂」があったことが確認されるので（2－4）、この会所は中世以来の辻堂を継承していると考えられます。

辻堂

『奈良坊目拙解』によると、江戸時代、竹花町南端に地蔵石仏を本尊とする辻堂があったと言います。享保年間（1716～1736）頃に再興されて供養念仏が修されたと伝えます。

曽我《そが》地蔵《じぞう》

長谷寺本堂の西側に、思わず包み込まれるような、ひときわ大きな地蔵菩薩像が安置されています。この地蔵菩薩像は曽我地蔵と呼ばれ、かつては肘塚にあったという伝説があります。

宝暦11年（1761）『豊《ぶ》山玉石集《ざんぎょくせきしゅう》』によると、この地蔵菩薩像は「肘塚の精《しょう》舎《じゃ》」にありましたが、その住僧に「我を早く豊山《ぶざん》におくれ。常に観音の側《そば》に在て大悲者の化益《けやく》を助けんと思ふ」との夢告があり、即日に長谷寺に移されたといいます。この「肘塚の精舎」がどの寺院を指すかは詳《つまび》らかではありません。上街道・初瀬街道（伊勢街道）で結ばれた長谷寺と肘塚の位置関係からして、興味深い伝説ではあります。但し、長谷寺第一世能化《のうけ》の専誉《せんよ》（1530～1604）が曽我兄弟の弟の生まれ変わりで、兄の菩提を弔うために造立して「曽我地蔵」と呼ばれるようになったとの伝もあり（高田十郎『大和の伝説』）、諸説あります。

曽我地蔵
（総本山長谷寺所蔵）

寂照庵《じゃくしょうあん》

現存しませんが、『奈良坊目拙解』によると黄檗宗佐保田瑞景寺《すいけいじ》末の尼寺寂照庵が肘塚の長福寺周辺にあり、正徳5年（1715）に漢国町《かんごくちょう》に移されたと言います。

開基の実岩禅尼《じつがんぜんに》は小柳生村出身で、柳生但馬守の家臣・庄田喜左衛門の娘です。法華寺で戒律を受けた後、黄檗宗が畿内に流布したため、宇治万福寺の月潭道澄《げったんどうちょう》のもとで禅宗に帰依し、奈良で佐保田瑞景寺の即空道立の弟子となって肘塚に寂照庵を建立しました。実岩禅尼は正徳5年（1715）に寂照庵を漢国町に移したすぐあと、享保元年（1716）に70歳で入寂しました。

（服部光真）

〈4-2〉

飛鳥神社と京終の寺社

京終の信仰の中心を担ってきたのが、五条大路沿いに鎮座する飛鳥神社です。現在では北京終町《きたきょうばて》、南京終《みなみきょうばて》町で2千戸余に及ぶ氏子を擁する大きな神社ですが、意外にもその歴史ははっきり分かりません。

京終周辺の天神信仰の源流

京終近辺における中世の神祇信仰として注目されるのは、天神信仰と春日信仰です。

天神信仰については、室町時代の大乗院門跡・尋尊《じんそん》の日記『大乗院寺社雑事記』応仁2年（1468）10月15日条に、春日大社の「奈良中末社」の1つとして「五条天神」なる神社が挙げられているのが注目されます。この「五条天神」がどの神社を指すのかははっきりしませんが、この記事では、「五条天神」は「奈良中」に所在して、鏡神社や天満天神社（高畑町）、佐保田天神社、崇道天皇社、御霊神社、元興寺《がんごうじ》北門道祖神社（今御門町）などの御霊や境界神を祀る諸社と並んで書き上げられています。

明応2年（1493）5月14日条によれば、この「五条天神」は、京終よりはやや北側に当たる花園と木辻の交わるあたりにあったようです。ここは左京五条の地であり、菅原道真の旧居「紅梅殿」に創建された京都五条の「菅大臣社」が意識されるとともに、奈良町の南部の守り神として崇道天皇社とともに御霊である天神が祀られていたものと考えられます。

束帯天神像（複製）
（北京終町当屋座講所蔵）

北京終町の当夜座講《とうやざこう》（5−6）には室町時代の制作とみられる束帯天神《そくたいてんじん》像も伝来しており、五条天神・京終近辺のこの地域における天神信仰は中世に遡るとみられます。

京終と春日大社の深いつながり

一方、京終の歴史において、春日信仰も大きな位置を占めていました。2－1に述べたように、鎌倉時代には京終の郷民が同じ春日社末社の元興寺禅定院《ぜんじょういん》鎮守・天満社（高畑町の天満天神社）の祭礼「小五月《こさつき》会《え》」で、京終の郷民が春日若宮に参じて神殿で舞いを奉納したことが早くもみえます（『中臣祐賢記』）。天正11年（1583）には東大寺大仏殿の灯油料奈良田として「京八テ春日講方」を作人とする田があり、元和3年（1617）には「京終町春日講中」によって春日大社に石灯籠が奉納される（5－1）ことから、京終の春日講も中世末期には遡ることが確実です。その信仰や結びつきは中世以来の長い歴史を有しているのです。

慶長19年（1614）、京終村と高畠《たかばたけ》村（高畑）とが農業用水をめぐって争ったときには、京終村は「御神供領《ごしんくりょう》」であることを主張しています（『本光国師日記』）。当時の京終村にとって、「御神供領」すなわち春日大社の神前の御供えをまかなうための領地である、ということは、他村との相論を優位に勝ち抜くための自らの正当性の根拠となるものでした。京終と春日大社の関係は信仰の問題にとどまらず、現実的にも村の農業生産機能を確保する上で重要な意味を持っていたのです。

京終町春日講寄進の石灯籠
（春日大社所蔵）

春日鹿曼荼羅（複製）
（北京終町春日講所蔵）

飛鳥神社のルーツを探る

　中世から近世初頭に遡る京終における天神信仰、春日信仰の伝統は、江戸時代以降に明確に姿を現すことになる飛鳥神社の前提となったことでしょう。

　江戸時代の飛鳥神社は、「春日社」、「天神社」などと呼ばれ、春日信仰や天神信仰を併せ持っていたことが確認されます。『奈良坊目拙解』では、神護景雲2年（768）に春日大明神が奈良に到った際に供奉した刀禰《とね》の子孫が京終にいるという「村長の家伝」を載せています。江戸時代にも京終では春日大社との由緒が強く意識されていました。

　また天神については、高畠村と用水をめぐる争いがあったときに、北野天神に祈ったところ訴訟で勝つことができたため、その神恩に感謝して天神社が勧請されたという伝を紹介しています。村の危機に際して天神に祈ったのは、実際には「五条天神」以来のこの地域における天神信仰があったからだったのかもしれません。但し、これを富士権現《ふじごんげん》とするなどの異説もあり、神社自体が富士権現社とも称されることもありました（『奈良名所八重桜』『奈良曝』）。富士権現のような江戸時代の新たな信仰が付加されていった様子が分かります。

伝統的な寄合・祭礼の場として

　飛鳥神社の北側には、江戸時代、「大堂」と呼ばれる京終町の会所《かいしょ》がありました。福寺の旧本尊で行基作と伝えられる大日如来坐像が祀られ、他の町の会所と同様に寄合や現

現在の飛鳥神社

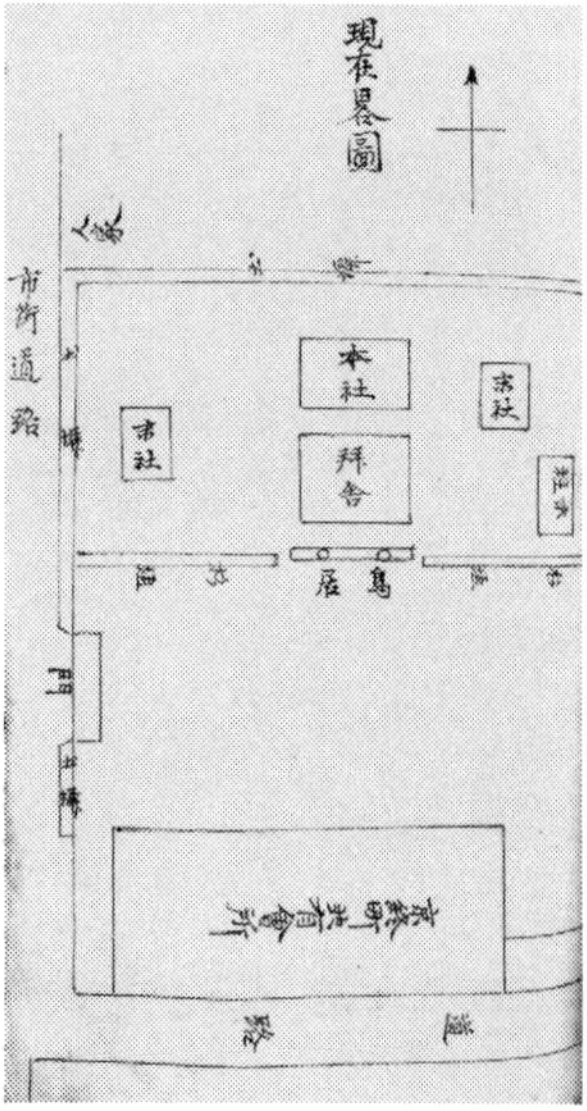

大正12年（1923）「神社営繕一件」（奈良県立図書情報館所蔵）

世利益を祈る年中行事が行われていたものと考えられます（1－5）。宝永3年（1706）の大火後、同5年に新造された大日如来坐像台座銘によれば、この大堂はその名も「新福寺」とも称されており、京終が誇る古寺・福寺《ふくでら》を継承するものと観念されていたようです。神社と並んで、寄合や行事を行う京終の町の結集核となる場であったと考えられます。

会所「大堂」のルーツは、室町時代にみえる「京八テ堂」（安田1998）なる辻堂に求められるかもしれません。大正12年（1923）には町会所が神社境内地の南側にありました（「神社営繕一件」奈良県庁文書）。この町会所に代わって神社の社務所が新たに現在地に建てられましたが、この社務所が近年まで寄合の場となってきました。神社や大堂の歴史は大きく変転していますが、祭事と寄合の場という伝統は基本的には変わらず生き続けてきたといえます。

紅梅殿社から飛鳥神社へ

江戸時代に「天神社」などと呼ばれた飛鳥神社は、明治時代には「紅梅殿社」と呼ばれ、菅原道真を主神に祀り、寛仁2年（1018）の開創を伝えていましたが、戦後宗教法人としての登記名称は飛鳥神社に改められ、由緒や祭神も再編されて面目一新しました。南京終町の宅地化による住民増加とともに、今日では「飛鳥神社」として多くの氏子の尊崇を集めて、奈良市街を代表する神社の1つに数えられるに至っています。

本殿は三間社流造で、江戸時代に春日大社摂社三十八所神社の旧本殿が下げ渡されたと伝えられます。境内には阿弥陀池（京終地）畔にあったという七弁天社など周辺の小祠が集められています。一対の石灯籠は文政6年（1823）に京終の農民らによって寄進されたものです。狛犬は明治29年（1896）に京終の人々によって寄進されたもので、当時の春日大社宮司水谷川忠起も関

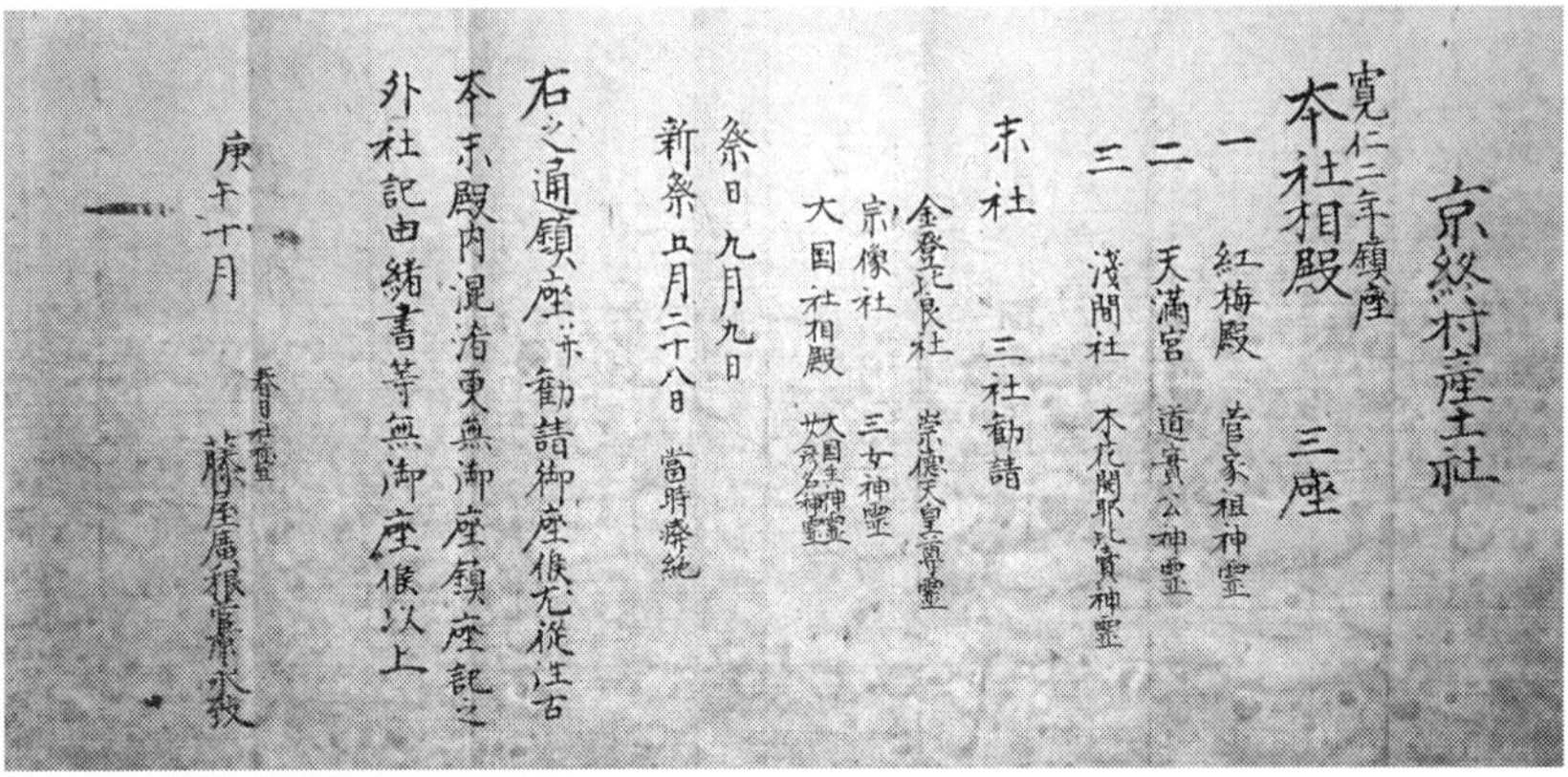

京終村産土社
寛仁三年鎮座
本社相殿　三座
一　紅梅殿　菅家祖神霊
二　天満宮　道真公神霊
三　浅間社　木花開耶姫尊神霊
末社　三社勧請
金毘羅社　崇徳天皇尊霊
宗像社　三女神霊
大国社相殿　大国主神霊　少彦名神霊
祭日　九月九日
新祭　五月二十八日　当時癈絶
右之通鎮座并勧請御座候尤従往古
本末殿内混淆更無御座鎮座記之
外社記由緒書等無御座候以上
庚午十月
春日社盛
藤屋属根家本救

明治3年（1870）「京終村紅梅殿神名記」（御霊神社所蔵）

わっていました。奈良町の各地に石造物を寄進したことで名高い宇宙庵《うちゅうあん》吉村長慶《よしむらちょうけい》の「紅梅加垣」記念碑もあることはあまり知られていません。

京終地蔵院・西之堂・阿弥陀院

京終地蔵院もその由緒は詳らかではありませんが、江戸時代には当地に地蔵菩薩を本尊とする草堂があったようです（『奈良坊目拙解』）。墓地には、紀年銘のあるものでは永正15年（1518）の舟形石仏を最古として、室町～江戸時代の石塔・石仏が多く残されており、墓地としての歴史は室町時代末期には遡りそうです（4－7）。その後、村方との境界にあたる町の最南端に営まれていた地蔵堂・墓地に、明治時代以降、周辺の堂庵にあった仏像や石仏が集められて今日の京終地蔵院が成立したものとみることができるでしょう。

徳融寺所蔵「当麻曼荼羅図《たいままんだらず》」は、「南都京終住僧」の誓誉《せいよ》を願主として貞享元年（1684）に制作されたものです（4－8）。誓誉がいかなる人物かは分かりませんが、聖光寺《しょうこうじ》（鳴川町）中興の光誉直弁《こうよじきべん》が銘文を書写しており、また回向《えこう》の対象者に誉号や蓮社《れんじゃ》号を持つ僧侶が多くいることから、浄土宗の僧侶であったとみられます。

また、誕生寺所蔵「釈迦涅槃図」は享保18年（1733）に京終町庄吉を施主とし、「京終町西之堂」の什物として制作されたものでした。はっきりしませんが、当時京終に浄土宗の僧侶が住む「西之堂」という寺庵があったことは間違いないようです。京終地蔵院にも浄土宗系の墓塔が多く、関連が想定されます。

　一方、京終地蔵院に祀られている阿弥陀三尊石仏は、もともと南方の阿弥陀池西南にあった「京終阿弥陀院」と呼ばれる辻堂から移されてきたものといわれます（4－7）。

　この辻堂について、『奈良坊目拙解』は、享保9年（1724）頃にこの阿弥陀三尊石仏の霊験が噂となって多くの参詣者が訪れるようになり、瓦葺の堂が造立されたと伝えています。その旧地は、通称「中街道」が奈良に入ってくる玄関口にあたり、阿弥陀三尊石仏は町の境界を象徴するものだったのでしょう。

（服部光真）

釈迦涅槃図（誕生寺所蔵）

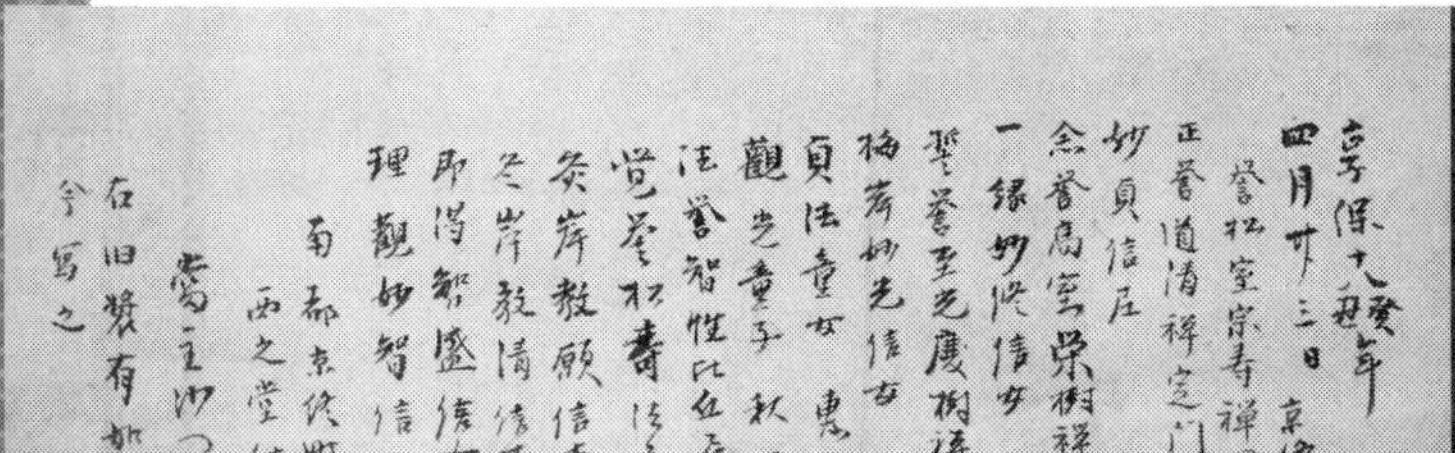
享保十八癸丑年
四月廿三日　京終町施主
誉松室宗寿禅門
正誉道清禅定門
妙貞信尼
念誉高室栄樹禅尼
一縁妙悦信女
聖誉至光慶樹禅定尼
梅岸妙光信女
貞法童女　惠玉童子
観光童子　秋玉　智遐童子
法誉智性比丘尼
覚誉松寿法尼
発岸教願信士
冬岸教清信士
即得解脱信女
理観妙智信女
南都京終町
西之堂什物
當主沙門信元
右田畑有拡上之数字
今写之

釈迦涅槃図・裏書（誕生寺所蔵）

現在の京終地蔵院

【コラム】飛鳥神社と出征兵士

出征兵士の写真扁額が語るもの

北京終町の飛鳥神社に、出征兵士の写真を連ねた扁額《へんがく》が４枚遺されています。平成26年（２０１４）６月、社殿西側にある秋祭りなどの道具類を収める倉庫の奥から見つかり、その年の秋祭りで住民に披露されました。扁額は、木枠の縦約40㎝、横幅約１㍍でガラス張りの中に兵士の写真が24枚から58枚入っています。扁額以外にも、写真アルバム帳に「出征軍人武運長久願って」と題した写真が26枚（23人分）ありました。

出征兵士の写真扁額（昭和14年5月奉納）（飛鳥神社所蔵）

扁額のうち２つは、木枠の上から右回りに「奉納」「昭和十四年五月吉日」「支那事変出征軍人紀念写真」「発起者　刀根齋吉　岩井彌次郎」とあり、日中戦争最中の昭和14年（１９３９）に神社に奉納され、写真はそれぞれ名前入りで58枚と33枚。残り２つは、同じく「奉納」「昭和十七年七月二十五日」「大東亜戦争出征軍人記念写真」「有志一同」とあり、太平洋戦争突入後に奉納され、写真は名前入りでそれぞれ37枚と24枚が納められています。

写真の姿は、防寒服を着ている者、銃を構えている者、水兵姿の者、馬に乗っている者、軍刀を持った者などさまざま。軍務に就く前に自宅前で撮ったらしいものや平服の写真もありましたが、軍事郵便などで出征先から届いた写真を有志が集めて扁額に入れて武運長久を願ったものが多いようです。

扁額には、発見者で萩原酒店店主の萩原正弘さん（1936年生まれ）の父正一さん（1911〜1985）の写真もあり大半は地元出身者の写真と思われます。アルバム帳にあった写真の裏には住所や年齢が記されたものがあり、中には、「丹波市町石上」など、今の天理市に住所がある7人のものもありました。

出征兵士の写真扁額（昭和17年7月25日付奉納）（同前）

京終駅から徒歩5分の飛鳥神社も丹波市町も旧国鉄桜井線沿線ですが、学問の神様の菅原道真を祀る神社で「武運長久」をなぜ祈願したのかは謎です。

飛鳥神社は京終地区の「コミュニティの中心で、かつて社務所が選挙の投票所になったり、地域の集会所として使われたりしました。集会所機能は、京終駅前の旧国鉄官舎跡にできた済美ふれあい会館に移りましたが、平成22年（2010）から始まった「書初め展」には毎年（令和3年はコロナ禍で中止）小学4〜6年生が100人以上参加します。若い人が多い南京終地区の済美南小学校の児童が多いのが特徴です。

（神野武美）

【取材協力】萩原正弘さん

神社境内に展示された「書初め展」の入賞作品

〈4-3〉

称念寺と東木辻町・瓦堂町周辺の寺社

ここでは称念寺《しょうねんじ》をはじめとする東木辻町・瓦堂町《かわらどうちょう》の寺社についてみていきましょう。

称念寺

東木辻町の東端を通る南北の道の西側に見えるのが浄土宗称念寺です。正式には一心山築地院《つじいん》称念寺と言います。寺伝では、元興寺の草庵から始まったとされます。また、法《ほっ》相宗《そうしゅう》で築地之内《つじのうち》にあった草庵が発祥とも伝わります。元興寺は三論・法相兼学の寺でしたので、どちらの言い伝えも同じことを述べていると言えます。築地之内にあったということから「築地院」の名があるのでしょう。お隣の瓦堂町の名は、称念寺にあった瓦葺きの小堂を瓦堂と呼んだことが始まりであるともされます（『奈良坊目拙解』）。

また、同寺は俊乗房重源《しゅんじょうぼうちょうげん》（1121～1206）が仁安3年（1168）に創建したと伝わります。重源が宋へ渡った時、善導《ぜんどう》（613～681）が修行した長安の悟真寺《ごしんじ》を訪れたことから、帰国後、称念寺を創建し、善導大師像を安置したということです。その後、天正元年（1573）、一説では同19年（1591）に浄土宗僧侶頓誉《とんよ》が入って浄土宗寺院となりました。頓誉は、京都の北野に親縁寺《しんえんじ》という寺も開いており、また宇治の平等院住持でもありました（『蓮門精舎旧詞』）。

本堂は寛永6年（1629）の建立で、奈良市指定文化財になってい

善導大師像（称念寺所蔵）

称念寺山門

ます。奈良町では、浄土宗寺院として創建もしくは再興されたという時点から本堂が建てられるまでに少し期間のある寺院が見受けられます。称念寺では40年近くかかっています。その間に周辺の人々の援助や信仰を得て本堂建立に至り、本格的な寺院となったのでしょう。

称念寺のある木辻には、江戸時代に遊郭がありました。称念寺に祀られている愛染明王は、遊女が日参するなどの信仰を集めていました。また、遊女が亡くなった際には回向《えこう》をしていたようです。浄土宗の開祖法然（１１３３～１２１２）が遊女に念仏を唱えることを勧めた話が思い出されます。

境内には松尾芭蕉（１６４４～１６９４）の句碑が建っています。

菊の香や奈良には古き仏たち

元禄７年（１６９４）、芭蕉が伊賀から大坂へ行く際に奈良に立ち寄り、重陽の節句の9月9日に詠んだ俳句で、『笈《おい》日記』に収録されています。翌10月に芭蕉は大坂で亡くなっています。句碑は、寛政5年（１７９３）に芭蕉の百回忌を記念して芭蕉の門流である鼻中庵三力《びちゅうあんさんりき》などによって建立されました。寺伝によれば、芭蕉が奈良を訪れたときに、称念寺が念仏道場であることを聞いて立ち寄ったそうなので、この地が選ばれたのでした。

現在も称念寺は、東に向かって門を開いており、我々が門をくぐれば西方にある本堂に鎮座している阿弥陀如来と向かい合うことになります。それは４００年前も、そして現在も変わりません。奈良町の南玄関で今も浄土の教えを守り継いでいるのです。

まんなおし地蔵

称念寺山門から南側は瓦堂町になります。瓦堂町の南北の道から西へ入ったところにお堂があります。その中に祀られているのが「まんなおし地蔵」と呼ばれるお地蔵様です。

まんなおし地蔵

まんなおし、つまり、「まん」（間《ま》、巡り合わせ）をよりよくするという利益があると信じられています。同じ名のお地蔵様は、杉ケ町《するがまち》の徳願寺《とくがんじ》の南東角や、東大寺の境内、大阪市心眼寺《しんがんじ》にも祀られています。すぐ近くに芝居小屋などがありましたから、役者などがまんなおしに参っていたかもしれません。

　まんなおし地蔵は1つの木材から造られ（一木造《いちぼくづくり》）、彩色が施されています。高さは約90㎝です。細身で衣の彫りなどは簡素なつくり、側面からみるととても薄いのですが、それらは平安時代後期の仏像に多い特徴のようです。しかし、頭部などは平安時代後期の作には見えず、また、衣の紋様を刻んでいない、光背《こうはい》が背中に付けられているといった点から、江戸時代後半頃の制作ではないかという説があります。

　古来、瓦堂町に祀られていましたが、嘉永4年（1851）から徳融寺に預けられていました。その際に修理され今のように彩色されたようです。彩色の様子は、徳融寺の地蔵菩薩像と同じような感じに見えます。昭和28年（1953）に現在のお堂が完成したので、それ以降は瓦堂町でお祀りされています。今も花が供えられ、地域の方々から信仰されています。

鉾《ほこ》明神社

　『奈良坊目拙解』によれば、瓦堂町の東側南端に鉾明神社という神社があったと記されています。『大乗院寺社雑事記』に「鉾大明神」という地名が出てきますので、中世にはすでに祀られていたことがわかります。元々は民家の裏にあったようですが、宝永3年（1706）の火事の後、道に面する所に遷されたようです。鉾明神社の北側には歌舞伎や浄瑠璃を催す「虎屋屋敷」という芝居小屋があったと『奈良坊目拙解』

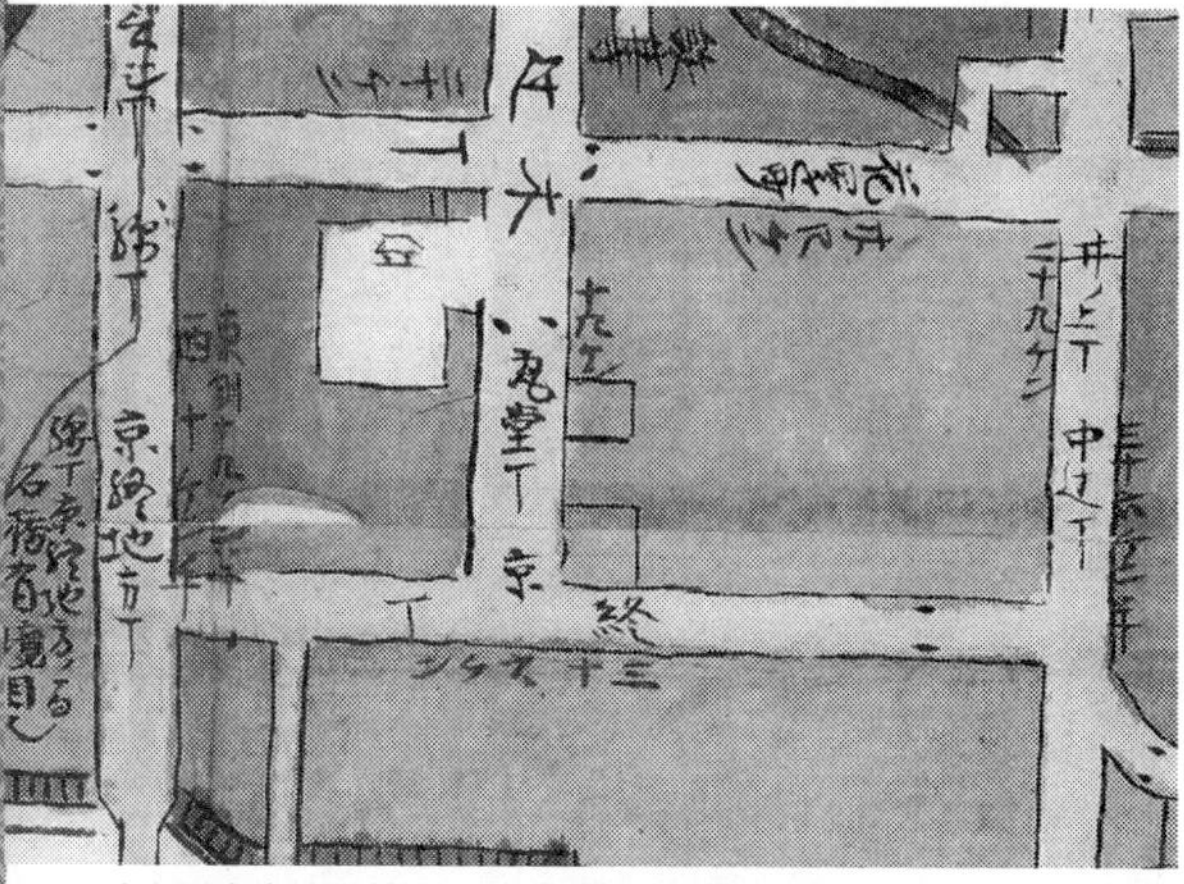

大和国奈良絵図（部分、奈良県立図書情報館所蔵）
中央の「瓦堂丁」にある□印が鉾明神社。

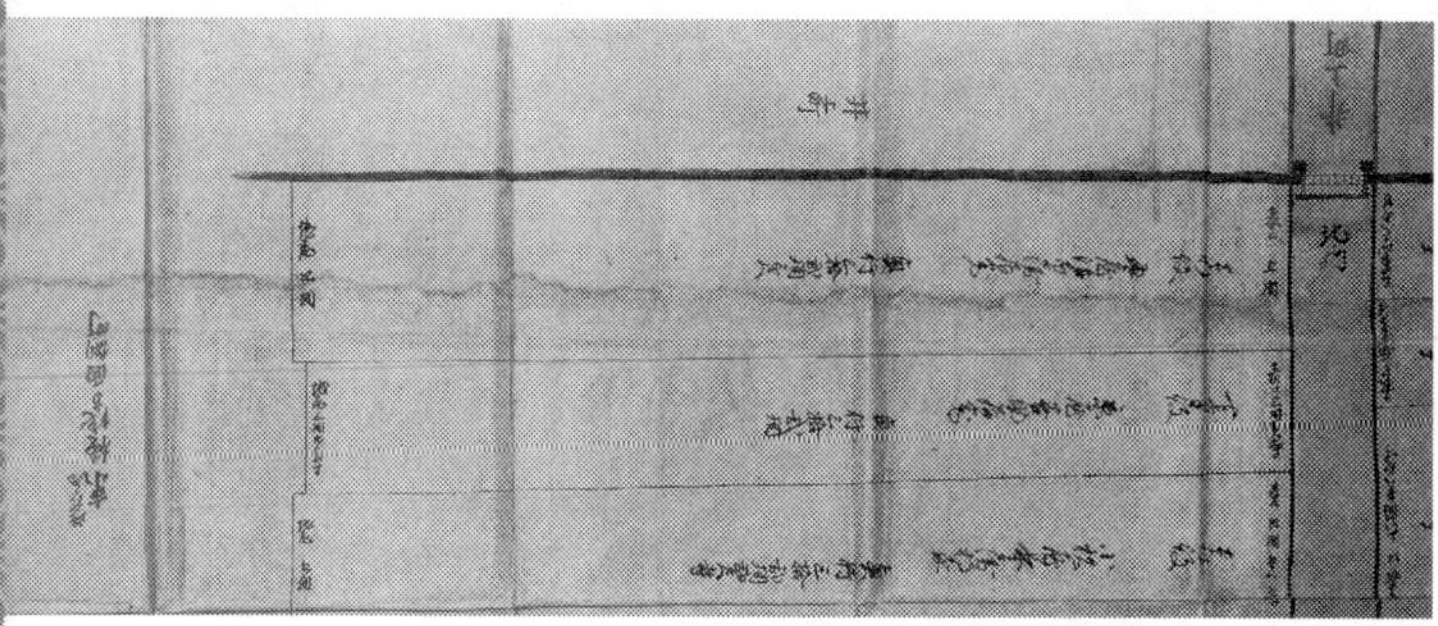

明治2年（1869）「中辻町惣絵図」（部分、奈良市史料保存館所蔵）
芝居小屋は左上辺りにあった。その下に朱書で「京終地方西側町」とある。

にあります。この芝居小屋は小林平太夫という、自ら演じ、また一座をもっていた興行主によって元禄16年（1703）までにはこの地に営まれていました。昼夜で3000人以上もの観客を集めたこともあったほど賑わった芝居小屋で、初代竹本義太夫もここで浄瑠璃を上演しました（永島1962）。この芝居小屋は有名で、そちらが記載されている絵図が多い中、江戸時代中期作成の「奈良町絵図」や「大和国奈良絵図」には神社の絵が描かれており、これが鉾明神社です。

『奈良坊目拙解』では瓦堂町になっていましたが、実際にはこのあたりは京終地方西側町に属していたようです（「中辻町惣絵図」）。明治12年（1879）の「御霊神社明細帳控」（御霊神社文書）には、同10年に京終地方西側町から「鉾神社」が薬師堂町の御霊神社に遷され合祀されたことが記されています。

現在御霊神社には鉾明神は祀られておらず、その後分祀された可能性もあります。詳細は不明ですが、鉾明神社はこの地域を離れ、人々の記憶から消えてしまいました。

（三宅徹誠）

【コラム】称念寺探訪

称念寺《しょうねんじ》の山門を入ろうとしますと、門の右側にある「一心山称念寺」と刻まれた立派な石碑が出迎えてくれます（169ページ）。西向きに門をくぐりますので、正面にある阿弥陀様のおられる本堂はまさに西方極楽浄土ということになります。

境内に入りますと、右側に無縁のお墓を並べて祀った大きな無縁塔《むえんとう》、左側に愛染堂《あいぜんどう》が見えてきます。そして本堂前少し右側に松尾芭蕉の句碑が置かれています。

現在の愛染堂は平成15年（2003）の建立です。阿弥陀如来を本尊として、脇に愛染明王と歓喜天が祀られています。愛染堂ですので、もともとは愛染明王が本尊で木辻遊廓の遊女などの信仰を集めていました。近代に入ってから町内から歓喜《かんぎ》天《てん》を預かり、その時から歓喜天が本尊、愛染明王が脇侍となったそうです。そして、現在は納骨堂の性格を持つお堂となったので本尊が阿弥陀如来となっています。

愛染明王像（称念寺所蔵）

本堂前には松尾芭蕉の句碑が、大きな自然石で礎石の上に立てられています。169ページでふれたように、正

松尾芭蕉句碑

面には「菊の香や奈良にはふるき仏達」と刻まれています。秋の奈良の情景がまぶたに浮かびます。

無縁塔は西側が正面です。昭和32年（1957）に建立されました。塔の頂きには「南無阿弥陀仏」とある六字名号碑《ろくじみょうごうひ》が置かれています。たくさんの無縁墓石が並べられていますが、中には遊女のものかと思われるものもあり、遊女を弔って回向《えこう》されていた頃が偲ばれます。

六字名号碑

本堂には、阿弥陀如来を本尊に、脇に善導《ぜんどう》大師、法然上人が祀られています。浄土宗の本堂としては標準的ですが、仏像はユニークで貴重なものがあります。善導大師像（168ページ）はやや上を向かれて口を少し開け合掌されていますので、よく見かける形のお像なのですが、額にしわを作られ、目を大きく開かれている様子は、親しみを感じます。法然上人像は三日月形の台に正座した形です。三日月の御影《みえい》と呼ばれるもののひとつかと思われるのですが、ふつうは三日月から上半身をのぞかしているのに対し、正座して三日月にすわるというのは珍しいようです。

法然上人像（称念寺所蔵）

阿弥陀如来だけでなく、愛染明王、松尾芭蕉句碑といった、浄土宗という性格以外の多様なものを持つ称念寺は、今も奈良町にひっそりとたたずみながらも存在感を示しています。

（三宅徹誠）

【取材協力】称念寺住職　杉浦弘道さん

〈4-4〉

璉珹寺・崇道天皇社と紀寺の寺社

紀寺町とかつての紀寺村組の町々には、紀寺の系譜を継ぐ璉珹寺《れんじょうじ》や、かつてその鎮守だったという崇道天《すどうてん》皇社《のうしゃ》をはじめ、多くの寺社や堂庵《どうあん》があったことが江戸時代までに確認されます。

璉珹寺

紀寺の地名の由来ともなり、歴史的にこの地域の中心的な寺院だったのが璉珹寺です。

16世紀前後成立の最も古い縁起《えんぎ》（璉珹寺所蔵下間家文書9―1）には、開基が行基《ぎょうき》であること、紀有常《きのありつね》が再興したため「紀寺」と呼ばれるようになったこと、本尊《ほんぞん》の裸形阿弥陀《らぎょうあみだ》像を安置したこと、行基が「四十八日念仏」を始めたことなどが記されています。

文明15年（1483）、紀寺（璉珹寺）で「四十八日念仏」が行われ庶民たちが結縁《けちえん》しています（『大乗院寺社雑事記』文明15年7月1日条）。縁起に由来する法会《ほうえ》が実際に行われていたこと、また、璉珹寺が庶民の信仰を集めたこともわかります。

ところで、この縁起と異なる伝承もあったようで、長禄2年（1458）の「霊安寺御霊大明神略縁起」（御霊神社本宮所蔵）には「カノ寺（璉珹

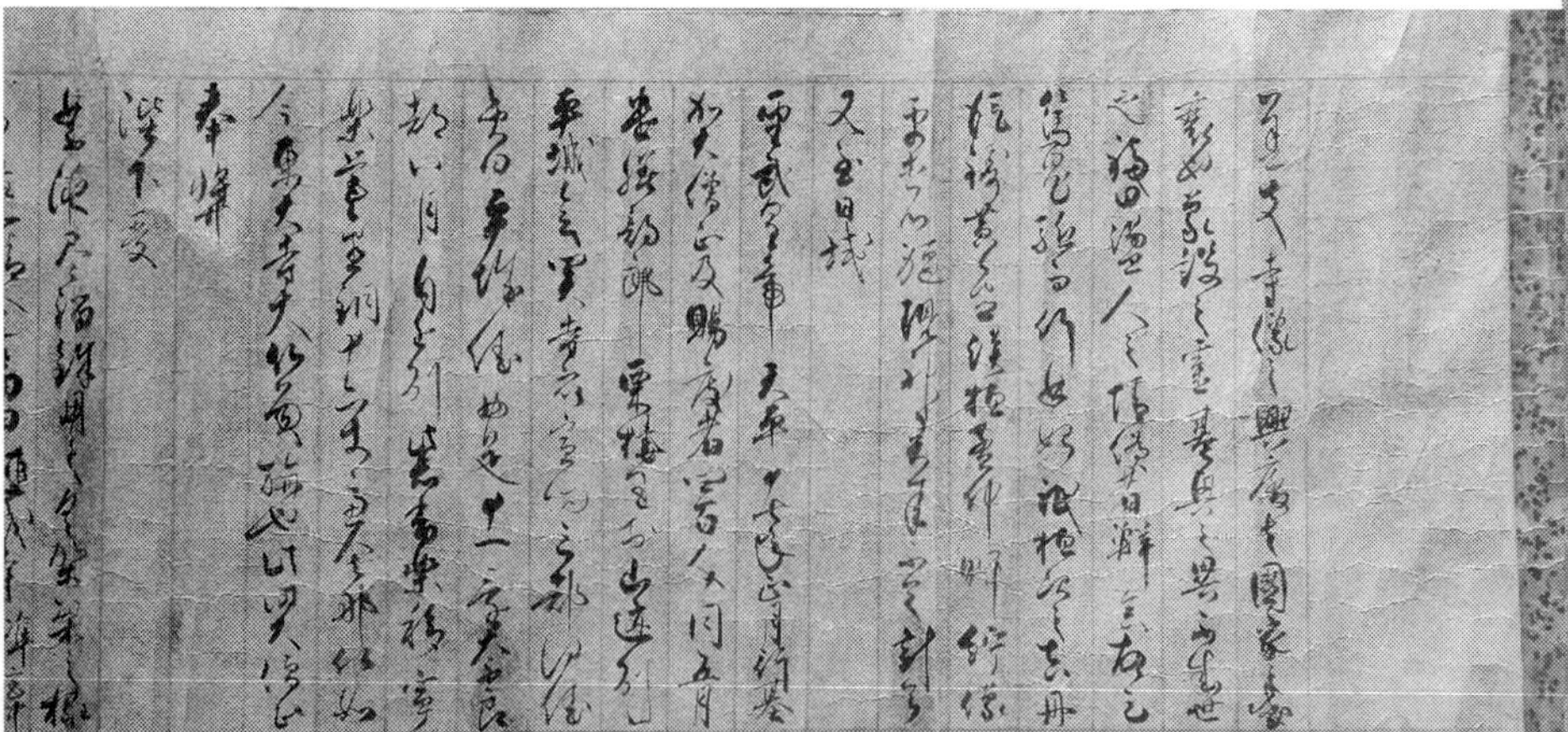

璉珹寺縁起（璉珹寺所蔵）

現在の璉城寺本堂

寺）八、紀ノ貫之ノ建立ノ分ナリ」とあって、紀貫之《きのつらゆき》の建立とされています。また、元和5年（1619）に璉城寺を訪れた春日大社の中臣《なかとみの》祐範《すけのり》はその日記に「役行者《えんのぎょうじゃ》開山」「本堂は観音秘仏」と記しています（『中臣祐範記』元和5年5月14日条）。

これよりさきの慶長7年（1602）には幕府から肘塚村と法華寺村《ほっけじむら》において20石の朱印地《しゅいんち》（領地）を与えられています。江戸時代前期の璉城寺は京都の浄土宗誓願寺《じょうどしゅうせいがんじ》末寺であると同時に、紀寺の領主興福寺の末寺でもありました。しかし享保8年（1723）に興福寺と誓願寺の間で争いが起き、その結果朱印地を召し上げられ無住になってしまいました。翌年になり京都の天台宗養源《ようげん》院《いん》の末寺として再出発し、朱印地は戻され新たな住職が入っています。

延享2年（1745）に住職になった実啓は、縁起の再編集を試みて、『奈良坊目拙解』などの著作で知られる村井古道《むらいこどう》に依頼して新たに縁起を作成するほか（璉城寺所蔵下間家文書3－36）、本堂・庫裏《くり》の再建を行います。これが現在見られる本堂と庫裏で、宝暦2年（1752）ごろの建立です。

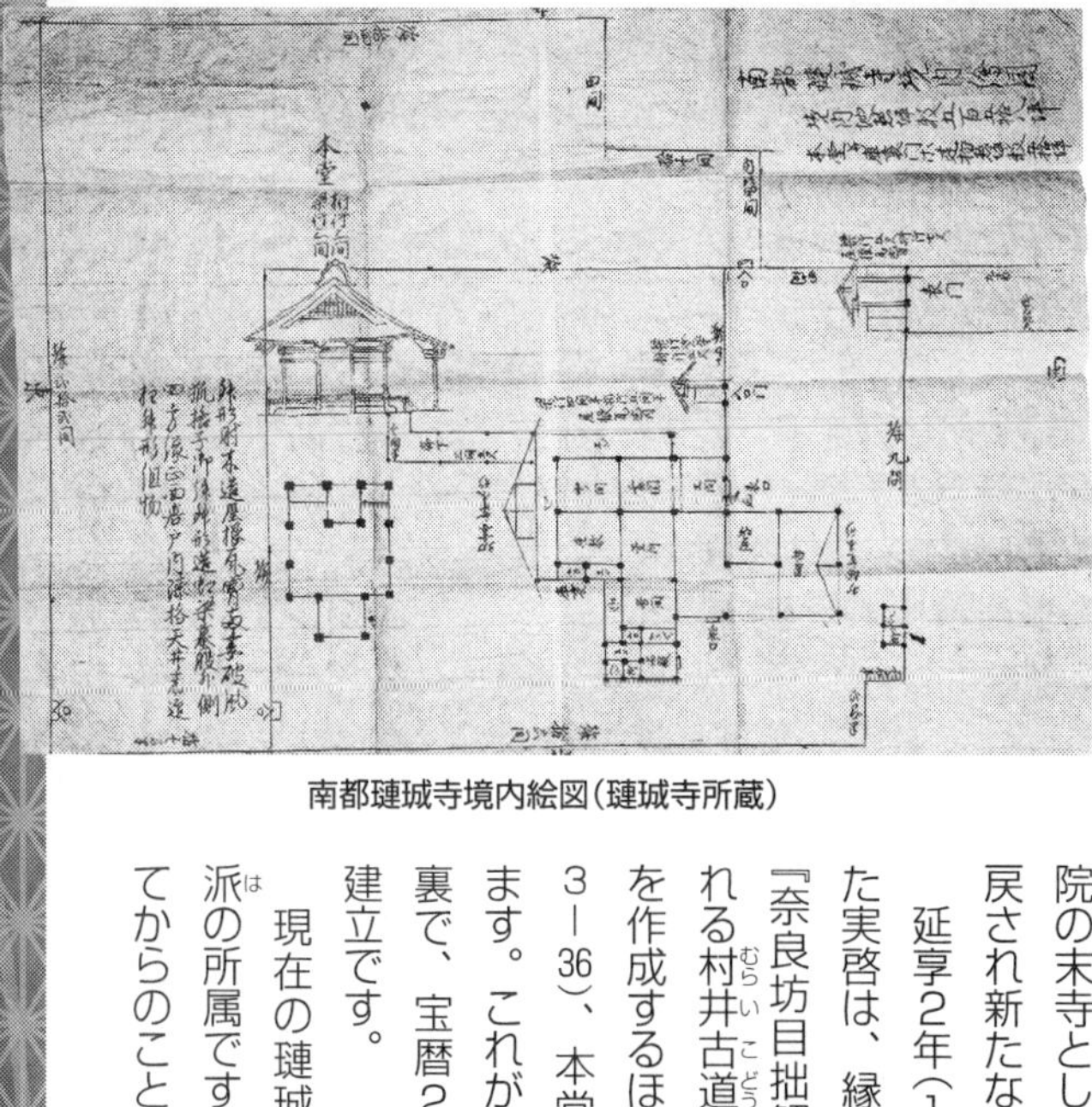

南都璉城寺境内絵図（璉城寺所蔵）

現在の璉城寺は浄土真宗遣迎院《じょうどしんしゅうけんごういん》派《は》の所属ですが、これは戦後になってからのことです。

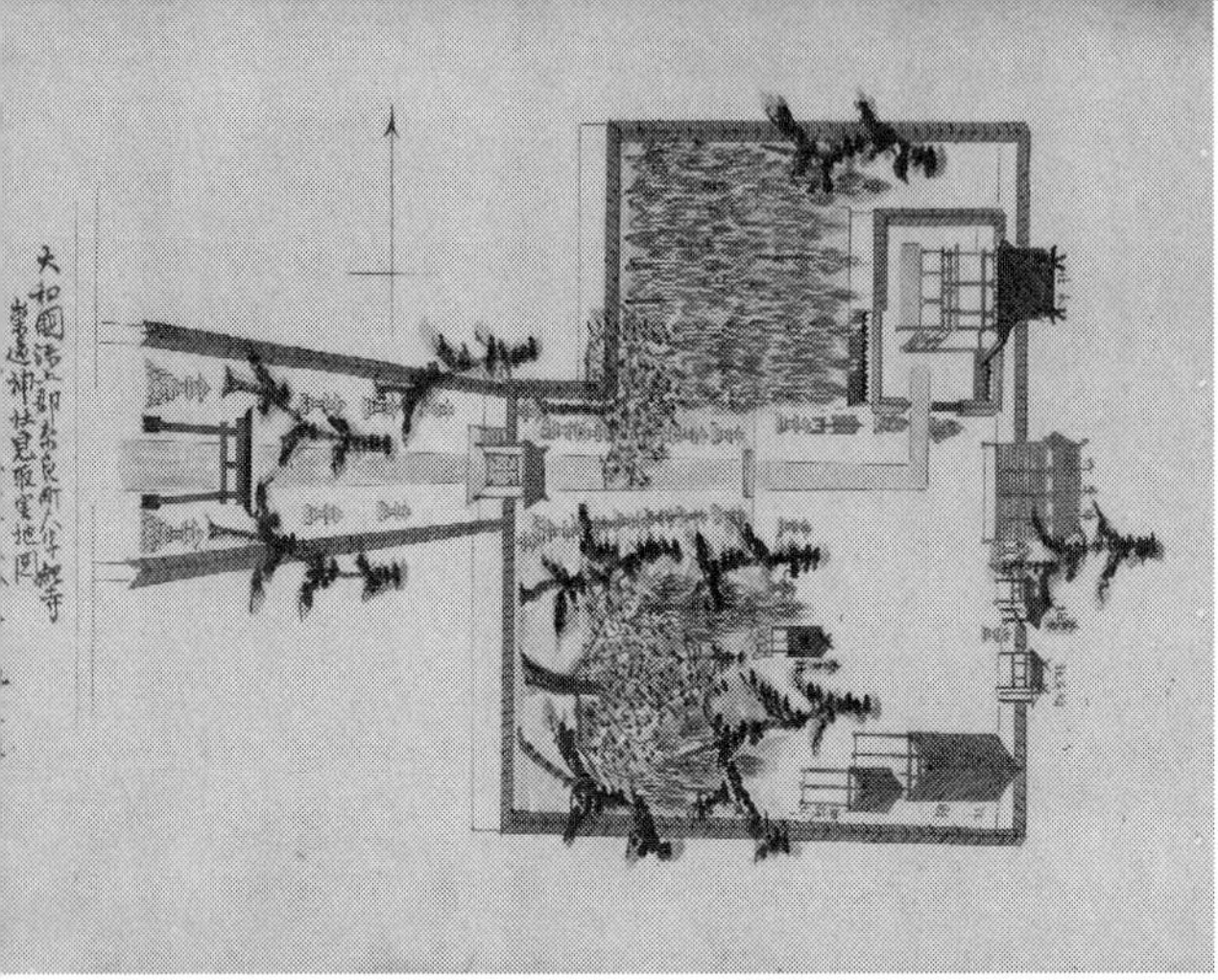

明治24年ごろの崇道天皇社『奈良市神社』（奈良県立図書情報館所蔵より）

崇道天皇社

璉城寺の北隣にあるのが崇道天皇社です。かつては璉城寺の鎮守だったとも言います。祭神は早良親《さわらしん》王《のう》（崇道天皇）ですが、江戸時代には舎人親王《とねりしんのう》（崇道尽敬皇帝《すうどうじんけいこうてい》）とする説もありました（『奈良曝』、『奈良坊目拙解』）。祭神の早良親王は桓武天皇《かんむてんのう》の弟です。皇太子に立てられましたが、延暦４年（７８５）に藤原種継《ふじわらのたねつぐ》暗殺事件に関わったとして皇太子を廃され憤死しました。その死後、桓武天皇の周辺に不幸が連続して起きたため怨霊になったとされ、それを鎮めるために崇道天皇の号を贈られました。紀寺に社が建てられたのは大同元年（８０６）とも（社伝）、天長元年（８２４）８月のことだともいいます（『庁中漫録』）。

崇道天皇社は室町時代には「木寺《きでら》天王」や「崇道天王」と呼ばれており、大乗院門跡《だいじょういんもんぜき》の尋尊《じんそん》は春日社の末社の１つと

現在の崇道天皇社

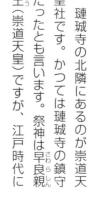

して紀寺の「崇道天王」を挙げ、本《ほん》地仏《じぶつ》は弥勒《みろく》と記しています（『大乗院寺社雑事記』応仁2年10月15日条）。一方で、長禄2年（１４５８）の「霊安寺御霊大明神略縁起」には、宇智郡霊《うちぐんりょう》安寺《あんじ》（現五條市）の御霊神社《ごりょうじんじゃ》の末社の1つとして「紀寺ノ天王」の名が見られます。

江戸時代に入っても崇道天皇社は「紀寺天王」「紀寺神社」と呼ばれており、『奈良坊目拙解』によれば紀寺町・紀寺新屋敷町《しんやしきちょう》・七軒町《しちけんちょう》・田中《たなか》町《ちょう》・高山町《たかやまちょう》・川上突抜町《かわかみつきぬけちょう》・草小路町《くさこうじちょう》が氏子町《うじこちょう》とされています。

阿弥陀浄土信仰と地蔵十王信仰

江戸幕府から領地を与えられていた朱印寺院としては璉城寺の他に正覚寺《しょうかくじ》があります。正覚寺は現在浄土真宗遣迎院派で、阿弥陀如来像を本尊としています。かつては法《ほっ》相《そう》・真言《しんごん》・律《りつ》・浄土の四宗兼学であったともいわれ（『奈良坊目拙解』）、江戸時代以降も宗派・本尊には変遷があります。能「俊寛《しゅんかん》」で知られる俊寛によって聖観音菩薩を本尊として創建されたことが伝えられ（『庁中漫録』所収「春日見正覚寺縁起」）、宗派は、享保6年（１７２１）の文書によると浄土宗誓願寺末から律宗に転じ（『春日大社文書』１１０３号）、その後近代には天台宗に属していた時期もあり（奈良県立図書情報館所蔵、明治24年『奈良市寺院明細帳』）、璉城寺と軌を一にしています。ただ、閻魔王《えんまおう》をはじめとする十王《じゅうおう》像はよく知られ、一貫して十王信仰の霊場であったことは特筆されます。門前西脇の路傍には俊寛が正覚寺の鎮守として春日大明神を祀った春日見神社があったようですが、この神社のその後についてはわかっていません。

他にも、紀寺町には、永禄12年（１５６９）の開創が伝えられる浄土真宗本願寺派の宝珠寺《ほうじゅじ》があり、かつては璉城寺・崇道天皇社に北接する地に慶長2年（１５９７）の開創を伝える浄土真宗大谷派南蓮寺《なんれんじ》もありました。地蔵町《じぞうちょう》には浄土宗西山派の超願寺《ちょうがんじ》、その北側の笠屋町《かさやちょう》には鎧地蔵堂《よろいじぞうどう》などもあります。戦国時代から江戸時代にかけて、紀寺組の町々には多くの寺院や草堂が成立したようです。中世以前から成立していた璉城寺や正覚寺とともに、阿弥陀浄土信仰・地蔵十王信仰の寺院堂庵が多いのが紀寺町・紀寺組の町々の特徴といえるでしょう。

（酒井雅規）

【コラム】

崇道天皇社のいま

市内循環バス外回り「紀寺町」のバス停から西に約80m、1つ目の交差点を左折すると、眼前に大きな赤い鳥居が現れます。東にまっすぐ伸びる参道には、入口に「崇道天皇社」と刻まれた石碑が建ち、灯籠、鳥居、狛犬、生垣が両脇に並び、その奥に中門があります。奈良では「かなんぼ石」の愛称で知られる三笠山安山岩を敷き詰めた参道を中門まで歩いていくと、幹線道路沿い特有の喧噪が消え、不思議と静かになります。中門をくぐると、境内では桜、つつじ、紫陽花、スイレン、紅葉、椿、黄梅などの木々や花々が、四季折々の風景を楽しませてくれます。また、境内にある約30基の灯籠の中には、文政5年（1822）と刻まれた笠にたくさんのカタツムリが付く灯籠があります。この一風変わった灯籠は祓戸社《はらえどしゃ》付近にあるので、崇道天皇社を訪れる際には、ぜひ探してみてください。

崇道天皇社中門

カタツムリの石灯籠

長い参道を奥まで進むと、参道に対して直角に南面して建つ拝殿があり、その奥に一間社《いっけんしゃ》春日《かすが》造《づくり》檜皮葺《ひわだぶき》の本殿が建っています。本殿は元和9年（1623）に春日若宮社を移築したいわゆる「春日移し」といわれる社殿です。春日移しとは、およそ

20年毎に行われてきた春日大社の式年造替の際に、旧社殿を近隣の関係が深い神社に譲渡する習わしのことで、近畿一円でよく見られます。春日移しの社殿は江戸時代中期以降のものが多く残っていますが、江戸時代初期以前に移築されたものは数えるほどしか残っていません。その中でも崇道天皇社本殿は、現存する春日若宮社の春日移しの中で最も古く、重要文化財に指定されています。

ちなみに、崇道天皇社本殿にはかつて西向きだったのではないかという話があります。江戸時代中期の「奈良町絵図」に本殿が参道の正面に西面して描かれているのです。しかし、一方で『奈良坊目拙解』の崇道天皇社の項には「本社南正面　一座」とあり、現在と同じ向きが記されています。

果たして本当のところはどうだったのでしょうか。明治24年（1891）頃の『奈良市神社』（奈良県立図書情報館所蔵）の絵図には本殿が南向きに描かれていることから、このころは現在のように南向きだったことは確実でしょう。

しかし、残念なことに崇道天皇社が所蔵する資料は、明治36年（1903）に資料を預かっていた家が全焼し、資料も焼失してしまったと伝わっており、これ以上の詳しいことはわかりません。今、私たちが見ているこの風景には、まだまだ知られざる物語があるのかもしれません。

（田中梨絵）

参道から南向きの本殿の屋根が見える。

〈4-5〉 璉珹寺の「みほとけ」

璉珹寺《れんじょうじ》のご本尊は阿弥陀如来（県指定）、観音・勢至菩薩像（ともに重文）ですが、時代はそれぞれ異なります。なかでも観音菩薩立像が最も古く奈良時代末から平安時代初め頃、つまり紀氏の活躍著しい時代の制作と考えられており、当寺の栄華を伝えています。ほかにも、平安時代から江戸時代にかけての優れた御像が伝わり、いまも参拝者の心を惹きつけてやみません。

ここでは特にそのかたちと影響、そしてその思想的背景に注目しながら眺めてみましょう。

聖観音菩薩立像
木造彫眼古色、像高107.0㎝
奈良時代末〜平安時代

仏教彫像の美

聖観音像は頭体部を一材より彫りだす一木造《※いちぼくづくり》で、内刳《※うちぐ》りはありません。均整のとれたプロポーション、大きく腰をひねりながらも自然な立ち姿は作者の並々ならぬ技量をうかがわせます。体部はしなやかで張りのある肉付きをみせ、膝下の脛《すね》あたりでは複雑に枝わかれする衣文《※えもん》を交えて、木彫ながら漆や粘土などで成形したような柔らかい質感を感じさせます。また、深い大波と鎬《しのぎ》だった小波を交互に配した翻波式《ほんぱしき》衣文をあらわしています。

本像は長きにわたって南都（奈良）の地で守り伝えられ、そのすがたの崇高さによって人々の感情を揺さぶってきたことでしょう。

ところで、南都では平安時代から興福寺を拠点として奈良仏師が活躍します。その後、鎌倉時代にいたり、奈良仏師から康慶や運慶といった慶《けい》派《は》と称される仏師たちがあらわれます。当時の仏像様式の主流は、平等院鳳凰堂阿弥陀如来像に代表される平明で円満な仏師定朝晩年期の作風を模したいわゆる「定朝様《じょうちょうよう》」がスタンダードでした。しかし、慶派仏師たちは、古典的作例を学びそれを再解釈し、中国宋時代の様式も取り入れあらたな様式を創り上げていきました。彼らが手本にした古典とはやはり南都に伝わる奈良から平安時代初期の仏像であったと考えられます。運慶作例にみる瑞々しく張りのある実在感の高い身体や、複雑かつ流麗な衣文を深く彫りだす表現などは本像のような作例に学んだものと考えられます。本像の存在は後世に与えた影響を考えるうえでも重要となるでしょう。

現世にあらわれたみほとけ

本尊阿弥陀如来立像は、極楽浄土から往生者を迎えきたる来迎のすがたをあらわしています。

時代は下りますが、延宝3年（1675）の『南都名所集』五の「紀寺」の項には、平安時代中期に活躍した天台僧恵心僧都源信《えしんそうずげんしん》が「裸形《らぎょう》の阿弥陀」、つまり本像を造ったと伝え、この頃すでに秘仏《ひぶつ》であったことが記されています。

阿弥陀如来立像
木造彫眼彩色
像高165.3cm
鎌倉時代後期

上半身は肉身を露《あらわ》にし、下半身には布製の袴を着けています。本像のように衣を彫刻であらわさず、実際に着物をまとわせるいわゆる「裸形着装像《らぎょうちゃくそうぞう》」は、平安時代後期頃から鎌倉時代にかけて流行しました。近隣では西光院弘法大師空海像や伝香寺地蔵菩薩立像などが知られ、全国で50余り確認されています。

このような方法によって制作されたのは、平安時代後期頃から往生伝や説話集などにも散見されるようになる生身仏《しょうじんぶつ》信仰が背景にあるようです。

生身仏とは、この世に具体的な姿をあらわしたほとけを意味しています。仏像を制作する際にも、現実性が高く実在感を強調するような生々しい表現や技法がさまざまに工夫されました(奥2019)。まさに今私たちを救うために目の前にほとけが現れたかのような仏像が求められたと考えられます。本像のように衣を着せるのもそのような思想的背景によるものと言えるでしょう。

加えて髪形に着目すると、如来の姿として著名な螺髪《らほつ》ではなく、縄を巻き付けたかのような特徴的なかたちをしています。これは「生身の釈迦」として篤《あつ》い信仰をあつめた京都・清凉寺本尊釈迦如来立像と同じであることに気づかれます。清凉寺像は東大寺僧奝然《ちょうねん》が雍熙2年(985)に中国浙江省台州で制作し持ち帰ったことで知られますが、その姿はインドの優塡王《うでんおう》が釈尊在世中に造らせたという由緒正しい仏像のかたちを模《も》して制作されているのです。

つまり、本像を生身のほとけとするために裸形着装像として、さらに清凉寺像のかたちを取り入れることで霊験性を付与《ふよ》し、御像自身の生身性を高めようとする意図があったものと考えられます。一方で、当時主流となっていた、玉眼という眼に水晶などを嵌《は》め、生々しさを強調する技法を採用していない点は疑問として挙げられます。面部は後の時代に修理されたのかもしれません。

本像はまさに、亡くなった人々を極楽へと迎えにこの世に現れた生身の阿弥陀仏として、その時代に求められた相応《ふさわ》しいかたちによって制作されたと言えるでしょう。

地蔵菩薩坐像。木造彫眼古色
像高68.5cm(頭頂ー左足先)
平安時代後期

古仏と肖像

冒頭でも触れたように、璉城寺には広い時代の優れた仏像が伝わります。

地蔵菩薩像は、左足を踏み下げて岩上に坐るすがたで、衣から覗く腹部には、下半身につける衣である裳《も》を紐で留めています。両脚部は後の修理で新たにされていますが、穏やかで平明な御顔の表情、体部の奥行きが薄く、また規則的に流れる衣文線などは本像が平安時代後期頃に制作されたことを物語っています。

台座の裏側には、元禄5年（1692）3月3日に御開帳《ごかいちょう》があったこと、当時の住職と考えられる偉空《いくう》が願主となり修理したことが記されていました。人々の信仰のもとに、守り伝えられてきたことがわかります。

また、如意《にょい》を執《と》る僧形坐像は、寺伝にいう当寺開基の僧行基（668〜749）と考えられています。小さい御像ながら、険しい表情や浮きあがったあばら骨などの表現に写実美があり、ひもで吊られた袈裟《けさ》の折りたたみも丁寧にまとめられています。腹部に腰ひもをのぞかせる衣の着け方は珍しい表現となりますが、造形的な特徴から鎌倉時代に制作されたと考えられます。

当寺にゆかりの深い人物として紀《きの》有常《ありつね》（815〜877）の肖像が伝わります。笏《しゃく》を執った衣冠束帯姿で、まさにいま動き出したような一瞬の動勢を捉えており、作者の技量をうかがうことができます。

台座の裏側には、本像が紀有常像

行基菩薩坐像
木造彫眼彩色、像高31.8cm
鎌倉時代

紀有常尊像
木造彫眼素地、像高17.3cm
鎌倉時代

であり、八百五十年忌にあたる享保11年（1726）の京都での御開帳供養のため、泰宴《たいえん》法印によって再興されたことが記されています。

過去帳から享保9年（1724）には天台宗養源院《ようげんいん》末であったことが知られ、この京都での開帳の所縁をみることができます。

これまでみてきたように、いまに伝わる仏像群は、かつての紀寺の偉容、璉城寺の繁栄を想像させるに足る極めて重要なものであり、なおかつ、時代ごとの人々の信仰心によって必要な修理を施しながら大切に守られてきたことがわかる貴重なみほとけと言えるでしょう。

※一木造…頭体部の主要部をひとつの材から彫りだす構造。主要部がふたつ以上の場合は寄木造となる。
※内刳り…仏像の背中や底面などから内側を彫り中空にする技法。
※衣文（線）…体にまとう衣の皺の表現。

（植村拓哉）

【コラム】

「璉城寺のいま」

璉城寺住職　下間景甫

思い起こせば、平城遷都1300年祭を皮切りに璉城寺に光が差してきました。みなさまのお陰で今があることに感謝のみです。

間口が狭く前を通り過ぎてしまうほどの小さなお寺ですが、一歩入ってみると山門の鯱《しゃち》が迎えてくれ、砂利の敷かれた庭を歩いて二ノ門をくぐると優しい傾斜の屋根が目に入り、やがて小さな品格のあるお堂が目に入ります。

起源は藤原京にあって平城京遷都（和銅3年〔710〕）にともなって今の地に移ってきました。璉城寺は聖武天皇と行基さんが建てたお寺なのです。お堂には裸形阿弥陀如来、観音、勢至菩薩が安置されています。

それから千余年、父と母が荒れたお寺を直して今の璉城寺があります。法灯を守るために全国を行脚してご信者さんを作ってきたと聞いています。今、頼りない私がお守りさせていただいています。地域に溶け込んだお寺であることを目指して努力しております。

5月は拝観月です。庭にはマツリ

カ、大山蓮華《おおやまれんげ》が咲き庭一杯に香りが漂い気持ちを和らげてくれます。庫裏を開放してビワ茶や銀杏茶などを楽しんでいただいています。また、奥の部屋では友人達の絵画、習字、写真などを展示しお参りの方の目に触れていただいています。

　拝観月が終わり7月23日の地蔵盆には、地域の子供達に来てもらってお念仏を唱えながら数珠繰りをします。

境内に咲く大山蓮華

紙芝居や手品、また紙飛行機を作ったり紙粘土でお地蔵様を作ったりと楽しい時間を過ごしてもらいます。その後には隣組の方達のご寄進で大きなスイカを皆でいただきます。帰りにはお供え物を袋一杯にして子供達は帰って行きます。

　数年前から、「京終さろん」をはじめ、「マツリカ歌会」、「ヨガ教室」などもやらせてもらっています。

　4月と11月には、専修念仏会《せんじゅねんぶつえ》を勤めさせてもらっています。義父の時代からずっと続いています。遠くは北海道から、千葉や富山など各地から熱心なご信者さまがお参りくださいます。

　そして皆さまにお伝えしたいことがあります。オランダ生まれの娘の旦那様が2年前(令和3年現在)に本願寺で得度を受けお坊さんになりました。法名を法蘭といいます。お経の練習にも日々励んでおり、身内ながら聞き入る説法もしてくれます。とても頼りにしています。

　こうして、お守りをさせていただき門戸を広げて誰もが気軽に入れるお寺としてこれからも頑張っていきたいと思いますので、どうぞよろしくお願いいたします。

合掌

京終さろんの様子(ヨルン・ボクホベンさん)

〈4-6〉

元興寺境内に移った肘塚不動堂の石仏群

毎年7月28日、中院町の元興寺東門の南側境内で、旧肘塚不動堂の石造物32点を供養する法要が営まれます。不動堂はかつて上街道沿いの肘塚南方町(現肘塚町)にありました。能登川のすぐ北側でかつて高野豆腐の工場があった付近です。今も、道沿いにある古い「肘塚南方町自治会住宅案内図」には、仏堂なのになぜか鳥居マークで印されています。

テイチク創業者が建てた不動堂

不動堂が建てられたのは昭和11年(1936)4月。レコード会社のテイチク(当時は帝国蓄音器、現在テイチク・エンタテインメント)がこの地に本社・工場を建てた時、創業者南口《なんこう》重太郎が、近くの岩井川や南京終町の福寺池などにあった石造物を運び不動堂とその周りに安置しました。その代表格は、元和元年(1615)の年銘がある「不動明王像」で、毎年の法要も、不動尊の前に祭壇を設けてお祀りします。

不動明王像をはじめ、地蔵菩薩像などの石仏群や様々な供養碑は、南口重太郎が個人的に集めたものですが、地元肘塚の住民も信仰しました。地蔵盆には、住民に頼まれて尼寺の高林寺(井上町)の庵主さんがお参りしていました。

石造物群を供養する法要をする辻村泰善住職

令和2年(2020)の法要に参列した肘塚町の吉田勝彦さんは「肘塚農家組合の有志6軒がずっとお参りしてきた」と話します。地域信仰は受け継がれているのです。法要後、元興寺の辻村泰善住職は「南口さんがとくに気を留めたのは不動尊でした。大日如来の化身とされる大切な仏様で、怖い顔をして剣も持っています。奈良の南口から入ってくる疫病を退散させる、という不安に立ち向かう健康な精神を象徴しています」と、「コロナ禍」との闘いを絡めた話をしました。

石造物群を調査した縁で元興寺境内へ

平成11年（1999）にテイチクが東京に移転すると、不動堂や石造物群は移転を余儀なくされました。肘塚のみなさんは必死に移転先を探し、元興寺文化財研究所がかつて32点の石造物群を調査した縁で、同14年（2002）7月に元興寺境内に「保存すべき貴重な文化財」として運び込まれ、安置されることになりました。

在りし日の肘塚不動堂
（写真提供：狭川真一さん）

同研究所は同27年（2015）、生駒市と元興寺境内に分かれていた研究所を移転統合する用地として見つけたのがテイチク跡地でした。能登川の南側は、同研究所総合文化財センターとなり、北側は一戸建ての立ち並ぶ住宅地になりました。現在、不動堂の場所を特定できるのは、上街道の道端に遺されている古い「住宅案内図」だけです。

元興寺文化財研究所理事長でもある辻村泰善住職は「ここを移転先に選んだのはたまたまですが、肘塚不動尊とは二重、三重の縁で結ばれています」と言います。三重目の縁は石造物群の1つ「弘法大師像」の銘文に「文政一〇年（1827）寄進者鹿嶋立川泰善」と刻まれているからです。

（神野武美）

【取材協力】吉田勝彦さん・辻村泰善さん

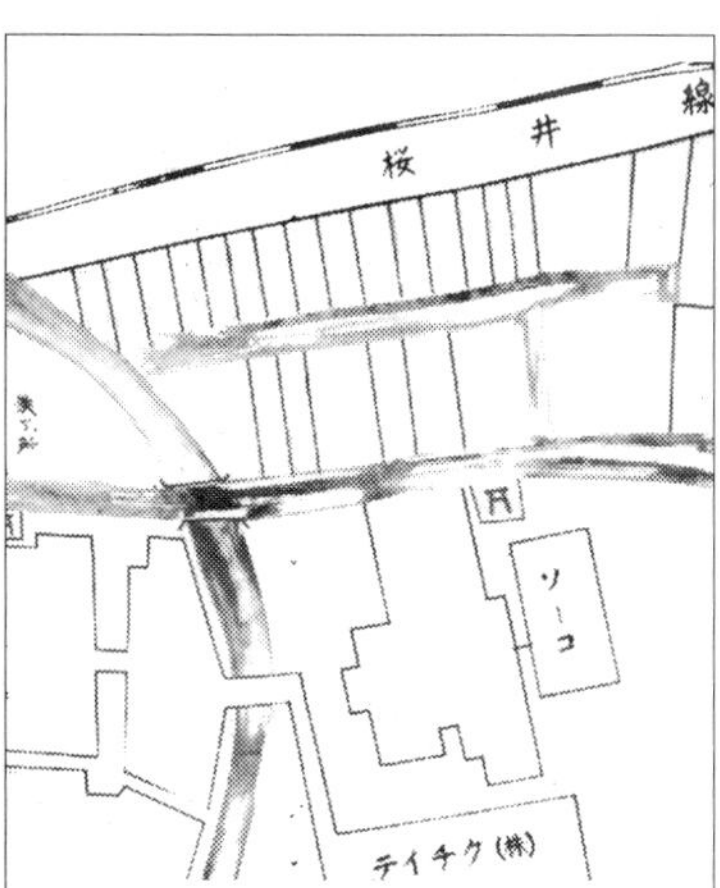

上街道沿いの古い「肘塚南方町自治会住宅案内図」には肘塚不動堂の位置が鳥居マークで示されている。（個人名等は伏せています）

南玄関を守った肘塚不動尊

肘塚不動堂の撤去に伴って元興寺に32点の石造物が託されました。これらの石造物は、室町～江戸時代のものが大半で、故人の供養を願った石仏や供養碑が中心となっています。中でも、肘塚不動堂の主尊であった不動明王像は、元和元年（1615）に蓮花房《れんげぼう》という人物によって造られたものです。不整形な石材に、不動明王と背面いっぱいに燃え盛る火炎光背《かえんこうはい》を刻み、力強い眼差しでならまちの南玄関を守っていました。

この他にも興味深い石造物が見られますので、いくつか紹介していきましょう。

不動尊石仏

不動尊石仏拓影
（反転画像）

地蔵菩薩像

8体の地蔵菩薩像は、室町時代の終わりから江戸時代の初め（1480年～1620年頃）にかけて造られました。亡くなった方を供養する目的で作られたと考えられます。これらの中には小さな仏像を複数彫り付けた特殊なものがあり、「地蔵十

元興寺に並ぶ石造物風景（上）、イラスト（下、元興寺文化財研究所2011より）

王像」と呼ばれます。これは室町時代初め頃（1400年代前半）に作られ、地獄行きと極楽行きをわける審判を行う十王と地獄に堕ちても救い出してくれる地蔵菩薩が共に刻まれています。新薬師寺や白毫寺などでも同様の作品が遺されており、救済と極楽往生を願う祈りが込められていたと考えられます。

六字名号碑

「南無阿弥陀仏」と刻まれた六字《ろくじ》名号碑《みょうごうひ》は、天正7年（1579）に52人の講衆《こうしゅう》とよばれる念仏供養の寄合によって造られました。天正年間（1573年～1592年）は奈良の中でもこうした念仏講が小郷単位で次々と生まれてくる時期です。郷民の自治組織ができてくる表れと解釈されていますが、奈良の南玄関口でもそうした町衆の動きがあったことをこの六字名号碑が示しています。

六十六部供養碑と大峰《おおみね》山《さん》登《とう》拝《はい》碑《ひ》

「奉供養為六十六部法界［　］」と刻まれた供養碑は、宝暦3年（1753）に京終の円誉善教《えんよぜんきょう》という僧侶を中心に全国万霊の供養と天下泰平の祈りを込めて建てられました。銘文にある「六十六部」とは、大乗妙典いわゆる法華経を六十六部書写し、日本全国66カ国を巡礼して一国に法華経を1部ずつ納める目的を持った僧侶のことです。側面には公納堂町市良兵衛、新薬師藤八、中之町文次良らによる先祖・一族供養の願文もみられます。また、慶応4年（1868）の大峰山登拝碑は、奥《おく》田屋《だや》平蔵《へいぞう》という人物が大峰山に50回登って参拝した記念碑です。幕末の奈良では大峰山に登拝するのがブームになっており、町単位で大峰登拝の互助組織である大峰講が結成されていました。こうした都市の信仰のあり方を知る貴重な資料です。

宝暦3年六十六部供養碑

肘塚不動堂は残念ながら失われましたが、元興寺に移された石造物はかつての地域信仰を受け継ぎ、今昔の人々をつなげるシンボルとなっています。

（坂本　俊）

〈4-7〉

地蔵院の阿弥陀三尊石仏と石造物

北京終の地蔵院の入り口には古い石塔、石仏が寄せ集められている区画があり、その1番奥には目を見張るような立派な石仏が鎮座しています。

阿弥陀如来を中心に、左右に観音菩薩、勢至菩薩を配置する阿弥陀三尊形式の石仏です。高さ172・5cm、幅101・5cmの巨大な舟形光背《ふながたこうはい》のなかに頭光《ずこう》(頭から放射される光をあらわした円形)をもつ阿弥陀三尊を配置し、頭光に蓮弁《れんべん》を刻む珍しい型式です。

石仏の「阿弥陀三尊」

阿弥陀像は左手の人差し指と中指を伸ばす刀印《とういん》にし、観音像は両手で蓮台《れんだい》を捧げるもので、鎌倉時代に流行した善光寺式《ぜんこうじしき》阿弥陀如来の影響を受けています。一石で三尊を彫成する技法はめずらしく、また側面から見ると非常に薄く造っており、高度な技術が垣間見えます。鎌倉時代末から南北朝時代(14世紀前半から中葉)ごろのものと考えられます。

この三尊像の前には前机《まえづくえ》が置かれ、そこには「辻堂仏前」と刻まれています。『奈良坊目拙解』には「京終阿弥陀院　池の西南にあり、本尊石造阿弥陀仏」と記されており、地蔵院の阿弥陀仏が、かつて京終池西南にあった京終阿弥陀院の本尊であったと考えられています。『奈良坊目拙解』には続けて、かつて京終阿弥陀院は荒れ果てていましたが、享保9年（1724）に何らかの霊験があり、これを機会に多くの参詣者が集まるようになったため、瓦葺の堂舎に建て替えたと記しています（4－2）。

　京終阿弥陀院がかつてあった京終池南西は奈良七口の1つ木綿町口（綿町口）に面しており、奈良盆地南方と奈良町を繋ぐ奈良の境界でした。こうした境界に阿弥陀如来が置かれたのは、如来の力で都市を護る、また、境界域に集まる様々な人々を如来の功徳で救済することを期待しての事でしょう。

　さて、京終地蔵院にはこのほかにもたくさんの石造物があります。阿弥陀三尊像の周辺には室町時代のものを中心に多数の石仏、五輪塔が集まっているほか、近世以降の墓石が大量に存在しています。

地蔵院の中世石造物

　これらの石造物を分析した角《す》南《なみ》聡《そう》一郎《いちろう》・安楽《あんらく》可《か》奈《な》子《こ》両氏の研究によると、いずれも戦国時代最末期から出現し、1620年ごろから本格的に増加し始めるとのことです（角南・安楽2018）。

　これらの石造物には誉号をもつ戒名・法名が多数見られ、江戸時代前期の京終地蔵院には浄土宗系の庵が営まれていたようです（4－2）。奈良町では中世都市を支配した興福寺の規制が緩む戦国時代から江戸時代初期に、都市縁辺に浄土宗、融通念仏宗の聖が集まり信者を集めていましたが、京終にもこうした時代の流れが押し寄せていたのでしょう。

　時代は変わり、町も人も変わりましたが、京終地蔵堂の阿弥陀三尊は変わりなく今も人々を優しく護り続けています。

（佐藤亜聖）

〈4-8〉

京終の僧侶ゆかりの徳融寺所蔵〝当麻曼荼羅図〟

中将姫《ちゅうじょうひめ》伝説で知られる徳融寺《とくゆうじ》（鳴川町）には、かつて京終に住んでいた僧侶が制作に関わったという当麻曼荼羅図《たいままんだらず》が残されています。

当麻曼荼羅図の願主　「京終住僧」誓誉正願

この当麻曼荼羅図は、縦179・5㎝、横163・8㎝という大きく立派なもので、當麻寺に安置される当麻曼荼羅図原本の6分の1のスケールで描かれたものです。

銘文によれば、貞享元年（1684）、「京終住僧」の誓誉正願《せいよしょうがん》が、親族や先祖そしてありとあらゆる霊の菩提を弔うために発願し、絵は竹坊《たけのぼう》左兵衛尉栄信によって描かれ、金泥による経文などの銘文は聖光寺《しょうこうじ》（鳴川町）の光誉直弁《こうよじきべん》（?～1699）によって書かれて制作されたものです。

誓誉正願が住んでいた京終の寺庵がどこに当たるのかは不明ですが、浄土宗特有の誉号を持っていることや、銘文を書いた光誉直弁が浄土宗聖光寺の中興であることから、浄土宗の僧侶であったと推測されます。浄土宗系の僧侶という点では、あるいは誕生寺（三棟町）所蔵「涅槃図」の裏書に見える「京終西堂」との関わりが考えられ、京終地蔵院との関連も推測されます（4－2）。光誉直弁は承応2年（1653）に聖光寺の住職となって同寺を中興した僧侶です（聖光寺文書）。2人は師弟のような関係にあって、誓誉正願が師匠の光誉直弁に銘文の揮毫をお願いしたということでしょう。絵を描いた竹坊氏は、江戸時代の元林院町《がんりんいんちょう》に住んでいた絵師で、興善寺（十輪院畑町）、金躰寺《こんたいじ》（十輪院町）、華厳宗元興寺（芝新屋町）など奈良周辺の寺院に「涅槃図」や「三千仏画」などの大型の作品を多く残しています。

この当麻曼荼羅図の制作にあたっては、当麻曼荼羅をはじめとする浄土三曼荼羅の研究・普及や、琉球での仏教の布教などで知られる浄土宗僧侶・袋中良定《たいちゅうりょうじょう》（1552〜1639）の著作『当麻曼荼羅白記《たいまんだらびゃっき》』を参照したと裏書に記されています。袋中良定は念仏寺（漢国町）を開創し、奈良を舞台に活躍していた時期もありました。この当麻曼荼羅図は、京終の誓誉正願を中心に、まさに奈良町の浄土宗の僧侶・寺院のネットワークのなかで制作されたものとみることができます。

徳融寺にこの当麻曼荼羅図が奉納されたのは、制作から100年以上経った徳融寺住職順円の代（1812〜1830）であったと言います（徳融寺文書）。かつて誓誉正願が住んでいた京終の寺庵が何らかの理由でなくなり、この当麻曼荼羅図は中将姫説話ゆかりの徳融寺に奉納されることになって移されたのでしょう。その後徳融寺で今日まで大切にお祀りされてきたことで、今となっては手がかりの少ない京終の住僧・寺庵の存在を示す貴重な文化財が残されることになったのです。

さて、この京終地域ゆかりの宝物「当麻曼荼羅図」にはどのようなことが描かれているのでしょうか。徳融寺・阿波谷俊宏老院に絵解きをしていただきましょう。（服部光真）

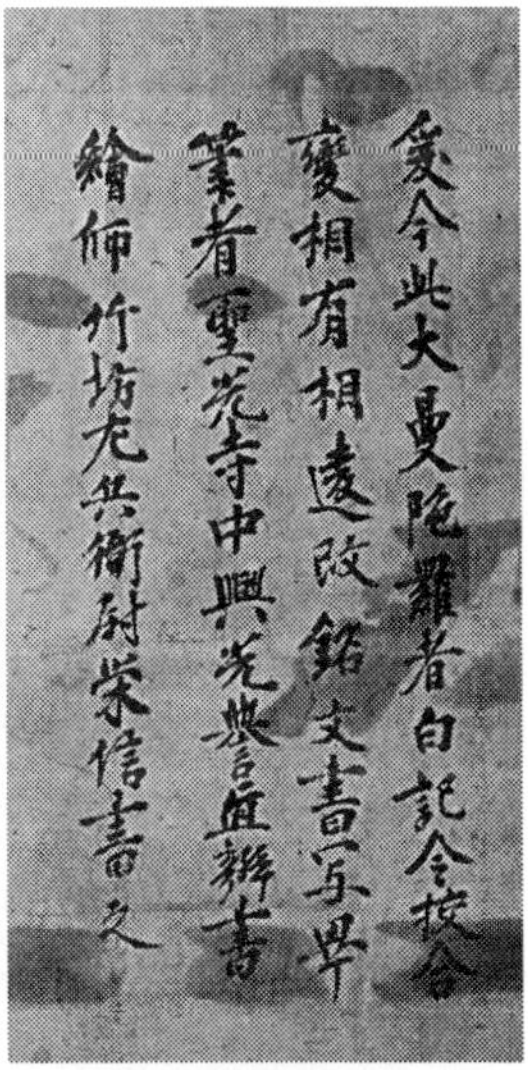
爰今此大曼陀羅者白記令按合
變相有相違改銘文書写畢
筆者聖花寺中興光誉直務書
繪師竹坊左兵衛尉栄信書之

当麻曼荼羅図裏書①

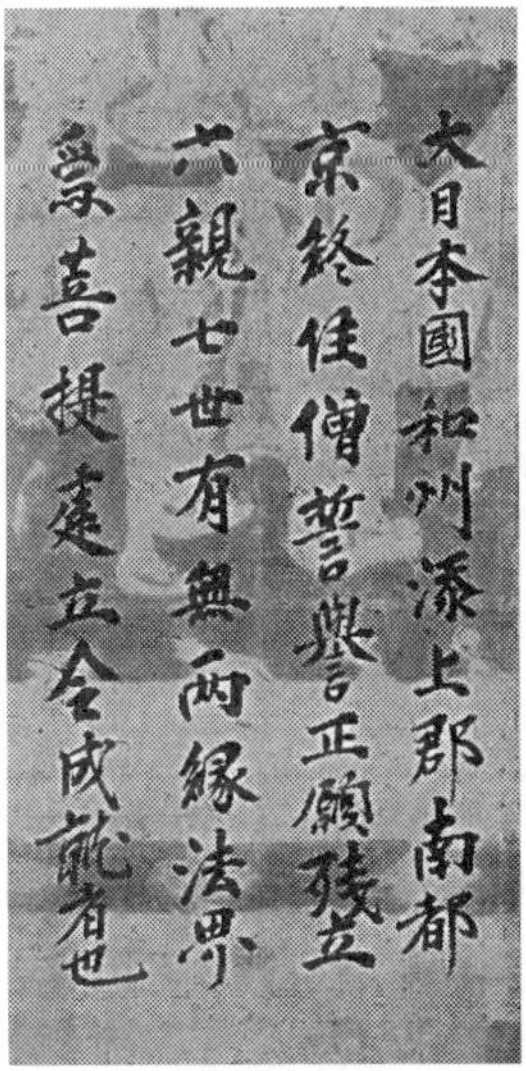
大日本國和州添上郡南都
京終住僧誓譽正願残立
六親七世有無兩縁法界
爲菩提建立令成就者也

当麻曼荼羅図裏書②

当麻曼荼羅絵解き

徳融寺老院　阿波谷俊宏

今から1200年前、藤原豊成《ふじわらとよなり》公の娘中将姫《ちゅうじょうひめ》が、大和国當麻寺で極楽浄土の荘厳を描いた「観経曼荼羅《かんぎょうまんだら》」を感得しました。しばらくすると観音菩薩の化身が現れ、観無量寿経《かんむりょうじゅきょう》に解かれた浄土の荘厳、経のいわれ、往生の仕方、往生ぶりを絵解きされた。中将姫はその教えに従って修行にはげみ、29才でめでたく往生をとげたといわれています。

曼荼羅原本は縦横4m。6分1の模写本が徳融寺をはじめゆかりの寺々に伝わっています。画面中央から説明いたしましょう。

極楽浄土の教主阿弥陀如来が胸前で説法印をむすび、蓮台の上にゆったりと安座し教えを説いています。如来の左右には宝冠をかぶった観音、勢至《せいし》菩薩。まわりの膝もとには三十七尊の菩薩が集り、阿弥陀仏をとり囲んで説法を聴聞しています。

仏菩薩の背後にはきらびやかな楼閣が連なり、天高く霊鳥や楽器が飛び交《か》っています。浄土といえば誰しも森閑《しんかん》とした静寂の世界を想像しませんか。経説ではさにあらず、昼夜6時に美しいメロディが流れ、和やかな雰囲気がただよっているとのこと。羽衣をつけて空中を舞う琵琶や横笛がそのムードを示唆しているのでありましょう。

阿弥陀仏の前には八功徳水をたたえた爽やかなハス池が広がっています。池の左右には阿弥陀三尊を乗せた宝船がたゆたい、池水に映る衆生の生きざまを窺っています。異時同図法で描かれた三尊仏のスナップです。池は七重の欄干《らんかん》で囲まれ、池畔の並木には菩薩たちが安らい阿弥陀仏の説法を聴聞しています。

ハス池にせり出した舞台では美人菩薩が2人、袖をひるがえして胡旋《こせん》舞《ぶ》をまっています。手前踊り場には子どもが数名、胡旋舞に合せて踊っています。あァや有難やうれしやとおつむに手をあて、足をつまだておん喜びのご体裁《ていそう》、と絵解きします。

ハス池のあちこちには、いたいけな子どもたちが三三、五五に戯《たわむ》れ、音楽に合せて踊ったり、花を摘《つ》んだりしています。子どもたちはすべて此の世から極楽往生した善男子、善女人にちがいありません。

当麻曼荼羅周辺にはフィルムの駒形に似た「縁《へり》」が付き、向って左下から上（当麻曼荼羅全体図①）へ観経が説かれたいきさつ、王舎城の悲劇が

当麻曼荼羅全体図

向かって左列（当麻曼荼羅図①）拡大

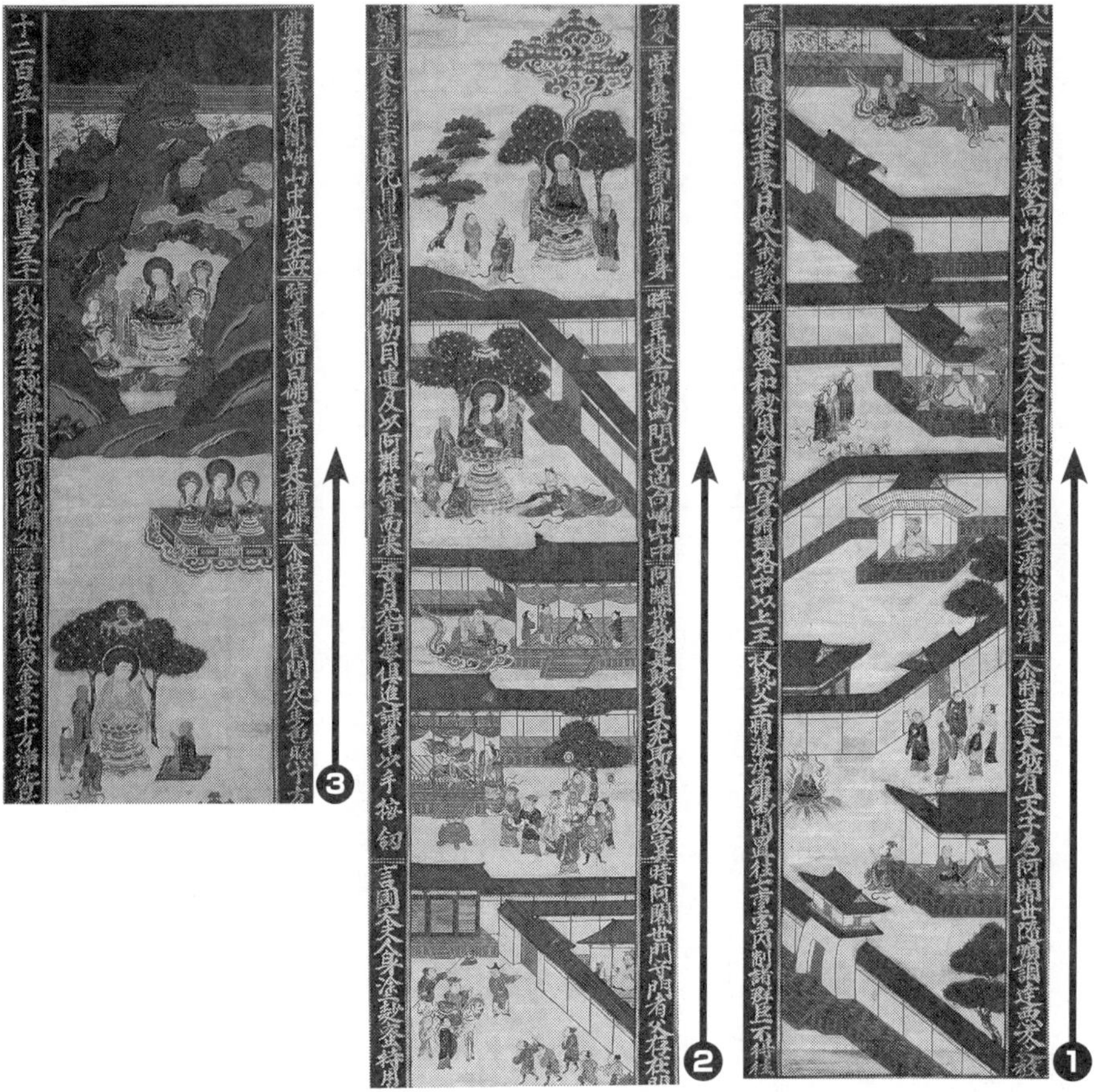

つづられています。
　ビンビサーラ王の長男アジャセ太子が悪友ダイバにそそのかされ、何時までたっても譲位せぬ父王に腹をたて、七重の牢獄にとじ込めて餓死させようとした。王妃イダイケは清めたからだに小麦粉と蜂蜜を練り合せた食物を塗りつけ、王冠にぶどう酒を入れて密かに夫君を見舞いました。それが太子に見つかり母親も同罪、生かしておけぬと剣を抜いて斬りかかったが、２人の家臣にいさめられ、殺生だけは断念したものの、深宮にとじ込め外出をゆるさなかった。夫人は獄中で心身ともに疲れはて、遠く釈迦如来を仰いで、
　「私はいったい、どんな過去世のあやまちでこんな恐ろしい子を授かったのか。つくづくこの世が

向かって右列（当麻曼荼羅図② 十三観）拡大

厭《いや》になった。どうか世尊よ。来世は2度とこのような憂いのない安楽な世界へ生まれ変わらせてください」

と願いました。釈迦はそれではと阿弥陀如来の極楽浄土を紹介し、往生するための方法として13通りの観法を説かれた。

曼荼羅では向って右肩の頂上から下（当麻曼荼羅全体図②）へ、13通りの観法を描いています。

一、**日想観**　日没の太陽を見つめ西方浄土を思念する。

二、**水想観**　水の清らかさを見つめ極楽浄土をイメージする。

三、**地想観**　極楽の瑠璃の大地を想像する

四、**宝樹観**　木々の緑や花ばなを眺め浄土の荘厳をしのぶ。行楽のお花見はこれから出たもの

か。

五、**宝池観**　池を眺めて浄土のハス池を想像する。

六、**宝楼観**　美しい建物を見て浄土の楼閣をしのぶ。

七、**華座観**　華麗な蓮台を見て阿弥陀仏の蓮台をしのぶ。

八、**像想観**　仏像を見て阿弥陀仏のお姿をイメージする。

九、**真身観**　阿弥陀仏の真身をまのあたりにおがむ。

十、**観音観**　阿弥陀仏の右脇侍《わきじ》、観音菩薩を想う。

十一、**勢至観**　阿弥陀仏の左脇侍、勢至菩薩を想う

十二、**普観想観**　すべての仏菩薩をしのび、浄土へ向かう自分自身を想像する。

十三、**雑想観**　これまでおこなってきたすべての観想をおさらえする。

以上、十三観は、釈迦如来が王妃イダイケ夫人に教えられた浄土往生の方法、すなわち観想念仏の次第であります。念仏といえば一般に「なむあみだぶつ」と唱える口称念仏を想い浮かべます。けれども観経に説かれた念仏は心を澄まして浄土をイメージする観念の念仏で、イダイケ夫人は獄中から解放され、夫君を見送ったあともこの念仏を実践して、めでたく往生の素懐をとげられたのでありました。

　下段に移りましょう（当麻曼荼羅全体図③）。右から左へ、九品《くぼん》往生といって念仏者の往生相、往生ぶりを上、中、下。さらに上三、中三、下三品と9通りに分けて紹介しています。上三品は聖人、賢人の往生相。人間凡夫のわれわれには高嶺の花です。1ランクさがった中品段もやはり宗祖や篤信者の往生ぶり。ただし来迎仏の数が減りました。来迎図が多いなか、念仏者を迎えとり浄土へ帰って行く「還《かえ》り来迎」が中品段の特徴となっています。

　下品段に至って漸《ようや》く凡夫の往生相がしめされます。そもそも「観経」は観念々仏を説いた大乗経典ですが、中品中生段を拝見すると「仏名を称するが故に、50億劫生死の罪を除く」とあり、心が散乱し観想念仏ができない凡夫でも、口にまかせて念仏すれば来迎にあずかると述べています。

　下品上生段《げぼんじょうしょうだん》を見てみましょう。池に浸《つ》かって魚を漁る人、そばで魚を捌《さば》く人、煮たきして食事の準備にかかっている人。横に徳利がおかれ俗世の姿をほうふつとさせます。最下段の下品下生段は九品往生の見どこ

ろです。人を縛ったり首枷《くびかせ》をかませたり仏像の光背をもやして鹿肉を炙《あぶ》ったり、悪人の姿が赤裸々に描かれています。悪人とはほかでもない、善行が積めず他を犠牲にしてしか生きていけないわれわれ凡夫のいつわらぬ姿です。そんな宿業をせおった悪人凡夫《ぼんぶ》でも阿弥陀仏を慕い念仏さえ唱えれば臨終には阿弥陀仏のお迎えにあずかるというぎりぎりを示した一段です。絵にはさすがに仏菩薩の姿は見えません。けれども蓮台をのせた太陽がひっそりと降りてきます。初観の日想観との対比がうかがわれ、大悲のみ心を表わした印象的なひと駒とみることができましょう。

当麻曼荼羅原本は４ｍ四方も

下段（当麻曼荼羅図③）拡大

ある大幅です。しかも他の曼荼羅とちがって綴《つづ》れ織りの画幅です。伝説によりますと中将姫のもとへ阿弥陀仏と観音菩薩の化身が現れ、ハス糸を五色に染めて一夜のうちにこの曼荼羅を織りあげたといわれています。一夜はさておき、4m四方もある大幅が煙のようなハス糸で点から線まで織れるものかどうか、おそらく信仰上の伝説として納得するほかありません。ただ織物は縦糸《たていと》が肝心。横糸には多少異物が交っても支障なく織りあがるそうです。ハス糸曼荼羅と聞けば画面全体がハス糸で織られた大画面を想像してしまいますが、横糸に何本かのハス糸を入れ、縦糸とからませて織っていけばハス糸曼荼羅となる。阿弥陀と観音の化身もこの方法で曼荼羅を作られたにちがいありません。

【コラム】

徳融寺と中将姫の伝説

徳融寺は文禄4年（1595）に大念仏上人（後の平野大念仏寺）良勝道祐《りょうしょうどうゆう》に本尊の下賜を願い出た「高御門大念仏南都《たかみかどだいねんぶつなんと》御講中《おんこうちゅう》」（『大念仏寺記録《だいねんぶつじきろく》』）をもとに、江戸時代前期にかけて融通念仏宗寺院として整えられました。まさに庶民たちの念仏講を起点として発展した徳融寺は、観音堂に子安観音像や薬師堂町の薬師如来像が安置されるなど、周辺の奈良の町人たちの様々な信心や祈りに寄り添ってきたお寺です。

この当麻曼荼羅図とも関連の深い中将姫《ちゅうじょうひめ》の伝説は、江戸時代までに奈良町でも広まっていました。享保20年（1735）に成立した『奈良坊目拙解《ならぼうもくせっかい》』には、次のような伝承が記されています。

・高坊（井上町、後の高林寺。2―6）…かつて中将姫と父藤原豊成《ふじわらのとよなり》（横佩《よこはぎ》右大臣）を供養する石塔があり、松永久秀《まつながひさひで》が多聞山城《たもんやまじょう》築城のために接収しようとしたが、高坊に住んでいた連歌師芦笋斎心前《ろしんさいしんぜん》（徳融寺中興2世か）がそれを傷んで久秀に歌を贈ると、歌に感動した久秀は接収を取りやめた。

・徳融寺（鳴川町）…延宝5年（1677）に中将姫と豊成の石塔が高坊から移されて寺名を豊成山徳融寺と号した。

・安養寺（同）…豊成の館跡で、阿弥陀堂は横佩堂と号した。

・誕生寺（三棟町）…中将姫誕生の館跡で、中将姫の産湯の井戸といわれる井戸がある。

こうした伝承は、中将姫への追慕を反映して、内容を豊かにしながらこの4ヶ寺で現在まで伝えられており、この一帯の風土を特徴づけていると言えます。

（服部光真）

第5章 紡がれる伝統 ——年中行事

最後の肘塚椚町・「廻り地蔵の祭り」の様子（2016年7月24日）

〈5-1〉

京終の春日講

春日講《しゅんにちこう》とは

春日講とは、南都周辺の興福寺領を中心に行われた講のことです。春日明神やその本地仏、春日社などを描いた春日曼荼羅を本尊として祀り、定期的に行われる講の日に法会を行う定例行事として、現在まで奈良の旧市街（奈良町やその周辺地域）などで続けられています。

長い歴史を有する京終の春日講

京終の春日講の歴史は長く、かつてこの地域が京終村と称される農村集落であった頃から農家の人たちによって執り行われてきました。

大正10年（1921）の帳面には『新日講』と記載されており、「しんにち講」と呼ばれた時期もあったようです。

天正11年（1583）11月13日「大佛殿燈油料奈良田井段銭注文」（東大寺文書『大日本古文書家わけ第十八　東大寺文書之二十一』）に料田の作人として「京八テ春日講」とあり、京終の春日講が遅くとも戦国時代まで遡る長い歴史を有することがわかります。

現代の春日講

現在も旧来の伝統的な行事内容を承継している京終の春日講は、大正12年（1923）には12軒で行われていましたが、現在は6軒で営まれています。

祭壇に飾る垣を作った講員の皆さん

毎年1月21日に、1年ごとに順番に務める当屋《とうや》宅に講員が集い祭礼の設《しつら》えをし、執り行われています。

座敷の床の間を祭壇として、春日社の本地仏と使いの鹿が描かれている『春日鹿曼荼羅』を掛け、講員が作った青竹を割って梯子《はしご》状に組んだ間に杉の青葉を挟み込んだ垣2つを、床の間の上下に飾り付けてあります。

この床の間飾りで使われる杉は旧

京終村の一角で育てられて来ました。

海の幸、山の幸など7品をお供えし祭壇が整うと、地元の飛鳥神社の宮司を兼任する氷室神社の大宮守人宮司によるお祓いと祝詞の奏上に続き、講員は玉串をお供えし1年間の安全と五穀豊穣などを祈願したあと、御神酒をいただき、その後全員で春日大社に参詣します。

途中、神の使いである鹿に鹿せんべいをやったりし、若宮神社に参拝した後、若宮神社と御本殿を結ぶ「御間道《おあいみち》」沿いにある京終春日講によって元和3年（1617）に奉納された「元和三年丁巳三月吉日／春日社奉寄進／為二世安楽也／京終町春日講中各々敬白」と彫られた石灯籠（4－3）を拝み、御本殿へ参拝し、祈祷所で初穂料を供え、お神楽を奉納し、参詣は終了します。

そのあと一同揃って会食（直会《なおらい》）し、行事はすべてお開きとなります。

（岩田麻智紅）

【資料提供】萩原正弘さん

春日鹿曼荼羅が掛けられた祭壇

氷室神社の大宮守人宮司によるお祓い

〈5-2〉

京終町のノガミサン（野神さん）

昭和初期までの京終町は、春日の山並みに水源を持つ岩井川と能登川が流れる農村地帯でした。現在、南京終町にはカーディーラーの看板が並ぶ大通りがあり、近くには桂木団地があります。この団地の西端に「西のノガミサン（野神古墳）」、東側に「東のノガミサン（葛城野神）」があります。

西のノガミサン

毎年6月5日になると、早朝5時半頃から地元の農家組合の人達が「西のノガミサン」に集まり、御神酒、ちまき、お菓子などをお供えしてその年の五穀豊穣と家内安全を祈ります。写真上は昭和62年（1987）に早川嘉宥宮司と農家9名によって催行された祈願祭のようすです。

この「西のノガミサン」の祠は小さな古墳の頂上に祀られています。東向きの祠の周囲は、前日からきれいに刈り込まれます。その後方にはコンクリートで保護された石室の中に石棺を確認できます（1－1）。看板には、この墳丘は5世紀末から6世紀の始めに建造された古墳として認定され、「水井戸伝説」と言われています。

昔はこの下には井戸があると伝えられていました。ところが、明治9年（1876）の干ばつ時に田に入れる水が無くて困った村人たちがここを掘り返したところ、そこから出土したのは水ではなく、刀剣や鏡、馬具等だったのです。そこで、村人たちは役所に届け出て、「水井戸伝説」として看板に掲示し、この古墳と共に「西のノガミサン」として今も大切にお祀りしています。

西のノガミサン（野神古墳）
（写真提供：橋本徳博さん〈昭和62年撮影〉）

祠の後ろにある 古墳の石室

東のノガミサン

東のノガミサン（葛城野神）は、野原の中の小さな森の中に有ります。最近まで奈良の陸運局事務所の建物に囲まれていましたが陸運局の移転により現在は野原に囲まれています。

東のノガミサンには、大正時代に村の地主たちによって建てられた高さ2mほどある立派な石碑があります。そこには、「孝徳天皇（在位645~654）の皇后がこの丘より葛城山を遥拝したので葛城塚と呼ばれるようになった。また七福弁天塚ともいう」と、この塚の名前の由来が伝えられています。

そしてこの石碑の背面には、この塚が消滅しかけていたのを憂いて祠を造り、葛城塚の神を祀った京終の総代・米田楢次郎の胸像レリーフが彫られています。石碑建立の発起人の1人には吉村長慶《よしむらちょうけい》の名も確認でき、京終村の近代史を語る重要な史料となっています。

直会《なおらい》

お参りが終わると直会が始まり、酒を飲みながら若い頃の農作業を思い出して話が弾みます。ノガミサンをお参りする日には農作業を休み、直会の後は宇治の県《あがた》祭りに行くことが楽しみだったそうです。

また、京終村の農家では春秋の田起こしに牛を使い、農閑期には草が豊富に生える田原の親戚縁者に牛を預けていました。牛を預けるときは、牛の半年分の飼料として麦2俵を牛に背負わせ、鹿野園《ろくやおん》町を通って田原とのほぼ中間点にある「とくんぼ」（東金坊地蔵尊《とうかねぼうじぞうそん》）まで連れて行き、牛を相手に託していたそうです。のどかな牛の送り迎えは、昭和時代の懐かしい風景だったことでしょう。

（安西俊樹）

【取材協力】橋本徳博さん

東のノガミサン（葛城野神）

東のノガミサンお参り後の直来のようす。周囲には陸運局事務所の建物が見えている。
（写真提供：橋本徳博さん〈昭和62年撮影〉）

葛城塚碑（右：正面、左：背面）

〈5-3〉

紀寺町のノーガミサン（農神サン）

国道169号線（通称天理街道）は紀寺町で能登川に沿って大きく曲がり、春日自動車学校の入口で夫婦《めおと》橋《ばし》を通ります。その橋の横にある細い道を東に向かうと、「紀寺のノーガミサン」があります。

毎年6月1日には、紀寺農家組合の藤岡龍介さんら組合員の方々が紀寺のノーガミサンに集まり、御神酒、塩、洗い米、菓子などをお供えして五穀豊穣を祈っています。

5年前までは、午前6時開始でしたが、最近は農家の数が減ったこともあり、午前10時からお祈りが始まります。

お祈りが終わるとお供えを下げ、集まった人たちで御神酒をいただきます。昔の農作業の思い出や、最近のお天気の変化などを語り合うそうです。

昔の農作業

今はトラクターや耕耘機が使われていますが、60年ほど前まではまだ耕耘機もなく、ここでも牛が大事な働きをしていました。毎年田植えの時期になると、ある農家では山を越えて須山の親戚まで牛を借りに行き田起こしや代掻きが終えると、また山越えをして牛を返すということが当たり前だったそうです。

また、田植え前には、春日大社の御田植祭で神様の気を込められた松苗を頂き、田圃の水口にお供えしたり、ノーガミサンの日には牛を早朝より洗ってノーガミサンまで連れて

夫婦橋から紀寺のノーガミサンに続く細道

来て御神木である「榎（愛称：ヨノミの木）」を3回廻らせて、酒を飲ませ、2礼2拍手するという風習があったそうです。

最近は多くの田畑が住宅地に変わっていますが、戦後しばらくの間は紀寺町には進駐軍がいました。そして、練兵場と田畑との境界には長いフェンスやポプラ並木があったそうです。その頃は、それらを見ながら、セスナやヘリコプターが頻繁に飛んでいた中での農作業だったことを思い出すとのことでした。

そして、収穫した米は新屋敷町のお地蔵さんが祀られているはらだ医院前の煉瓦造りの米蔵であった集荷場に運んでいたそうです。現在この場所は、米蔵を解体し駐車場になっています。

（安西俊樹）

【取材協力】藤岡龍介さん

紀寺のノーガミサン

紀寺のノーガミサンに参る人々
向かって右端から藤岡龍介さん、吉田利一さん、松本良一さん、武村勝さん

〈5-4〉

崇道天皇社の夏祭り

夏祭りの日の崇道天皇社

7月15日の夕方、西紀寺町にある崇道天皇社では夏祭りが行われます。その日は午後5時頃に神事が執り行われ、その後、氏子さんたちによって、金魚すくいやスーパーボールすくい、綿菓子、かき氷といった出店が開かれます。浴衣を着て親や祖父母とともにやってくる子どもや友達と連れ立って遊びに来る子どもたちで賑わいます。大人たちは子どもを見守りながら話に花を咲かせ、静謐《せいひつ》な境内が一気に地域の社交場に様変わりします。お祭りは、境内に並べられたろうそくの灯りが周囲を彩る頃まで続きます。

氏子の弥栄《いやさかえ》を願う夏祭り

一般的に夏祭りといえば、屋台、山車《だし》といった華やかな賑わいのイメージが先行しますが、本来は、主に旧暦の6月や7月、夏の暑い時期に流行る疫病から人々を護るために行われるお祭りで、災いの源とされる御霊《ごりょう》をまつることで疫病が退散するという御霊信仰に由来します（藤井1987）。崇道天皇社でも、長年、7月15日に疫病退散や氏子の弥栄を祈願して神事が執り行われてきました。

お祭りには神事と神賑《かみにぎわい》という2つの要素があります。お祭りの内容は時代や地域、目的によってさまざまですが、神事では基本的に決まった一連の儀式が行われます。参列者

参列者が神饌所から本殿まで
手渡しで神饌を献饌する様子。

や祭具の罪穢《けが》れを麻や紙垂《しで》を付けた祓串《はらいぐし》で祓い清める修祓《しゅばつ》、本殿のお扉を開く開扉、米や酒といった神饌《しんせん》を神饌所から神前まで手渡しで運び供える献饌《けんせん》が行われます。その後、祭りの目的や願いと感謝の意を独特な言い回しで神に申し奉る祝詞《のりと》奏上、神楽奉納、玉串奉奠《たまぐしほうてん》、撤饌《てっせん》、閉扉といった儀式を順に行うのが基本です。神事の規模によっては内容や方法が少し変わり、崇道天皇社の夏祭りでも開扉とそれに伴う閉扉、神楽奉納は行われていません。

子どもが楽しめるお祭りに

お祭りのもう1つの要素である神賑は、神事に伴ってそれに関わる人々が娯楽を楽しむ行事のことで、屋台、山車といった賑やかな出し物が挙げられます。基本のしきたりが決まっている神事と異なり、神賑は時代や状況によりさまざまな変化がみられるのが特徴です。

子どもたちでにぎわう出店。

崇道天皇社の夏祭りで出店が行われるようになったのも平成22年（2010）からです。藤井秀紀宮司によると、以前は神事だけが行われ、氏子役員といった限られた人のみが参列していたそうです。しかし、1人の氏子さんから、「子どもの頃は神社でよく遊んだし、時には宮司さんに怒られた。今はそういったことが無くなって、神社との関わりが希薄になってしまって残念だ」という声が上がり、そのほかの氏子さんたちも賛同して新たに企画されたといいます。子どもが楽しめるお祭りにしたいという宮司さんや氏子の皆さんの思いから、少ないお小遣いでもたくさん遊べるようにと工夫されているそうです。

その思いが届き、近年はたくさんの子どもが夏祭りを楽しみにやってきます。氏子の弥栄を願う崇道天皇社の夏祭りは、さまざまな人の思いとともに紀寺の夏の風物詩となっています。

（田中梨絵）

【取材協力】
崇道天皇社　宮司　藤井秀紀さん

〈5-5〉

地蔵盆

毎年7月、奈良では地蔵盆が開催されます。地蔵盆は、近畿一円で夏に行われるお地蔵さん（地蔵菩薩）のお祭りで、お地蔵さんを祭る寺や、辻々の石仏、お堂のお地蔵さんを管理する町で法要や行事が行われます。特に、23日、24日に集中して行われており、その日は、町中のあちこちにあるお地蔵さんで提灯が掲げられ、法要が行われたり、地域の人がお供え物を供え、御詠歌や和讃を唱えたり、数珠繰りをしたりします。現在は、地蔵盆は子どものための行事として、子どもが楽しめる出し物をしたり、お菓子を配ったりするところもあり、地域のお祭りとしても親しまれています。中には何ヶ所もの地蔵盆をはしごする子どもたちもいるのだとか。

地蔵信仰の広まりと地蔵盆

地蔵信仰が広まったのは、中世の浄土信仰の広まりとともに、お地蔵さんが死後の世界で苦しむ死者を救う仏として篤く信仰されたこと、またお地蔵さんが弱者＝子どもを守る仏とされたことに由来すると言われています。特に、奈良では中世以降、お地蔵さんが春日明神の本来の姿とされ、春日信仰とともに地蔵信仰が盛んになりました。お寺だけでなく、町中でも石仏、木彫のお地蔵さん、お地蔵さんが描かれた掛け軸などが祀られるようになります。古いものでは平安、鎌倉時代に造られたものもあるなど、奈良の歴史の深さが垣間見えます。

また、地蔵盆としてお祭りが始まった時期は不明ですが、元文5年（1740）に成立した『南都年中行事』には、「他国では7月24日を地蔵祭とするが、南都では6月24日を専ら法会とする」として、奈良町の寺院や町の地蔵祭（地蔵盆）が紹介されています。この頃には既に町中でも現在の地蔵盆に繋がる行事が行われていたことは間違いなく、地蔵盆は昔から受け継がれてきたかけがえのない地域の伝統行事といえるでしょう。

お地蔵さん、その数は？

町中の至る所にあるお地蔵さんですが、どれだけの数があるのかはわかっていません。奈良市教育委員会が実施した石造物調査、彫刻調査、美術工芸品調査、絵画調査の結果、および、指定文化財の指定数から少なくとも奈良市内には876件、

3,471体のお地蔵さんがあることがわかっています。しかし、調査では市内のすべてのお寺や町中のすべてのお地蔵さんを調べたわけではないようなので、実際にはもっと多くのお地蔵さんがありそうです。

　また、町内で管理されているお堂や道端のお地蔵さんでは、1ヶ所で何十体ものお地蔵さんが祀られているところもあります。その経緯は様々で、町内に散らばって祀られていたお地蔵さんを1ヶ所にまとめたというところや、池を埋め立てた際にお地蔵さんがたくさん出てきてお祀りすることになったというところも。たくさんあるからか、近隣で行われた工事で出てきたお地蔵さんのお祀りを頼まれることもあり、ひっそりと数が増えているなんてこともあるようです。

たくさん祀られている
お地蔵さん。

　一方で、祀られているたくさんの石仏をよく見てみると、観音菩薩が彫られたものや、五輪塔という石塔、文字が彫られた古い石碑や墓石が一緒に祀られていることがあります。お地蔵さんの姿形は「僧侶の姿」「右手に錫杖」「左手に宝珠」といった特徴があり、さらに、トレードマークともいえる「涎掛け《よだれ》」が掛けられますが、時折、お地蔵さんの特徴がないものに、この涎掛けが掛けてあることがあります。その理由はわかりませんが、お地蔵さんのような形をしている、彫刻が施されている、由緒来歴がありそうに見えるといったものがひとくくりにお地蔵さんと捉えられているのかもしれません。それだけお地蔵さんが身近なものとして広く浸透しているのでしょう。そういったことからも、どれだけのお地蔵さんがあるかは永遠の謎かもしれません。

奈良町南部の地蔵盆

　奈良町南部だけでも40ヶ所ほどお地蔵さんがいます。その中で行われている、地蔵盆をいくつか紹介していきましょう。

璉城寺《れんじょうじ》（西紀寺町）　7月23日　13時～

　璉城寺の境内には紀寺の農家の人たちがお祀りしていたというお地蔵さんが安置されています。地蔵盆も以前は南紀寺の農家の人たちが行っていたそうですが、お寺に寄贈

璉城寺の地蔵盆の様子

されてからは、お寺で行うようになったといいます。総勢20〜30人の子どもや大人が一緒になって数珠繰りを行ったり、腹話術や手品の出し物を見たり、スイカを食べたりして過ごすなど、広いお堂があるお寺ならではの地蔵盆が行われています。

綿町・京終地方東側町・京終地方西側町（西木辻町）
7月23日9時〜18時頃

3つの町でお守りしているお地蔵さん。「三町地蔵」と呼ばれることもあるそう。三畳ほどのお堂には、15体以上のお地蔵さんが祀られており、地蔵盆の日はお堂を開け放ち、誰もがお参りできるようになっています。お堂には昭和40年代ごろまで行っていたという数珠繰りの数珠も飾られます。また、お堂からカイナラタクシーの駐車場まで提灯を掲げ、駐車場では集まった近所の人たちがゴザに座っておしゃべりを楽しむ様子も。地域の人同士の交流の場となっています。

京終地蔵院（北京終町）
7月23日　9時〜15時半

旧京終村の墓地にある地蔵院。お堂の中に地蔵菩薩が祀られるほか、外には高さ1.7mほどある阿弥陀三尊の石像の周囲に59体ものお地蔵さんが並んでいます。以前は墓地の中に点在して安置されていたというたくさんのお地蔵さん。ある時期に現在の場所にまとめて移したと言います。中には町内から移されたものもあるのだとか。地蔵盆の日は、地元の人がお堂に集まり、道路に沿って提灯や幕で飾りつけられ、お供え物が供えられます。また、北京終町では町内の各家にも1灯ずつ提灯が飾られるなど、町内全体が地蔵盆の雰囲気に包まれます。

新屋敷町（紀寺町）
7月23日　9時〜19時頃

道路に面したお堂にところ狭しと並ぶお地蔵さん。名前や由来が伝わっていないと言う新屋敷町のお地蔵さんは、もともとは地蔵講でお守りしていたそうです。お堂の奥には三畳ほどの会所も併設しており、昭和39年（1964）頃の地蔵講の写真が飾られています。地蔵講では、毎月23日に法要を行っていたそうで、写真は冬の講の様子のようです。現在は、自治会で管理して地蔵盆が行われています。道路沿いには提灯とともに子どもが手書きした行灯も飾られ、子どもたちが行灯や配られるお菓子を楽しみにお参りしているそうです。

最後に、かつて祀られていたというちょっと珍しいお地蔵さんを紹介します。肘塚椚《くぬぎ》町（肘塚町）にあったというお地蔵さんは、かつて町内の各家が持ち回りでお祀りする「廻り地蔵」のお地蔵さんでした。お祀りを担うことになった家では、掛け軸に描かれたお地蔵さんを仕舞うことなく365日座敷や仏間などにお祀りし、月に1回は生花をお供えされていたといいます。大きな木造の屋形（厨子）に納められていたため、1年間のお祀りが終わり次の人が引き受ける際には4、5人で抱えて行かなければならなかったそう。かつては7月23日の地蔵盆の日と4月23日の年2回、町内の人が家に集まりご詠歌を唱えていたようですが、あるごろから7月23日の年1回に。傷まないようにと額装にしたり、会所でお祀りしたりと続ける工夫を行ったそうですが、現在は、奈良市史料保存館に寄託。展示の際に町内の人が寄り集まってお参りに行くのだと言います。廻り地蔵は、奈良町全体でみても数えるほどしか確認されておらず、また、今ではもうほとんどの町で行われていないという、ちょっと珍しい習俗です。

（田中梨絵）

昭和39年（1964）頃の新屋敷町の地蔵講
（写真提供：新屋敷町自治会）

平成18年（2006）の肘塚椚町の地蔵祭の様子
（写真提供：丸山清文さん）

絹本著色地蔵菩薩立像（肘塚椚町自治会所蔵）

【取材協力】
璉珹寺　住職　下間景甫さん
綿町・京終地方東側町
・京終地方西側町自治会長　德田裕英さん
京終地蔵院世話方代表　萩原正弘さん
新屋敷町　自治会長　山本弘さん
肘塚椚町　自治会長　丸山清文さん

〈5-6〉

京終の当夜座講

秋に梅の造花を飾る、別名「花切り祭」

10月初旬、京終地区で「当夜座講《とうやざこう》」が営まれます。「春日講《しゅんにちこう》」（1月21日）と同じ6軒（1軒は高齢のため欠席）の講員が輪番制でトウヤを務め、北京終町の飛鳥神社の社殿に梅の造花を飾って五穀豊穣を祈願し、前年のトウヤの家にある御神体を次のトウヤに移すという祭祀です。春日大社と縁が深い春日講に対し、飛鳥神社の秋祭りの約1週間前にあるのが当夜座講、通称「花切り祭」です。いつ始まったのかはわかりませんが、飛鳥神社は、菅原道真公を主祭神とし、「天神社」「紅梅殿神社」などと呼ばれた時代もありました（4－2）。

お祓いを受ける講員たち。

講元家の菅原道真公の掛け軸に向って祝詞を奏上。

近年は、午後1時に神社の社務所に5軒の講員が集まり、約1時間かけて、紅白の色紙をハサミで切って約100個の梅の造花を作り、「梅の枝」（今は針金に紙を巻いたもので代用）2本に張り付けて社殿の左右に飾る、という「花切り」をします。神前に御神酒、稲穂少々、洗米、塩、山の物、海の物、昆布等を御供えし、同神社の宮司を兼ねる氷室神社の大宮守人宮司がお祓いをして祝詞を奏上、全員で玉串を奉奠《ほうてん》。その後、前年のトウヤの家でお祓いや祝詞の後、照明を消し、本年のトウヤが、御神体を木製の厨子ごと白い布で巻いて自宅へ運びます。菅原道真御影《みえい》（束帯天神像、160ページ）が掛けられた床の間に御神体を安置し、祝詞や玉串奉奠を行い神事は終了。その後の「直会《なおらい》」（食事）はかつて、自前でしていましたが、今は料理店で行っています。トウヤは1年間、御神体を床の間に飾り、講員の五穀豊穣と安泰を祈り続けます。

大正10年（1921）と昭和39年（1964）当時は12軒でしたが、講員の入れ替わりと増減を繰り返し、平成20年（2008）以後、6軒となりました。

万覚帳

講員の萩原正弘さん宅には、昭和43年（1968）に父正一さんが残した2つの帳面があります。大福帳型の「よろず覚帳《おぼえちょう》」には、講員名、参加者名、用意したモノや費用など。半紙大の「万覚帳《よろずおぼえちょう》」には、手順、御供品のリスト、「飛鳥神社の秋の祭礼日の変更に伴い、花切り祭りの期日も変更した」といった改正記録が記されています。本物の菅原道真御影は奈良国立博物館に収蔵され、当夜座講では複製が使われています。

（神野武美）

【取材協力】　萩原正弘さん

〈5-7〉

御霊神社の秋祭り

「ならまち」の中心部、薬師堂町に鎮座する御霊神社《ごりょうじんじゃ》は、肘塚町、中辻町、井上町、木辻町、瓦堂町などこの地域の多くの町の鎮守です。現在は飛鳥神社の氏子圏である北京終町なども戦後まもなくまではその一部でした。

その創建をめぐっては様々な由緒が伝えられていますが、室町時代には元興寺の鎮守であり、祭神として藤原時平《ふじわらのときひら》が祀られていたことが知られています(『大乗院寺社雑事記』)。

藤原時平は左大臣を務めた平安時代の有力貴族です。右大臣の菅原《すがわらの》道真《みちざね》のライバルで、道真が九州太宰《だざい》府《ふ》に左遷された政変を主導した人物とされます。道真を追い込んだ側の時平が「御霊」として祀られるのは珍しいですが、時平もまた39才の若さで亡くなっており、後世、その死が道真の怨霊によるものとされたことから、その無念を慰めるために「御霊」として祀られていたのでしょう。

その後、江戸初期には吉備《きびの》真備《まきび》、次いで井上内親王などを祭神として祀るようになり、現代に至ります。

時平、真備、そして井上内親王をはじめとする神々へと主祭神は解釈し直されながら変化してきましたが、いずれも「御霊」として祀られてきたのであり、「御霊社」の名称とともに御霊神社の御霊信仰が長い歴史を有することは間違いありません。

秋祭りの源流――「ならまち」の御霊信仰

今日の御霊神社秋祭りにつらなる「御霊祭」も史料上少なくとも中世に遡ることは確実です。室町時代には旧暦9月13日に毎年行われていたことが確認できます。当時から神輿《みこし》や神馬のお渡りがあったようです。

江戸時代にも毎年9月12日に宵祭《よいまつり》、13日に本祭が行われていました。この頃には、御霊神社は奈良町南西部の64町の氏神となっており、13日には神輿・神馬・騎馬行列が、この氏子圏のうち薬師堂町の御霊神社から毘沙門町・鵲町・鶴福院町・東寺林町・今御門・元林院・横椿井町・椿井町・江戸屋町・小川町・西城戸町・南中町・阿字万字町・脇戸町・高御門町・鳴川町・木辻町・瓦堂町・京終町・廊之坂町・中辻町・井上町・元興寺町の23町を巡行していました（次ページ図）。とりわけ江戸時代の半ば頃からは、舞いや囃子《はやし》、人形・造り物などを各町が出すようになり、神輿も華々しく再興されたと言います。

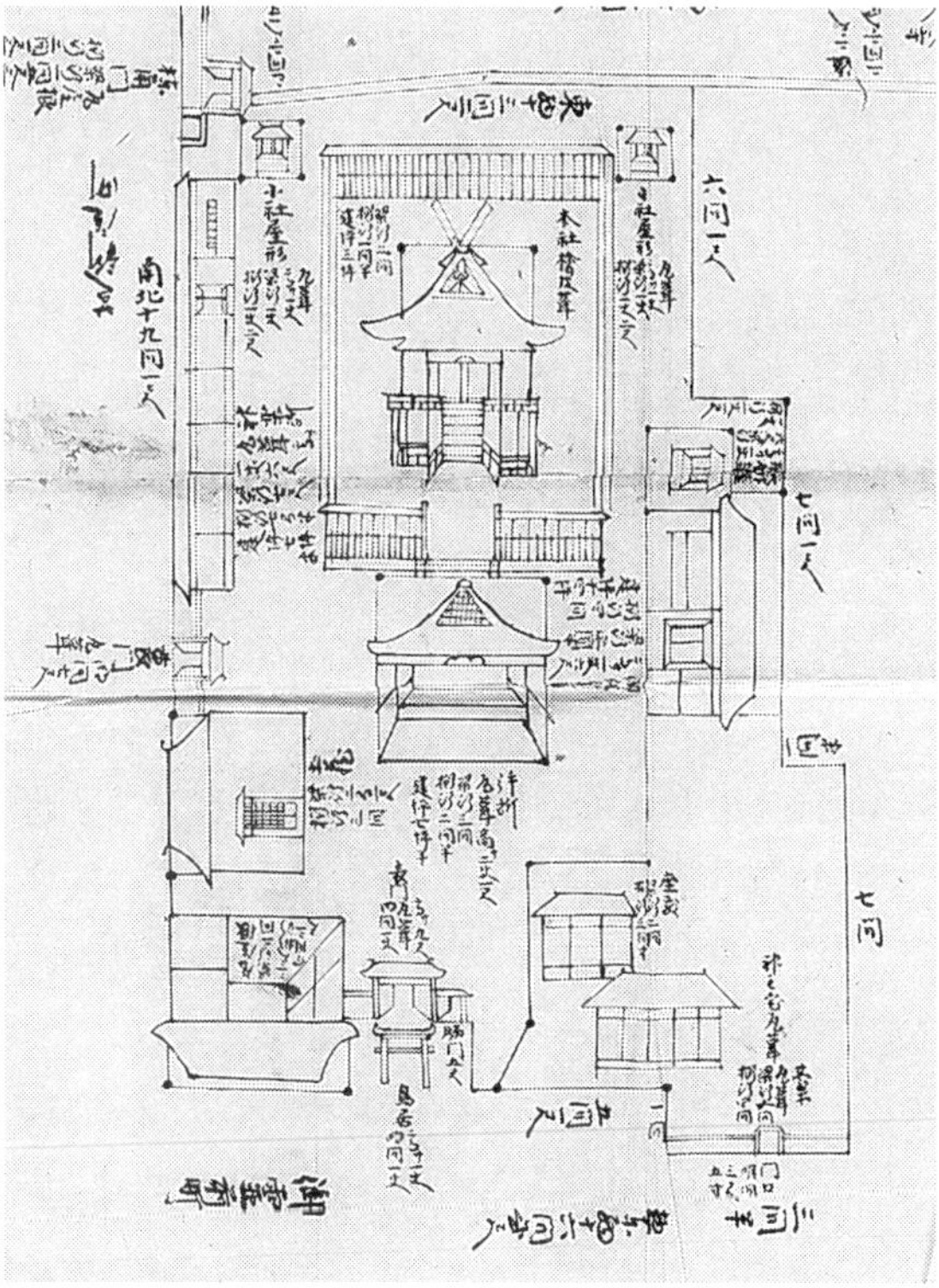

江戸時代の御霊神社
（「元興寺境内絵図」〔華厳宗元興寺所蔵〕より）

現在の「ならまち」各町の町人たちによって、御霊神社の祭礼は大きく発展したのです。

今日の秋季例大祭は、時代の節目ごとに大きく変化していったところも多いですが、祭礼日や神輿巡行などの行事内容はこうした伝統をひくものであり、その淵源は少なくとも中世には遡ります。御霊神社を中心とする御霊信仰やその祭礼が奈良の都市社会に歴史的に根付きながら、近世、近代を経て今日まで脈々と続いてきたことは大いに注目されます。

（服部光真）

現在の秋祭り

現在も御霊神社では毎年10月12日、13日に秋季例大祭が執り行われています。12日の宵宮《よいみや》では、16時半に神事が執り行われ、18時頃から徐々に参拝者がやってきます。奈良町の神社の中には、大祭の宵宮で、神職が参拝者に御幣を掲げて御神徳を授ける「オハケ」を行う神社が何ヶ所かあります。御霊神社でも雅楽が鳴り響くなか、参拝者は拝殿で参拝し「オハケ」をいただきます。「オハケ」とは一般的には祭礼の際にご神霊や神聖な場所を示す標示物のことを指しますが、奈良町の神社では、例大祭の宵宮で神職が参拝者の頭上に御幣《ごへい》を掲げて御神徳を授けることを「オハケ」と呼ぶようです。参拝後に撤饌の御洗米をいただいた後は、地域のまちづくり団体「奈良町座」が開く子ども縁日や、氏子域の商店が協力した福引を楽しみます。翌13日の本宮では、10時に神事が行われた後、12時から渡御式《とぎょしき》が行われます。雅楽やお囃子が鳴り響くなか、神輿とともに平安時代の衣装に身を

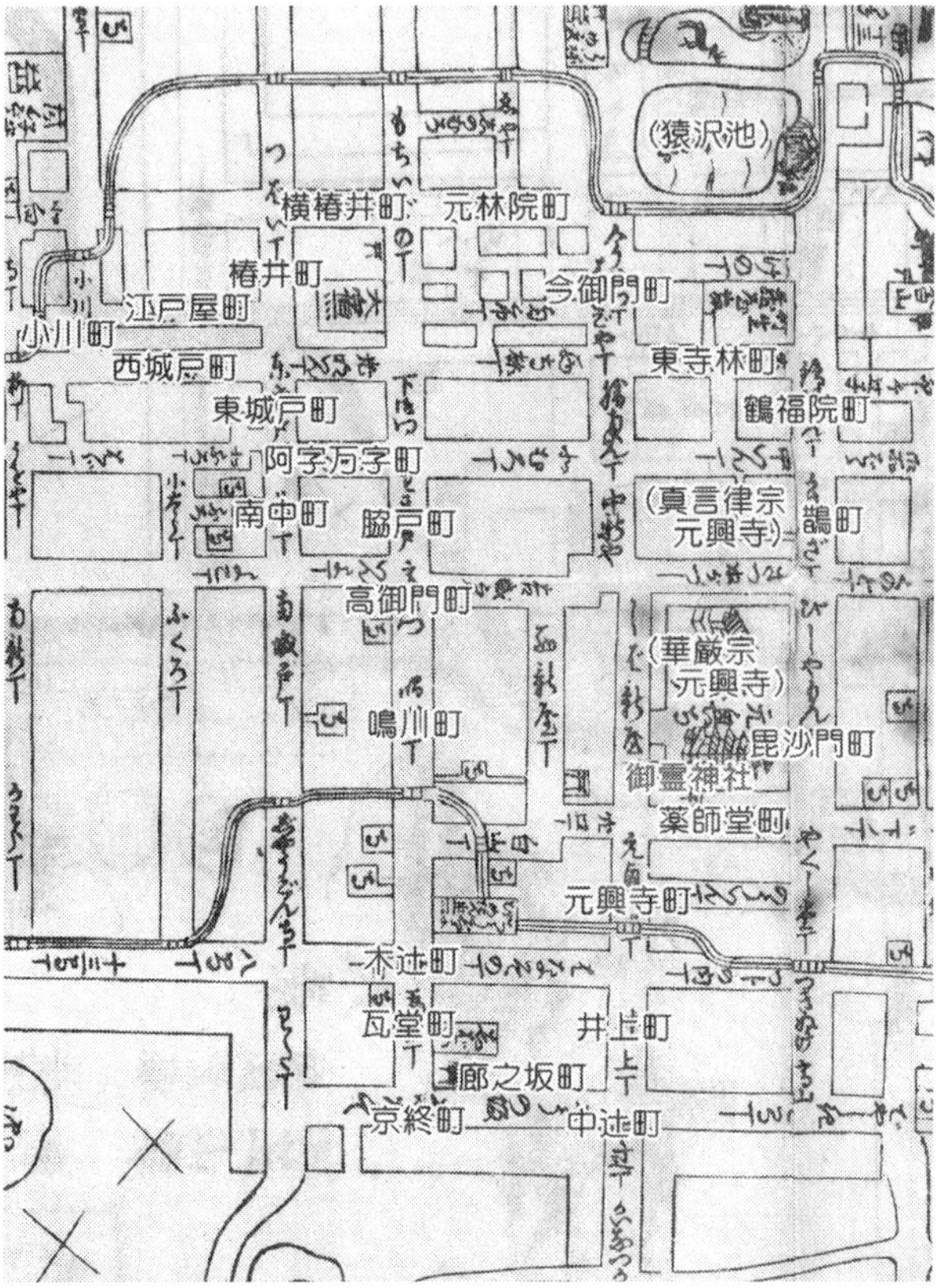

江戸時代の御霊神社祭礼の神輿巡行ルート
（「和州奈良之図」〔個人蔵〕に加筆）

渡御式の様子

包んだ参列者が約3時間かけて氏子域を練り歩きます。神社に戻ったのちに行われる還幸祭では獅子舞奉納も行われるなど、この2日間は神社内外がお祭りで大賑わいです。

氏子域と渡御式の順路

秋季例大祭の本宮で行われる渡御式は、現在は氏子域を内回りと外回りの2つに分け、1年毎に練り歩いていますが、昭和40年代半ばまではすべての氏子域を1日かけて練り歩いていました。御霊神社の氏子域は、北は椿井町や今御門町、南は南肘塚町の岩井橋、東は毘沙門町や鶴

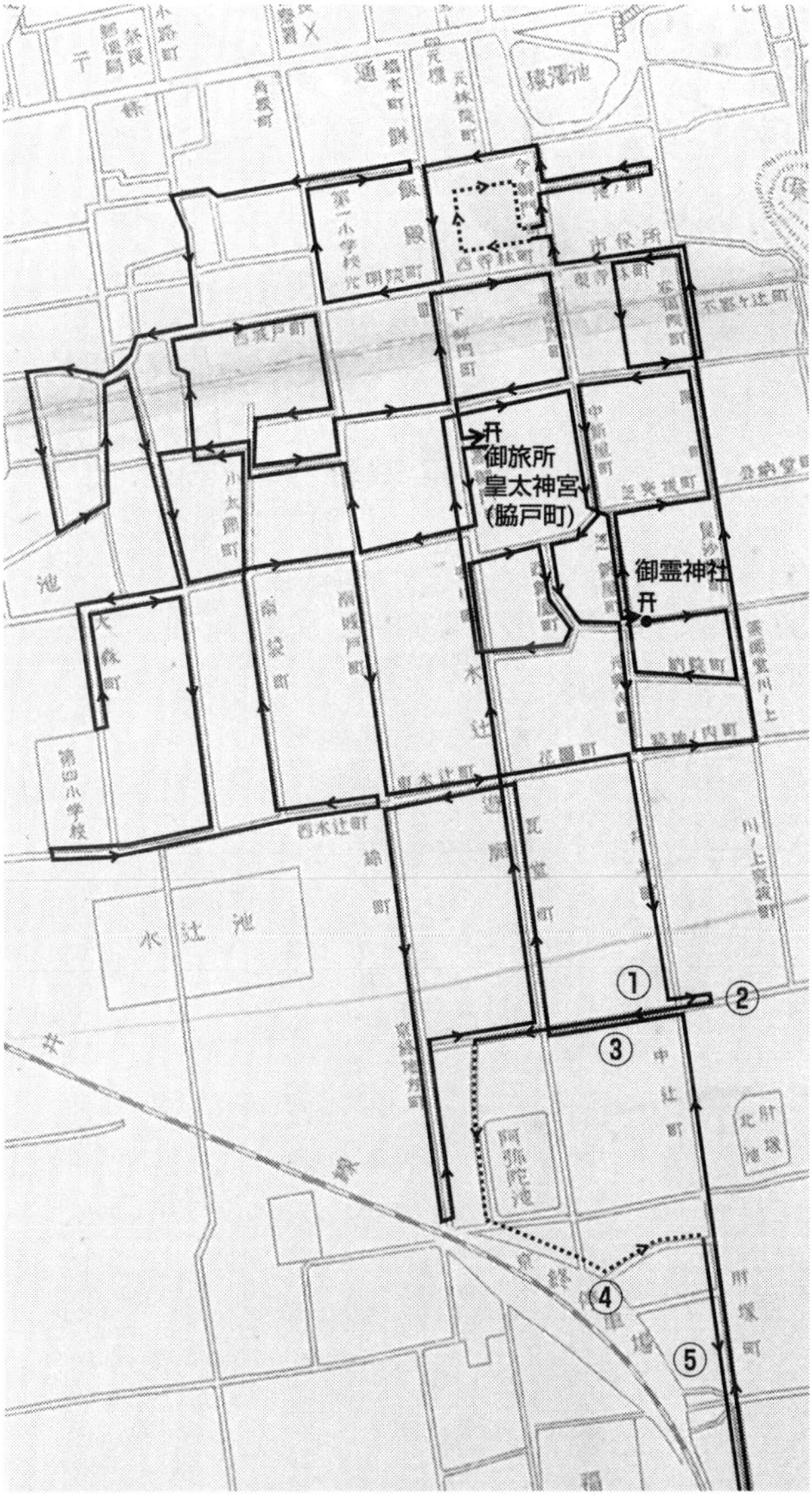

渡御式順路
(奈良市全図縮尺九千分之壱〔部分、奈良県立図書情報館所蔵〕に加筆)

福院町、西は杉ヶ町や大森町と全部で75町の自治会が含まれ広範囲にわたるため、かつては戻るのに日が暮れるまでかかったこともあったそうです。大正13年（1924）の『御霊神社祭典式渡御列町々順路記』（御霊神社所蔵）に記載される順路を地図でなぞってみると17㎞ほど練り歩いていることがわかりました。御旅所での休憩も約30分だったようで、馬に騎乗し、平安衣装を着て神輿を担ぎ氏子域全域を練り歩く当時の渡御はとても大変だったことでしょう。

京終駅付近の開発

大正13年（1924）の渡御式の順路（前ページ図）を見ると、京終駅付近を①井之上、②中辻（東へ入後戻リ）、③京終（西へ）、④驛前（東へ上ル）、⑤椚町の順で練り歩いています。当時の順路帳では、中辻町の交差点から北京終町の東西通りを西に向かうと、急に駅前を「東に上る」とあります。北京終町から京終駅に向かう道は、飛鳥神社の交差点を南に向かう道と京終地蔵院のある道を南に向かう道がありますが、どちらの道を通ったのかわかりません。

飛鳥神社のある交差点から南に向かう道は「晃平町《こうへいちょう》」と呼ばれています。明治23年（1890）の「奈良町実測全図」では道がなく田畑だったようですが、同33年（1900）年の「奈良市実測全図」には飛鳥神社の前から京終駅に向かう道があるため、同31年（1898）の京終駅開業に伴い整備された比較的新しい道だということがわかります。一方で、京終地蔵院前の道は、地蔵院があることから江戸時代にはすでにあったと考えられます。同23年の地図にも地蔵院から南に向かう道が記載されています。大正7年（1918）には地蔵院の南側に青果市場ができ、それに伴い、周辺で魚市場や卸問屋が営まれたようなので、同13年（1924）の渡御式の際には既に発展していたことがうかがえます。晃平町の道は、山田熊夫の『奈良町風土記』によると「昭和16年12月5日に通称名として晃平町と呼ぶことになった」ようなので（山田1976）、地蔵院前の道よりも少し遅れて栄えていったのではないでしょうか。昭和23年（1948）になると渡御式の順路も「中辻町西へ、市場の南京終駅へ、駅前を北へ」向かい、晃平町を通り、瓦堂町へと練り歩くようになっています。

移り変わる渡御式

渡御式は神事に連なる行事ですが、時代や状況によって多様に変化するため、時代の特徴がよく顕れます。先述の町の発展に伴う順路変更も変化の1つですが、行列の内容も時代によって変化しています。大正13年（1924）の『御霊神社祭典式渡御列町々順路記』によると、当時の渡御式には現在の約2倍近い80人を超える人が参加していました。祭主、随身《ずいじん》、稚児が騎乗する馬が10頭ほどでており、それに付随する諸役を担う人々が必要だったようです。

また、第2次世界大戦が開戦した昭和14年（1939）の渡御では、武運長久を祈願する旗が参列し、昭和23年の渡御では8名の巫女が参列していました。多い時には140名の参列者がいた年もあるなど、この100年の間でも様々な渡御の形がみられます。

なぜお祭りは変化するのでしょうか。昭和40年代後半、御霊神社の秋祭りも他の神社と同様、行列への参加者を集めることが難しく、規模を縮小せざるを得ないといった困難に見舞われます。そのような社会状況の変化にもかかわらず、現在のような賑やかなお祭りの風景が見られるのは、神事を続けるという思いとともに、宮司さんをはじめ、氏子やお祭りに携わる様々な人々の、みんなが楽しめるお祭りを続けていきたいという思いが連綿と紡がれてきたからではないでしょうか。

（田中梨絵）

【取材協力】
御霊神社　宮司　藤井貴弘さん

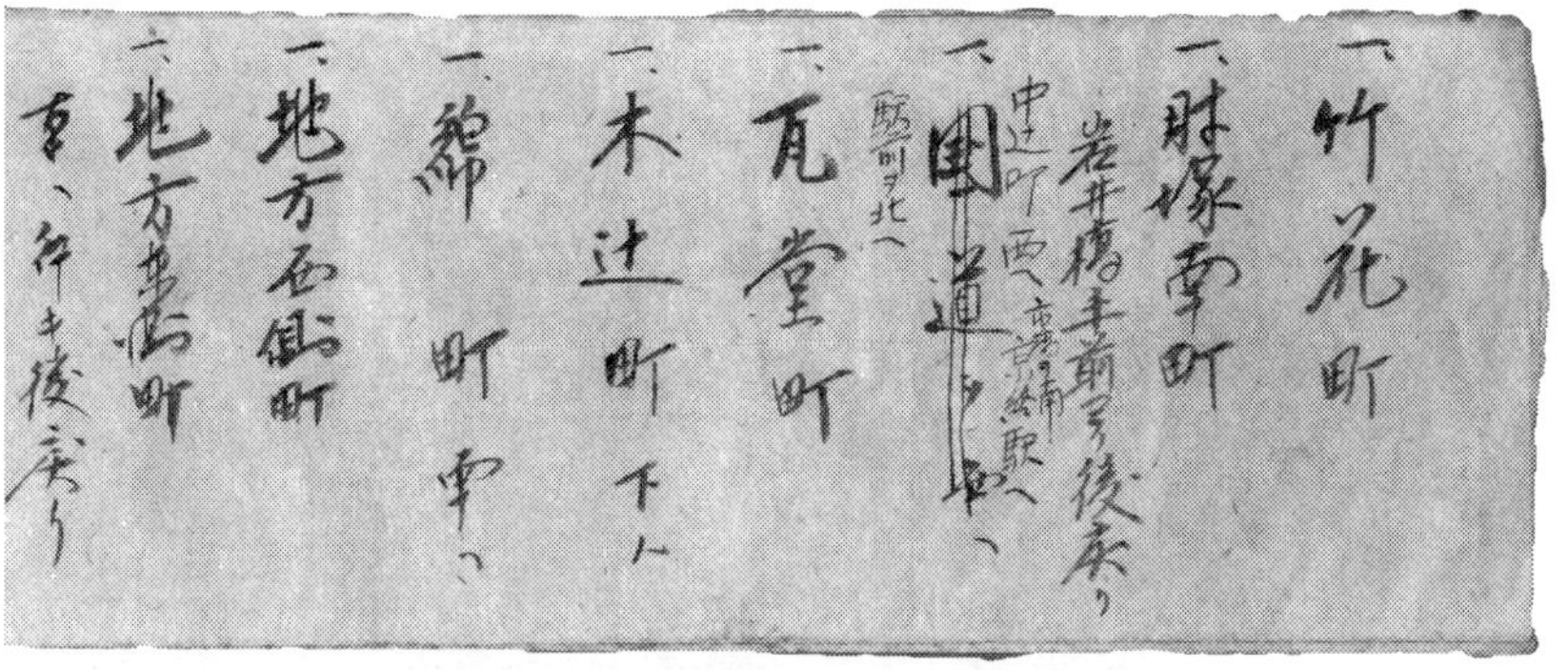
一、竹ノ花町
一、瓦堂町
一、木辻町
一、綿町

昭和23年（1948）　御霊神社秋祭りの渡御式順路
（昭和23年『渡御式順路帳』〔御霊神社所蔵〕より）

〈5-8〉

椚神社のお祭り

奈良町の南側から天理・桜井方面へ向かう上街道、肘塚町へ入ると街道上に存在感のあるクヌギの木が見えます。それをご神木としてお祀りしているのが椚《くぬぎ》神社です（4―1）。

ご神木は3代目で、樹齢は約100年。肘塚町にいくつかある地区のうち、椚町のみなさまが守っておられます。毎日お供えの水を替え、また掃除や新しい榊のお供えもしばしばされています。大晦日には、ご神木の注連縄《しめなわ》を取り換えて、提灯などを飾りつけ、その他のお供えをして、お正月を迎える準備をされます。

薬師堂町にある御霊神社《ごりょうじんじゃ》では、秋祭が毎年10月12、13日に行われますが、それに合わせて9月の終わり前後にご神木の枝払いが行われます。御霊神社の宮司さんが来られて御祓いをされ、町内安全を祈願されます。

枝払い前の神事（写真提供：丸山清文さん）

その上で町内の方々で枝を払います。梯子をかけて木に登り枝を払い、落とした枝は袋に入れてまとめていきます。この町内の共同作業は、新旧の町内の方々がコミュニケーションを取る場ともなっています。ご神木が椚町内の絆を結びつける役目も果たしているのです。

枝払いの様子（写真提供：丸山清文さん）

毎年10月12日に宵祭《よいまつり》、13日に祭りが行われます。

宵祭では、まず町内の役員の方々などが神社を清掃してから、祭壇を設えて、幕を張り提灯を吊ります。お供物として米や酒の他に、柿、栗、みかんなどの秋の幸、するめ、昆布などの海の幸をそなえます。夜店が出たり皆が集まったりということは特になく、静かにご神木のクヌギをお祭りするのです。夜も更けてくると幕などは一旦外し、御供物も家で保管されます。

翌朝、再び幕を張り提灯を吊り、御供物も再びそなえて祭りの日を迎えます。2年に1回御霊神社の神輿が上街道を南下して椚神社の前を通るので(5-7)、祭りを盛り上げてくれます。夕方4時頃にお祭りが終わり、片付けが始まります。

祭り当日の椚神社(写真提供：肘塚椚町自治会)

椚神社の祠前に酒などを供える。(写真提供：肘塚椚町自治会)

「祭り」というよりは「祀り」という感じで、このように毎年おごそかに行われています。ご神木を守ろうという町の方々の思いによって、社会が変化してもこの「お祀り」は続けられているのです。

(三宅徹誠)

【取材協力】丸山清文さん

お供えする秋の幸(写真提供：肘塚椚町自治会)

〈5-9〉

崇道天皇社の秋祭り

崇道天皇社では毎年10月14日、15日に秋祭りが執り行われています。14日は17時から宵宮《よいみや》祭の神事が行われ、その後、拝殿では参拝者がお参りした後に「オハケ」をいただけます。

参拝者のもう1つのお楽しみが18時から行われる餅つきです。たくさんの方に行きわたるようにと例年20升ものもち米を用意するのだとか。翌15日は10時から本宮祭が執り行われます。

途絶えた渡御式《とぎょしき》

現在は神事のみ執り行われる本宮祭ですが、昔は渡御式が行われていました。田中町（現紀寺町）に住んでいた益田恵吉さんは、子ども神輿で太鼓を叩いた記憶があるといいます。昭和30年（1955）頃、益田さんが4、5歳の頃の写真には、「氏子中田中町」と書かれたお揃いの法被を着た子どもたちが大勢お祭りに参加している様子が写っています。当時は、秋祭りに合わせて各町が御《お》神輿《みこし》を出して、神社の御神輿の後ろについて練り歩いたのだとか。田中町子供会の写真だけでも、太鼓や真《ま》榊《さかき》が付いた樽神輿、提灯、たくさんの子どもたちが写っているので渡御式全体ではとても賑やかだったことでしょう。

秋祭りの日に渡御式が行われたのは昭和58年（1983）が最後です。この時も58人の神社や氏子関係の参列者のほか70人ほど稚児が参列し、馬も5頭でるほど賑やかだったそうです。

平成10年（1998）から奉職しているという藤井秀紀宮司は「一度途絶えた行事を再び行うのは大変なんです」と、御祭神千二百三十年祭の関連行事として同27年（2015）11月15日に渡御式を行ったときのことを振り返ります。昭和58年（1983）の渡御式の資料を参考にして準備し、馬を出すことも検討したと言いますが、警備員が50人必要だということであきらめて人力車を出すことにしたといいます。順路も当時と同じ順路では警察の許可が下りなかったのだとか。

8月のお祭り

現在は10月に例大祭として秋祭り

が行われていますが、『奈良坊目拙解』の崇道天皇社の項には享保14年（1729）の8月21日、22日に例祭が行われ、氏子町6町により練物《ねりもの》、お囃子《はやし》等が出ていたことが記されています。また、大正元年（1912）の神社の調査書にも、神社特有のお祭りは古来毎年8月21日、22日に執り行われているとの記録が残っていました。お祭りに合わせて奉納されたのか、境内に「八月」と記された灯籠が多いのも8月のお祭りを物語っているかのようです。

昭和5年（1930）生まれの榎勇さんは、小学生の頃、夏のお盆の時期に宵宮で神社へ獅子舞を見に行った思い出があるといいます。筵《むしろ》を引いて、大人はお酒を子どもは巻き寿司といったお弁当を楽しんだそうで、日中戦争の頃だったためお寿司を食べて贅沢ができた良い思い出なのだとか。はっきりとはわかりませんが、戦前までは8月にお祭りが行われていたのでしょう。

（田中梨絵）

【取材協力】
崇道天皇社　宮司　藤井秀紀さん
崇道天皇社　元氏子総代　榎勇さん
崇道天皇社　元氏子総代　益田惠吉さん

秋祭りの渡御式に参列する田中町子供会の子どもだち（昭和30年頃）
（写真提供：益田惠吉さん）

秋祭りで行われた最後の渡御式の様子
（昭和58年）（写真提供：崇道天皇社）

御祭神1230年祭での渡御式の様子
（平成27年）（写真提供：崇道天皇社）

〈5-10〉

飛鳥神社の秋祭り

北京終町にある飛鳥神社では、10月の体育の日の前々日と前日に秋祭りが行われます。宵宮の日、17時に神事である夕座の儀が執り行われた後、18時からの福引が行われるころには、境内に太鼓の音が鳴り響き、参拝者が列をなします。みなさん、参拝後に「オハケ」をいただくと、福引をして、綿菓子や金魚すくいといった夜店を楽しみます。太鼓を叩かせてもらう子どもや境内の隅で井戸端会議を開く大人たち、道路にところ狭しと並ぶ夜店、お囃子《はやし》の音色とともにどこか懐かしい雰囲気が漂います。

翌日の本宮では、朝座の儀の後、お昼に神輿《みこし》の巡行が行われます。稚児の衣装や天狗さんの衣装、青い法被を着た総勢40人近い子どもたちが、太鼓とともに「わっしょい、わっしょい」と元気な掛け声を上げ氏子域を練り歩きます。

オハケを待つ様子

かつての神輿

飛鳥神社で巡行される御神輿は子ども神輿です。いつ頃から神輿の巡行が行われていたのかははっきりわかりませんが、氏子総代を務める萩原正弘さんのお宅に、昭和28年（1953）の秋祭りに関する資料が残っているため、その頃にお祭りが行われていたのは間違いないようです。また、萩原さん自身は子どもの頃にお祭りに参加した記憶はないそうですが、同30年（1955）、19歳の時に撮ったという秋祭りの写真には、化粧をほどこされ華やかな衣装を着た稚児さんや法被《はっぴ》を着た大勢の子どもたちが写っています。

同じく氏子総代を務める同16年（1941）生まれの佃井芳夫さんは、小学校高学年頃にお祭りに参加したときの様子を覚えているそうです。当時の神輿には太く長い棒が2本付いていて、たくさんの友人と一緒に神輿を担いだと言います。当時は線路より南側には人家がほとんどなく、駅の北側だけを歩いたため距離は短かったようです。順路は覚えていないということですが、飛鳥神社の前の南北と東西道路、市内バス循環道路、京終駅前、京終地蔵院前を歩いた記憶があるそうで、御旅所である青果市場で休憩した際には、りんごを1個もらって食べたのが思い出だと教えてくださいました。

昭和30年代の秋祭り
(上)渡御の様子　(下)お稚児さん
(写真提供：萩原正弘さん)

変わらぬ風景

かつては140人ほどの子どもが参加した年もあったというほど子どもが主役の秋祭り。御神輿には獅子と天狗さんという所役もありますが、それを子どもが担うというのも特徴の1つです。現在の獅子と天狗さんの装束は、昭和35年（1960）に行われた平城遷都1250年祭に尽力した北京終町出身の谷井友三郎氏とそのご兄弟の鈴木福松氏のお2人から奉納されたのだとか（3－13）。たくさんの子どもが神輿とともに元気よく練り歩く風景が、毎年、受け継がれています。

（田中梨絵）

【取材協力】
飛鳥神社　氏子総代　萩原正弘さん
飛鳥神社　氏子総代　佃井芳夫さん

平成30年(2018)の渡御式に参列する獅子

あとがき

本書の制作が具体的に構想されはじめたのは、3年近く前のことでした。

元興寺文化財研究所では、2016年10月に新しい拠点施設である総合文化財センターを奈良市南肘塚町の地に開設しましたが、この新施設開設に先立ち、地元となる肘塚・京終を対象として、その歴史文化を掘り起こして紹介する「ならまちの南玄関」という企画展を同年4月に開催しました。短期間での準備となりましたが、地元の皆さまにご協力いただき、多くの成果を得ることができました（『地域連携プロジェクト成果報告書第一集　ならまちの南玄関』〈元興寺文化財研究所、2017年〉、『元興寺文化財研究所研究報告2016』〈2017年〉所収の諸論文）。

この企画展の準備過程で「京終マップ」の制作や「京終さろん」の開催など地元で地域づくりのために幅広く活動されていた安西俊樹さんたちと知遇を得、その後もお付き合いを続けていくなかで、2018年8月からは、京終駅すぐ隣の済美地域ふれあい会館に場所を借りて、この地域の歴史に関わる勉強会をスタートさせました。

このときに集まっていたのが、本書の執筆にも加わってくださることになる神野武美さん、岩田麻智紅さんのほか、京阪奈情報教育出版株式会社の住田幸一さんたちです。月に一度ほどのペースで勉強会を重ねるうちに、より多くの方々とこの地域の歴史文化の奥深さを共有したいという思いから、企画展「ならまちの南玄関」の内容を増補し、一般向けに書籍としてまとめようという話が参加者から持ち上がりました。コンセプトや内容の素案も話し合いを重ねるなかで固まっていき、2019年7月からは勉強会は制作会議へと衣替えしました。その後、奈良市奈良町にぎわい課の田中梨絵さんも加わり、京阪奈情報教育出版株式会社で編集を担当していただいた加藤なほさんを中心に当研究所の一室に毎月集まって各執筆者で調査経過や執筆構想を報告し、この本のかたちを整えていきました。この間、個別に調査や取材が進められたほか、安西さんや神野さんらの呼びかけで地元の皆さまに飛鳥神社社務所にお集まりいただき、情報収集のための茶話会が開かれたこともありました。

歴史研究の専門家と、地域住民の皆さまや地域で活動をされている有志の方々との協働によって歴史文化を掘り起こしていく、というスタイルをあえてとったのは、この本づくりの過程そのものが、人と人とを結びつけながら、地域の価値を再認識していくという地域づくりの一環とすることを意図したからです。この点は、神戸大学の地域連携センターによって提起された「地域歴史遺産」の考え方に学びました。「地域歴史遺産」とは、地域の歴史資料そのものだけではなく、それを活用し次代に継承していく人々の持続的な社会関係それ自体を社会関係資本と捉えて組み込んだ考え方です。「地域歴史遺産」を活用することは、地域社会の危機に主体的に対処して文化を形成していく住民の能動性や、それを支える社会の市民的成熟を生む豊かな社会構築の営みであるとされています(神戸大学大学院人文学研究科地域連携センター『「地域歴史遺産」の可能性』岩田書院、2013年)。本書制作の過程は、まさに「地域歴史遺産」の創造を目指したものでした。

もちろんこうしたスタイルをとったがゆえの多くの困難もありましたが、執筆者・編集者各々の立場や専門性を尊重し、討議を重ねながら一つ一つ合意形成を図ってきました。結果的には、当研究所のメンバーだけで制作するよりも、それぞれの培ってきた人間関係やフットワークなどの持ち味が生かされることで、地元に根差した調査や取材が行われ、思いもよらなかった新資料や新知見も次から次へと掘り起こされました。相乗効果もあり、本書では幅広い内容を深く取り扱うことができたと思います。

ご寄稿いただいた徳融寺老院の阿波谷俊宏さん、璉城寺住職の下間景甫さん、大仏鉄道研究会の高橋正男さん、新村恵勇さん、資料の入手にご協力いただいた四本雅勇さんをはじめ、この取り組みの趣旨にご賛同いただいた多くの住民の皆さまに、調査・取材などでご協力をいただきました。また、近世奈良町研究を専門とする天理大学附属天理図書館司書の澤井廣次さんにも執筆に参画していただき、不足を補っていただきました。この地域に集う多くの皆さまのご協力により、奈良町南部地域の歴史と文化を知るうえで基本となる、充実した一書とすることができたと思います。もとより、本書の構成上、あるいは準備不足などの問題から、取り上げられなかった大事なトピックも少なくありません。本書の刊行が足掛かりとなって、さらなる歴史文化の掘り起こしや、その持続的な活用・継承を通した地域創造へと展開していくことを願います。

最後になりましたが、本書の制作・刊行にあたってご協力をいただきました関係機関、地元の皆さま、そして編集担当として刊行に向けてご尽力いただいた加藤なほさんに心より感謝申し上げます。人文・社会系諸科学の置かれる環境は厳しさを増すばかりですが、人間が謙虚に生きるために歴史そして文化財は必要不可欠です。歴史学、文化財に関わる諸学が現実の社会に存立していることの意義と責任を噛みしめたいと思います。

2021年6月1日

編者・執筆者を代表して　服部光真

主要参考文献（章節別・五十音順）

全体に関わるもの・総説

元興寺・元興寺文化財研究所編『図説　元興寺の歴史と文化財―一三〇〇年の法灯と信仰―』（吉川弘文館、2020年）
元興寺文化財研究所編『ならまちの南玄関―肘塚・京終の歴史文化―』（元興寺文化財研究所、2017年）
狭川真一「玄昉、奈良を護る」（『元興寺文化財研究所研究報告2015』、2016年）
永島福太郎『奈良』〈日本歴史叢書〉（吉川弘文館、1963年）
中本宏明編『奈良の近代史年表』（私家版、1981年）
奈良市史編集審議会編「奈良坊目拙解」（『奈良市史編集審議会会報一』奈良市史編集審議会、1963年）
奈良市教育委員会『奈良市の仏像　奈良市彫刻調査報告書』（奈良市教育委員会、1987年）
奈良市教育委員会・奈良市石造物調査会『奈良市石造遺物調査報告書―調書編―』（奈良市教育委員会、1989年）
奈良市教育委員会『奈良市の絵画　奈良市絵画調査報告書』（奈良市教育委員会、1995年）
奈良市史編集審議会編『奈良市史　民俗編』（吉川弘文館、1968年）
奈良市史編集審議会編『奈良市史　考古編』（奈良市、1968年）
奈良市史編集審議会編『奈良市史　建築編』（奈良市、1974年）
奈良市史編集審議会編『奈良市史　社寺編』（奈良市、1985年）
奈良市史編集審議会編『奈良市史　通史』一～四（奈良市、1988～1995年）
幡鎌一弘『寺社史料と近世社会』（法蔵館、2014年）
安田次郎『中世の奈良』〈歴史文化ライブラリー〉（吉川弘文館、1998年）

1―1

小島俊次「野神古墳」（奈良市史編集審議会編『奈良市史　考古編』奈良市、1968年）
林田和人「付編1　九州外の阿蘇石製石棺解説二（宇土半島産）」（『大王の棺を運ぶ実験航海―研究編―』石棺文化研究会、2007年）

1―3

平松良順「璉城寺所用軒瓦の比定と年代観」（長谷川伸三・荒武賢一朗・中村直人・堀裕編『奈良市璉城寺の歴史と下間家文書関係目録―平城京紀寺と西本願寺坊官下間家―』大阪樟蔭女子大学璉城寺（紀寺）総合学術調査団、2015年）
堀裕「璉城寺の歴史（古代・中世）」（同前）

1―4

岸俊男「遺存地割・地名による平城京の復原調査」（『日本古代宮都の研究』岩波書店1988年、初出は1974年）
佐伯有清『聖宝』〈人物叢書〉（吉川弘文館、1991年）
角田文衛『佐伯今毛人』〈人物叢書〉（吉川弘文館、1963年）
福山敏男「葛木寺と佐伯院（香積寺）」（『奈良朝寺院の研究』高桐書院、1948年）
渡辺照宏・宮坂宥勝『沙門空海』（筑摩書房、1967年）

1―4コラム

司馬遼太郎『空海の風景』上〈中公文庫〉（中央公論新社、1994年、初出は1973～1975年）

1―5
角南聡一郎・安楽可奈子「京終・肘塚地区石造物の伝承形態」（『元興寺文化財研究所研究報告2016』、2017年）

1―6
佐藤亜聖・中原七菜子・税田脩介・安楽可奈子・柿本真琴・乗本愛実・三井淳「伝福寺池発見軒瓦について」（『元興寺文化財研究所研究報告2016』、2017年）
谷本啓「藤原房前と河内山寺・興福寺福田院」（『日本歴史』801、2015年）
吉川聡「興福寺論義草奥書にみえる歴史」（『奈良文化財研究所紀要2009』、2009年）

1―7
谷本啓「藤原房前と河内山寺・興福寺福田院」（『日本歴史』801、2015年）
田村吉永「大后寺と愛勝寺と福田院」（『大和志』8―12、1941年）
服部光真「中世都市奈良の南部境界域と福寺」（『元興寺文化財研究所研究報告2016』、2017年）
福山敏男「河内山寺と福田院」（『奈良朝寺院の研究』高桐書院、1948年）
吉川聡「興福寺論義草にみえる歴史」（『奈良文化財研究所紀要2009』、2009年）
吉川聡「興福寺承仕関係文書から」（『奈良文化財研究所紀要2018』、2018年）

2―1
佐藤亜聖『寺院を中心とした中世都市形成に関する基礎的研究』（平成15～17年度科学研究費補助金（若手研究B）研究成果報告書、2006年）

2―3
安田次郎「奈良の南市について」（石井進編『中世をひろげる』吉川弘文館、1991年）

2―6
安彦勘吾「〈史料紹介〉〔奈良〕井上町中年代記　（一）～四）」（『日本文化史研究』12～15、1990～91年）
稲葉珠慶編『高坊高林寺』（高林寺、1995年）
鎌田道隆・近世奈良町研究グループ「奈良・東向北町の町内構造―『万大帳』の分析―」（『奈良大学紀要』14、1985年）
元興寺文化財研究所編『中将姫説話の調査研究報告書』（元興寺文化財研究所、1983年）
木南卓一『高林寺中興初代寿保尼遺芳』（高林寺、2011年）
澤井廣次「近世前期奈良町における都市行政システム―惣年寄と町代の分掌について―」（『ビブリア』145、2016年）
高田十郎編『奈良井上町年代記抄』（桑名文星堂、1943年）
谷直樹・井沢寿子・北岡由子・坂田英美・佐々木哲郎・東口晃治「旧奈良町の町会所建築について」（『大阪市立大学生活科学部紀要』32、1984年）
仲田侑加「奈良町の尼寺・高林寺の歴史と法灯」（『関西大学博物館紀要』24、2018年）
服部光真「江戸時代の元興寺と奈良町」（『元興寺文化財研究所研究報告2018』、2019年）
水谷友紀「近世奈良町の号所」（『史窓』63、2006年）
山野左恵・谷直樹「『井上町中年代記』『万大帳』にみる近世奈良町における居住地管理」（『大阪市立大学生活科学部紀要』47、1999年）

２－６コラム

奈良県地域振興部文化資源活用課編『奈良史料叢書二　庁中漫録四〜六』（奈良県、２０１７年）

奈良まちづくりセンター編『奈良町の会所―うけつぐ祈りとつどい』（奈良まちづくりセンター、２０１３年）

奈良まちづくりセンター編『平成29年度文化庁助成　奈良町の歴史・文化遺産を活かした地域活性化事業（奈良町モノ語り調査）報告書』（奈良まちづくりセンター、２０１８年）

２－７

大宮守友『近世の畿内と奈良奉行』（清文堂書店、２００９年）

元興寺文化財研究所編『華厳宗元興寺所蔵歴史資料調査報告書』（元興寺文化財研究所、２０２０年）

元興寺文化財研究所編『南都十輪院所蔵文化財総合調査報告書』（十輪院、２０２１年）

服部光真・三宅徹誠「中・近世南都十輪院の歴史的展開と信仰の諸相」（『元興寺文化財研究所２０１５』、２０１６年）

林晃弘「慶長七・八年付大和諸寺宛徳川家康判物・朱印状の発給年次」（『日本史研究』６０２、２０１２年）

３－１

菅原純二他『京終駅及び駅舎の保存活用と奈良町・京終地区のまちづくり』（第5期京都市文化財マネージャー育成講座（建造物）第3班修了研究報告、２０１３年）

説田晃大「フォトコラム　幻の『奈良安全索道』」（説田晃大監修『写真アルバム　奈良市の昭和』樹林舎、２０１５年）

３－２

奈良交通株式会社編『奈良交通の20年』（奈良交通、１９６３年）

奈良交通株式会社編『奈良交通のあゆみ　発足50周年記念』（奈良交通、１９９４年）

３－３

安彦勘吾監修『奈良市今昔写真集』（樹林舎、２００８年）

３－４

堀内紀子「「町家講座　奈良の町で木と生きる」材辰吉田勝彦さんのお話から」（『奈良町にぎわい通信』９、奈良町にぎわいの家、２０１６年）

村田平『志賀直哉と奈良　暮らしと思想』（豊住書店、１９８３年）

３－５

藤田庄二郎（祥光）『奈良佐良志布　蚊帳　裱地』（奈良県立図書情報館藤田文庫、年次未詳）

三島康雄『奈良の老舗物語　伝統と革新のはざまで』（奈良新聞社、１９９９年）

吉田淳一『蚊帳春秋』（私家版、２００９年）

奈良麻布蚊帳同業組合『沿革及業務便覧』（奈良麻布蚊帳同業組合、１９２４年）

３－６

沢口悟一『日本漆工の研究』（美術出版社、１９６６年、初出は１９３３年）

樽井禧酔編『奈良漆器』（私家版、２００８年）

奈良県立大学ユーラシア研究センター編『近世の奈良を見つめ直す。「近世奈良を語る会」調査研究レポート』（奈良県立大学　ユーラシア研究センター、２０１７年）

平川南『漆紙文書の研究』（吉川弘文館、１９８９年）

平川南『よみがえる古代文書―漆に封じ込められた日本社会―』（岩波新書）（岩波書店、１９９４年）

古尾谷知浩『漆紙文書と漆工房』（名古屋大学出版会、２０１

4年）
3―7
アングル100周年記念事業プロジェクト編『アングル百年史』（アングル工業、1994年）
テイチク株式会社社史編纂委員会編『レコードと共に五十年』（テイチク株式会社、1986年）
増尾正子『奈良の昔話　道が紡いだ人々の暮らし編』（ブレーンセンター、2008年）
綿谷正之『墨と生きる』〈京阪奈新書〉（京阪奈情報教育出版、2021年）
草竹コンクリート工業ウェブサイト　https://kusatake.co.jp/
株式会社呉竹ウェブサイト　https://www.kuretake.co.jp/
積水化学工業株式会社ウェブサイト　https://www.sekisui.co.jp/
ナテック株式会社ウェブサイト　https://www.natec.ne.jp/
3―8
綿谷正之『墨と生きる』〈京阪奈新書〉（京阪奈情報教育出版、2021年）
株式会社呉竹ウェブサイト　https://www.kuretake.co.jp/
3―9
菅原純二他『京終駅及び駅舎の保存活用と奈良町・京終地区のまちづくり』（第5期京都市文化財マネージャー育成講座（建造物）第3班修了研究報告、2013年）
奈良まちづくりセンター編『平成28年度文化庁助成　奈良町の歴史・文化遺産を活かした地域活性化事業（奈良町モノ語り調査）報告書』（奈良まちづくりセンター、2017年）
萩原正弘『第2号　能登川堰　京終村取水口京終村番水』（萩原正弘氏所蔵、2000年）
3―10
北村信昭『奈良いまは昔』（奈良新聞社、1983年）
説田晃大監修『写真アルバム　奈良市の昭和』（樹林舎、2015年）
奈良県警察史編集委員会編『奈良県警察史　昭和編』（奈良県警察本部、1978年）
「アート・スミス　鳥人の足跡」ウェブサイト　http://www.ne.jp/asahi/aikokuki/aikokuki-top/ASmith/Index.html
3―11
浅野詠子「奈良市和楽園80年、寄付と奉仕が設立起源」（『ニュース奈良の声』電子版 http://voiceofnara.jp/news244.html、2012年9月27日付）
岡本多喜子「明治期に設立されたキリスト教主義養老院の研究」（『明治学院大学社会学部付属研究所研究所年報』41、2011年）
木村博一・安彦勘吾『谷井友三郎伝』（谷井友三郎伝記刊行会、1981年）
済美小学校創立百二十周年記念誌編集委員会編『済美小学校創立百二十周年記念誌』（奈良市立済美小学校、1993年）
玉井好子『奈良町のわたし』（私家版、1989年）
中部社会事業短期大学編『社会福祉人名資料事典第2巻　輝く奉仕者』（日本図書センター、2003年、初出は1955年）
奈良市和楽園75周年記念誌制作委員会編『奈良市和楽園記―創設75周年を迎えて―』（奈良市和楽園、2007年）

山本啓太郎「奈良県社会福祉史研究（3）―奈良市養老舎の創設を中心に―」（『奈良文化女子短大紀要』28、1997年）

3―12

荻野三七彦編『お茶の水図書館蔵成簣堂文庫『大乗院文書』の解題的研究と目録（上）』（財団法人石川文化事業団お茶の水図書館、1985年）

3―13

木村博一・安彦勘吾『谷井友三郎伝』（谷井友三郎伝記刊行会、1981年）

志賀直哉『志賀直哉全集　第13巻　日記3』（岩波書店、2000年）

増尾正子『奈良の昔話　条坊制の町割に綴られた物語』（ブレーンセンター、2009年）

3―14

奈良国立文化財研究所編『奈良町Ⅰ　元興寺周辺地区―昭和57年度伝統的建造物群保存対策調査報告書―』（奈良市教育委員会、1983年）

4―3

榧本杜人「奈良木辻称念寺の什宝」（『大和文化研究』24、1960年）

永島福太郎「奈良町の芝居興行」（『大和文化研究』56、1962年）

4―4

長谷川伸三・荒武賢一朗・中村直人・堀裕編『奈良市璉城寺の歴史と下間家文書目録』（大阪樟蔭女子大学璉城寺（紀寺）総合学術調査団、2015年）

4―4コラム

島田三造『奈良市西紀寺町村社崇道天皇神社調査書』（崇道天皇社所蔵、1915年）

4―5

奥健夫「生身信仰と鎌倉彫刻」（『仏教彫像の制作と受容―平安時代を中心に―』中央公論美術出版、2019年）

東京国立博物館・読売新聞東京本社文化事業部編『仏像―一木にこめられた祈り―』（読売新聞東京本社、2006年）

4―6

元興寺文化財研究所編『元興寺所在　旧肘塚不動堂石造物〈リーフレット〉』（元興寺、2011年）

増尾正子『奈良の昔話　―道が紡いだ人々の暮らし編―』（ブレーンセンター、2008年）

4―7

角南聡一郎・安楽可奈子「京終地蔵院の石造物」（『元興寺文化財研究所研究報告2017』、2018年）

5―1

奈良国立博物館編『おん祭と春日信仰の美術』（仏教美術協会、2017年）

奈良まちづくりセンター編『平成29年度文化庁助成　奈良町の歴史・文化遺産を活かした地域活性化事業（奈良町モノ語り調査）報告書』（奈良まちづくりセンター、2018年）

大和芸能懇話会編『春日若宮おん祭第34集　おん祭と春日講』（春日若宮おん祭保存会、2018年）

5―2

奈良県教育委員会文化財保存課編『奈良県文化財調査報告第49集　大和のノガミ行事（下）』（奈良県教育委員会、1986年）

5―4

藤井正雄編『神事の基礎知識』（講談社、1987年）

5−5

奈良市教育委員会『奈良市石造物調査報告書―都祁・月ヶ瀬地区所在指定文化財等石造物―』（奈良市教育委員会、2010年）

奈良市教育委員会『奈良市月ヶ瀬地区美術工芸品調査報告書―寺院所蔵彫刻・絵画・工芸品―』（奈良市教育委員会、2012年）

奈良市教育委員会『奈良市都祁地域美術工芸品調査報告書―都祁甲岡町・都祁吐山町―』（奈良市教育委員会、2013年）

奈良市教育委員会『奈良市都祁地域美術工芸品調査報告書―藺生町・都祁小山戸町・都祁相河町・都祁友田町・都祁南之庄町―』（奈良市教育委員会、2015年）

奈良市教育委員会『奈良市都祁地域美術工芸品調査報告書―都祁白石町・来迎寺町―』（奈良市教育委員会、2018年）

村井古道著・喜多野徳俊訳注『南都年中行事』（綜芸舎、1979年）

『伝統行事&お祭りBOOK奈良町Vol.2　地蔵盆』（奈良市観光経済部奈良町にぎわい課、2020年）

5−6

奈良まちづくりセンター編『平成28年度文化庁助成　奈良町の歴史・文化遺産を活かした地域活性化事業（奈良町モノ語り調査）報告書』（奈良まちづくりセンター、2017年）

古沢範英「講員集い花切祭脈々と」（『朝日新聞』奈良版、2016年10月23日付）

5−7

御霊神社『渡御列帳』（御霊神社所蔵、1939年）

山田熊夫『奈良町風土記』（豊住書店、1986年改定版、初出は1976年）

5−9

崇道天皇社社務所『大正元年12月調進　調査書』（崇道天皇社所蔵、1912年）

『伝統行事&お祭りBOOK奈良町Vol.1　神社のお祭り』（奈良市観光経済部奈良町にぎわい課、2019年）

お世話になった方々

（五十音順／敬称略）

【機関】

朝日温泉
飛鳥神社
アングル株式会社
（現株式会社フジボウアパレル）
井上町自治会
上嶋産業株式会社
植田蚊帳株式会社
特定非営利法人
京終（NPO KYOBATE）
肘塚椚町自治会
春日大社
元興寺（華厳宗）
元興寺（真言律宗）
木奥商店
紀寺農家組合
木下照僊堂
京終駅舎カフェ ハテノミドリ
京終地蔵院
京終町水利組合
京終村
・京終村番水
・南京終地区市街地整備事業
株式会社呉竹
御霊神社
神戸映画資料館
株式会社材辰
鹿野材木店
十輪院
春日講
称念寺
株式会社白雪
新屋敷町自治会
杉本薬局
崇道天皇社
積水化学工業株式会社
総本山長谷寺
誕生寺
株式会社テイチクエンタテインメント
当夜座講
徳融寺
ナテック株式会社
奈良県立図書情報館
奈良市観光経済部
・観光戦略課
・奈良町にぎわい課
奈良市教育委員会
・史料保存館
・埋蔵文化財調査センター
社会福祉法人 奈良市和楽園
奈良大学図書館
奈良町南観光案内所［鹿の舟］
公益社団法人奈良まちづくりセンター
奈良屋本店
日本ナショナルトラスト
念仏寺
萩原酒店
花園新温泉
不動院
法相宗大本山興福寺
ほてい湯
登録有形文化財 吉岡家住宅
璉城寺
綿町・京終地方東側町・
京終地方西側町自治会

〈個人〉

秋本　治子
阿波谷俊宏
生田　弘子
池田　圭俊
石田　淳
植田　和彦
上嶋　正吉
榎　勇
大島　沙織
大宮　守友
大宮　守人
大森　俊貫
垣谷　欣司
花山院弘匡
勝野　一
川俣　海淳
木奥　恵三
木奥　良彦
木下　和子
叢　健太
桑原　文子
駒　二三男
狭川　真一
鹿谷　勲

鹿野　武
下間　景甫
杉浦　弘道
杉本　由平
多川　文彦
尋川　良俊
瀧口　光記
谷井　民子
樽井　禧酔
佃井　芳夫
辻村　泰善
徳田　裕英
中野　祐峻
西村　宏
野村　明紘
萩原　征二
萩原　隆夫
萩原　敏明
萩原　正弘
橋本　昌大
橋本　徳博
原田憲二郎
藤井　貴弘
藤井　秀紀
藤岡　俊平
藤岡　龍介

前田　圭廣
益田　恵吉
増田　幸彦
松村和歌子
丸尾万次郎
丸山　清文
三宅　敬誠
森谷　英俊
八尾　正子
山岡　隆雄
山崎　美隆
山本　弘
吉岡　幸子
吉岡　卓也
吉田　勝彦
四本　雅勇
渡邉亜祐香

【執筆者一覧】

雨森　久晃　元興寺文化財研究所総括研究員
植村　拓哉　元興寺文化財研究所研究員
酒井　雅規　元興寺文化財研究所嘱託研究員
坂本　　俊　元興寺文化財研究所研究員
佐藤　亜聖　滋賀県立大学教授（元元興寺文化財研究所）
澤井　廣次　天理大学附属天理図書館司書
塚本　敏夫　元興寺文化財研究所総合文化財センター長
服部　光真　元興寺文化財研究所研究員
三宅　徹誠　元興寺文化財研究所嘱託研究員
村田　裕介　元興寺文化財研究所研究員

安西　俊樹　町屋ゲストハウスならまち経営
岩田麻智紅　文筆家
神野　武美　奈良まちづくりセンター理事
田中　梨絵　奈良市　奈良町にぎわい課　文化財建築職

阿波谷俊宏　徳融寺前住職
下間　景甫　璉城寺住職
高橋　正男　大仏鉄道研究会役員
新村　恵勇　大仏鉄道研究会役員

奈良町の南玄関　歴史と文化の扉をひらく

2022年4月1日　第2版第1刷発行

編　者　公益財団法人元興寺文化財研究所
発行人　住田　幸一
発行所　京阪奈情報教育出版株式会社
〒630-8325
奈良市西木辻町139番地の6　Tel:0742-94-4567
URL://narahon.com/
印　刷　共同プリント株式会社

ISBN978-4-87806-605-4